桑 兵

河北威县人，1956年3月生于广西桂林。中山大学逸仙学者讲座教授、近代中国研究中心主任、孙中山研究所所长。1977—1987年，先后就读于四川大学、中山大学、华中师范大学，获历史学硕士学位和博士学位。1983年9月任教于中山大学历史系，1992年晋升教授。1999年10月任广东省珠江学者特聘教授。2005年1月为教育部长江学者特聘教授。国家清史编纂委员会委员，教育部哲学社会科学委员会委员。曾到东京亚细亚大学、台北"中研院"近代史所访问研究，曾任汉城（现首尔）延世大学、台北政治大学、香港中文大学、京都大学人文科学研究所、东京大学客座教授。近期主要研究集中于近代中国的知识与制度转型、清代以来的学术、大学与近代中国、近代中日关系史等领域。

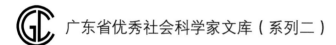
广东省优秀社会科学家文库（系列二）

桑兵自选集

桑 兵◎著

中山大学出版社

·广州·

版权所有　翻印必究

图书在版编目（CIP）数据

桑兵自选集／桑兵著. —广州：中山大学出版社，2017.11
（广东省优秀社会科学家文库. 系列二）
ISBN 978-7-306-06166-9

Ⅰ.①桑… Ⅱ.①桑… Ⅲ.①社会科学—文集 Ⅳ.①C53

中国版本图书馆 CIP 数据核字（2017）第 218973 号

出 版 人：	徐　劲
策划编辑：	嵇春霞
责任编辑：	陈俊婵
封面设计：	曾　斌
版式设计：	曾　斌
责任校对：	周　玢
责任技编：	何雅涛

出版发行：中山大学出版社
电　　话：编辑部 020-84111996，84111997，84113349，84110779
　　　　　发行部 020-84111998，84111981，84111160
地　　址：广州市新港西路 135 号
邮　　编：510275　　传　真：020-84036565
网　　址：http://www.zsup.com.cn　E-mail：zdcbs@mail.sysu.edu.cn
印 刷 者：广东虎彩云印刷有限公司
规　　格：787mm×1092mm　1/16　17.875 印张　300 千字
版次印次：2017 年 11 月第 1 版　2017 年 11 月第 1 次印刷
定　　价：60.00 元

如发现本书因印装质量影响阅读，请与出版社发行部联系调换

"广东省优秀社会科学家文库"（系列二）

主　任　慎海雄

副主任　蒋　斌　王　晓　宋珊萍

委　员　林有能　丁晋清　徐　劲

　　　　魏安雄　姜　波　嵇春霞

"广东省优秀社会科学家文库"(系列二)

出版说明

习近平总书记在党的十九大报告中明确提出要"加快构建中国特色哲学社会科学",为新时代中国哲学社会科学繁荣兴盛指明了方向。哲学社会科学是人们认识世界和改造世界、推动社会进步的强大思想武器,哲学社会科学的研究能力是文化软实力和综合国力的重要组成部分。广东改革开放近40年所取得的巨大成就离不开广大哲学社会科学工作者的辛勤劳动和聪明才智,广东要实现"四个坚持、三个支撑、两个走在前列"的目标更需要充分调动与发挥广大哲学社会科学工作者的积极性、主动性和创造性。中共广东省委、省政府高度重视哲学社会科学,明确提出要打造"理论粤军"、建设学术强省,提升广东哲学社会科学的学术形象和影响力。这次出版的"广东省优秀社会科学家文库",就是广东社科界领军人物代表性成果的集中展现,是广东打造"理论粤军"、建设学术强省的一项重要工程。

这次入选"广东省优秀社会科学家文库"的作者,均为广东省第二届优秀社会科学家。2014年7月,中共广东省委宣传部和广东省社会科学界联合会启动"广东省第二届优秀社会科学家"评选活动。经过严格的评审,于2015年评选出广东省第二届优秀社会科学家10人。他们分别是(以姓氏笔画为序):王珺(广东省社会科学院)、毛蕴诗(中山大学)、冯达文(中山大学)、胡经之(深圳大学)、桑兵(中山大学)、徐真华

（广东外语外贸大学）、黄修己（中山大学）、蒋述卓（暨南大学）、曾宪通（中山大学）、戴伟华（华南师范大学）。这些优秀社会科学家是我省哲学社会科学工作者的杰出代表和学术标杆。为进一步宣传、推介我省优秀社会科学家，充分发挥他们的示范引领作用，推动我省哲学社会科学繁荣兴盛，根据省委宣传部打造"理论粤军"系列工程的工作安排，我们决定在推出"广东省优秀社会科学家文库"（系列一）的基础上，继续编选第二届优秀社会科学家的自选集。

本文库自选集编选的原则是：（1）尽量收集作者最具代表性的学术论文和调研报告，专著中的章节尽量少收。（2）书前有作者的"学术自传"，叙述学术经历，分享治学经验；书末附"作者主要著述目录"。（3）为尊重历史，所收文章原则上不做修改，尽量保持原貌。（4）每本自选集控制在30万字左右。我们希望，本文库能够让读者比较方便地进入这些当代岭南学术名家的思想世界，领略其学术精华，了解其治学方法，感受其思想魅力。

10位优秀社会科学家中，有的年事已高，有的工作繁忙，但对编选工作都高度重视。他们亲自编选，亲自校对，并对全书做最后的审订。他们认真严谨、精益求精的精神和学风，令人肃然起敬。

在编辑出版过程中，除了10位优秀社会科学家外，我们还得到中山大学、暨南大学、华南师范大学、广东外语外贸大学、深圳大学、广东省社会科学院等有关单位的大力支持，在此一并致以衷心的感谢。

广东省优秀社会科学家每三年评选一次。"广东省优秀社会科学家文库"将按照"统一封面、统一版式、统一标准"的要求，陆续推出每一届优秀社会科学家的自选集，把这些珍贵的学术精华结集出版，使广东哲学社会科学学术之薪火燃烧得更旺、烛照得更远。我们希望，本文库的出版能为打造"理论粤军"、建设学术强省做出积极的贡献。我们相信，在习近平新时代中国特色社会主义思想指引下，广东的哲学社会科学一定能迈上新台阶。

"广东省优秀社会科学家文库"编委会
2017 年 11 月

目录

学术自传 / 1

大众时代的小众读书法 / 1

治学的门径与取法 / 25

晚清民国研究的史料与史学 / 46

近代中国的知识与制度转型 / 69

近代中日关系研究的史料与史学 / 98

孙中山与传统文化 / 120

陈炯明事变前后的胡适与孙中山 / 141

保皇会的宗旨歧变与组织离合 / 165

东方考古学协会 / 211

近代日本留华学生 / 228

附录　桑兵主要著述目录 / 251

学术自传

◎ 桑兵

对于出版自选集之类的事，向来敬而远之。因为但凡拿得出手的论文，在当时均自认为有一得之见，况且分属不同领域和问题，很难说哪些才能够代表自己的水准。若是以时序为据，则学问随着功力的增长有所提升，越近的著述自然越显成熟。而所谓敝帚自珍，不必以老辣否定青涩，更不能时而引以为傲，时而弃如敝履。至于他人意见如何，或许各取所需，不在考虑之列。如果自选代表作，言外之意便有落选者等而下之之嫌。而学术自述，更加不敢轻易尝试。后来的倒述，即使力求客观，也不易如实。顾颉刚的《古史辨》第一册自序，被域外中国研究者视为个人学术经历的信史，反映了近代中国学术变迁的轨迹。可是，深入了解具体语境便不难发现，其中不尽不实之处不在少数，充其量可以说顾颉刚的确想客观写出自己学术经历的变化起伏，而不能说其所写都是历史的真实。

有鉴于此，选编本书和撰写本文，都是依例而作，别无深意，无须过度解读。否则，超越的部分，便是他人的创作而非作者的本意。

一

我的历史专业学历教育分别在四川大学、中山大学和华中师范大学完成，相应地指导老师先后也有三位。三所学校的风格不同，三位老师的学行稍异。本师之外，还有不少座师业师。能够经历变化，亲炙问学，博采众长，拾级而上，领略学问的丰富多彩，实为有心向学者的一大幸事。

四川大学是我的母校，报到虽然在1977年春季，我实际上却是1976级，也就是最后一届工农兵学员。由于录取的办法是推荐而非考试，同学的程度差异较大，可是在政治形势天翻地覆的鼓荡下，所有人如饥似渴地学习热忱，却远非现在的青年学生可以想象。第一学期，我就抄录了一整本赵翼的《廿二史杂记》，从中初步了解到如何从史书史料中发现问题。重获新生的教师，都焕发青春，以极大的热情从事教学科研。那时尚未改革开放，他们首先想起"文革"前的专门化教学模式，并且开始运用到教学实践中，设法通过授课将学生引入研究状态。记得听课涉及岑仲勉先生《隋唐史》关于安西四郡的论述时，同学们居然能够发现并指出连任课老师也未察觉的书中的破绽。

专门化的取向之下，毕业论文的确定时间相当早。我对中国近代史兴趣较大，又与隗瀛涛老师有些联系，于是在定选题的双向选择中，挑了辛亥革命的题目，并以擅长保路运动史的隗老师作为毕业论文的指导教师。论文从搜集资料到撰写进行得相当顺利，基本没有走什么弯路，按照隗老师的意见修改了两次，便基本得到肯定。而其他几位由隗老师指导的同学，运气似乎不够好，反复修改，总算过关。这次尝试进一步增强了学习中国近代史尤其是辛亥革命史的意愿，同时也耳闻目睹了为人师表对待学生一视同仁的严格要求。

硕士阶段的业师是中山大学历史系的陈锡祺先生。"文革"前后，他一共招收过好几届研究生，每届大都数人，而我这一届，仅招到一人。当时陈先生年事已高，身体欠佳，因而前后两届或组织培养小组，或与其他教师联合招收。只有我这一届，由陈先生独立承担指导之责。虽然平时也要求我向其他各位老师请益，论文修改时还委托陈胜粦老师协助审阅，但全程的培养指导，主要由陈先生亲力亲为。即使在陈先生到外地疗养期间，我也专程前往疗养院，当面聆听教诲。

入校后，我一直以"先生"相称，除了遵从中山大学历史系师生的惯例，还因为此前就读于四川大学，那里通常将几位德高望重的大先生——即老师的老师尊称为先生。作为本师，以"先生"相称，主要是表示极其敬重之意。由于中国近代史的研究开展相对较晚，在海内外的中国近代史学界，陈先生都在长者之列，年龄、辈分各异的学界同仁，也尊称其为"陈先生"。

陈先生不仅是一位长者,更是一位学者。从他数十年如一日的教学研究生涯,可以真正领略到学者的风范与坚守。学术研究不可随波逐流,要引领风气,而不被风气所推行,否则难免趋时者容易过时之讥。陈先生原来治古代史,20世纪50年代转而研治孙中山之时,这一领域还在相对冷清的环境之中。此后数十年间,中国的政局社会波诡云谲,常常冲击学术研究,而他始终坚持不懈,坚信研究工作的学术价值。待到风云变幻,峰回路转,孙中山研究渐成显学,也始终沉潜,并不因此而躁进。后学者须继承学统,方能温故知新,继往开来。今人好谈"接近国际前沿",而且保持较快的"接轨"速度,结果"国际"何在,无从把握,舍己从人,反而迷失自我。其实大道无形,万变不离其宗,有定见,固根本,才能立于不败之地。要做到这一点,须眼光抱负远大,有千秋万代的自觉,不必计较一时一事的利害得失。陈先生几十年沉浸于孙中山研究之中,置身于喧哗的潮流变化起伏之外,坚守学术原道,将冷学问做热,将热学问冷做。治史亟需这样一种坚忍不拔、持之以恒的精神,无须辗转反侧,自然处处皆是大道前沿。

作为近代史学界屈指可数的长者,陈先生具有老辈学人雍容淡定的气度。其中最令人感佩的,是君子不党、无欲则刚的风范,在任何情形下,绝不以学术为手段工具。学问在他即是安身立命的所在,此外无他。孙中山研究领域常有所谓饭碗之喻,虽然大都不过玩笑话,却从未听到陈先生沿用附和。他也从不以自己由学术而来的身份地位,作为与其他方面的利益交换。对于学术的判断,陈先生一概秉承公理公器的精神准则,不以个人的利害亲疏好恶影响评判尺度的公正。我读书期间性情执拗,有时难免固执己见,陈先生或许并不赞同,却不以为忤。

陈先生由治隋唐史转而治近现代,而民国时期中古史研究大家辈出,成效显著。陈先生曾先后在武汉大学、金陵大学、四川大学等校读书教学,受此浸染,其教法与做法,颇得中古史的高妙,与晚近史的一般通例有所不同。记得陈先生指引读书与治学门径,一曰以朱寿朋所纂辑的《光绪朝东华录》为入门读物,二曰用长编考异方法展开研究,并说明理由。后来逐渐体会到,二者既是史学起手入门的基本功夫,同时又是取法乎上的大道所在。于编辑长编过程中四面看山地比勘参证各种材料,梳理相关人事及其复杂关系,方能近真并得其头绪。此为宋以来"新史学"之不二法门,近代古史家的治学绝技。中国近代史研究的起步较晚,取径办法,难免流于横逸斜出,如果不是在中古史的领域浸淫有年,很难对治史的正途大道心领神会。

陈先生于孙中山研究大热之际,适时要求编撰《孙中山年谱长编》,进行扎实的资料梳理与比较,使得后来的孙中山研究无法天马行空、任意驰骋,整体提升了这一研究领域的难度和水准。我参与编撰《孙中山年谱长编》并细心体味陈先生所说长编的用意,尤其是对他一再强调的须将孙中山的思想与其生平活动及交往相互印证、融会贯通这一点感悟颇深,这不仅影响了个人的治学风格变化至深且远,也是后来指示新进的重要门径。今日学界无不推崇陈先生主编的《孙中山年谱长编》,就具体内容而论,其中固然有可以改善之处,就主旨方法而论,则确系颠扑不破,只是各自的领略有所不同罢了。

广东僻处岭南,学术眼界容易流于固陋。蔡鸿生老师的中山大学与山中大学之辨,即是此间治学须随时自觉不可乡愿的针砭。陈先生阅历丰富,接触过众多民国以来的学界胜流,耳濡目染,自然目光远大。我后来关注的重心之一,即晚清民国海内外中国研究者的学行,曾经几次聆听陈先生略谈相关的学林掌故,大都亲身经历或承接当事人陈述,颇为生动深入,非一般坊间传闻的浅表离奇可比。

硕士研究生毕业后,我留校任教,这时博士研究生学位教育逐渐恢复,很想进一步求学。由于博士点相当少,记得整个高校系统只有章开沅先生一人是中国近现代史的博士导师,若想报考,一定要得到章师的同意。我怀着忐忑不安的心情与之联系,得到肯定的答复和鼓励,使我信心倍增。这一步的跨越,是我治学道路上相当关键的转折。

用近代学人的眼光看,我也可以算是学问欲不弱的人。之所以如此,固然有天性的作用和少年环境的影响,更重要的,还是后来各位老师言传身教,潜移默化地将自己引导或是带上学术的自觉之路。其间章开沅师的影响尤为关键。

第一次见到章师，还是20世纪70年代末在四川大学上学期间。当时《辛亥革命史》编撰组的一行人来成都开会调研，四川大学历史系邀请其中几位学者进行学术演讲。由于改革开放不久，教学秩序尚在恢复之中，正式的学术演讲有如凤毛麟角，一下子有一批来自全国各地的重要学者讲演，求知欲日益浓厚的后进自然喜出望外。演讲安排在校图书馆的大阅览室，不单本系的同学蜂拥而至，其他各系的学生也闻风而来，图书馆的大门口早早地挤满了等待入场的听众，为了抢占座位，甚至挤坏了大门。本来相当宽敞的阅览室里座无虚席，人人脸上露出久旱逢甘霖似的期待甚至紧张。那样的空前盛况，令人感受到学术繁荣的春天即将来临的气息。

首场主讲人便是章师，讲演的内容是关于同盟会成立与华兴会、兴中会、光复会、二十世纪之支那社等小团体的关系，后来以论文的形式正式发表。也许章师已有成稿，讲起来充满自信、声音洪亮、抑扬顿挫、条分缕析、层层深入，有着很强的感染力，连对辛亥革命史事知之不多的门外汉，也被深深吸引。后来听过的学术演讲不少，说到印象深刻，还是这一次难以磨灭。首次领略大家风范，感觉自然不同凡响。

作为听众之一，尚无缘向章师当面请益。后来到中山大学随陈锡祺先生攻读硕士学位，因为同属中南地区，中山大学与华中师范大学之间的交往联系相当紧密，乘此机会，终于真正认识了章师，硕士研究生学位论文答辩时，还请章师主席。按例也算忝列门墙，成为门生了。

1985年初，我如愿来到九省通衢的武汉，进入华中师范大学攻读博士研究生学位，章师正担负着校长的重任，校务繁忙，社会活动也多，弟子们能够面谒的机会自然相对较少。或许是个人指导风格的不同，加上对几位同门的平均水准还算满意，所以章师更多关注的是结果而非过程。这样的方式对我后来带学生也很有影响，虽然看似无为而治，其实要求学生更加主动，毕竟已经是博士阶段，如果老师样样代劳，抱着是始终长不大的。

不过，虽然耳提面命的次数和时间有限，章师却通过自己的一言一行无形中营造出一种氛围，使得每一位在此学习或工作的人，都倾注全力于治学之道。声声入耳与事事关心之下，学人的根本在于学术，千变万化，心系于此，无论身份如何多样，随时随地，自然而然地显出书生本色。近代学术大家，从来不做学术行政的王国维、陈寅恪等人不必论，身兼要职的胡适、陈垣、傅斯年也同样如此，相关的口碑掌故俯拾皆是。这大概是处于学术领袖位置的大家影响良否的重要指标，也是维系学术命脉薪火相传的基本依托。

严格来讲，大学并不是为一般读过书得到学位的人提供职位饭碗，而是为那些以学问为事业，为安身立命的所在，甚至不做学问就了无生趣的人准备的基本条件和环境，使之能够得其所哉。这些人的全身心投入，并不一定体现于夜以继日地熬在图书馆、实验室，而是整个生活和人生目的，都是围绕所从事的学术活动。学人如果对于学术缺乏真感情和敬畏心，所做学问必然以假乱真。近年来，学界前辈感叹学人谈学术者日见鲜少（而学术成果却不断增多），彼此热衷的话题似乎逐渐远离学术，相比之下，章师老而弥坚的学术追求更加令人钦佩。我毕业后关注学者的历史，鉴于陈寅恪晚年转而潜心研究明清史事，曾经戏言检验学人是否对学术抱有真兴趣，可以看60岁以后是否还能开辟新领域。章师后来转向近代教会和教会大学史的研究，虽有特殊机缘，毕竟主观追求才是内驱力。如果不是感到极大乐趣，决无可能孜孜不倦地几十年如一日。

我辈愚钝，略有所长，只图在学术方面有所发展，而学术研究，尤其是治史一途，后天的努力固然极其重要，有些天赋却难以超越。章师便颇有研究近代史事的异禀。中国古代典籍向称浩瀚，与近代史料相比，却是小巫见大巫，主张搜集史料要竭泽而渔的陈垣，也不禁慨叹近代史料繁杂，很难囊括。因此，研治中国近现代史，必须有超强的阅读能力，一目十行也未必够用。而且在飞速浏览之下，还能高度敏感地捕捉重要信息。记得一次见章师，恰好他与图书馆约定前往圈阅选购的书目，便随同一道去图书馆。只见章师展开目录，目观指画，速度奇快，口中还不时与我交谈。我从旁仔细观察，所签出的各书，相当精当，不觉暗暗称奇。现在自己教学生，也强调高速阅读之于近现代史研究的极端重要，否则，再小的题目也很难将所有史料一网打尽。

武汉的自然条件对于治学不是十分适宜，夏日酷暑，冬天严寒，又没有降暑御寒的设备条件，章师开玩笑地说武汉的学生高考应当加十分。可是，就在小小的桂子山上，我却度过了三年温暖如春的学习生活，至今依然十分怀念。现在生活水平大幅度提高，到处的物质和学术条件都有了很大改善，可是，要想找到适宜的学习和治学环境，反而并非易事。

章师自谦是铺路的石子，实际上是那一代学人当中最具代表性的学者之一，其声望远远超出专业的范围。章师治学，立意高远，大度兼大气，虽有专精，决不畛域自囿，专深的研究背后有一套大框架，从而将近代史研究的标的悬于高处，带动研究水准不断攀升。他告诫门下士不要只想在桂子山上称王称霸，应当向着国际学术界争一席之地。他的研究甚至有意避免局限于辛亥首义之区的武汉乃至湖北，将目光投向江浙和海外。这种胸襟志向，为首先想着争夺身边地盘以称霸一方的山大王者难以望其项背。

学术领袖的眼界，对于学界风尚有着超越常人的影响作用。治学本来不必与人较，至少当与古人较，不得已而求其次，也须举目神州，放眼全球。而不断挑动内部竞争的学术环境，使得学人为了争夺生存空间，非但心术不正而已，学术上也势必钻营取巧，乃至胡作非为。章师面对诸如此类之事，决不意气用事，争一时的高下，而将挫磨当作激励，研究更加精益求精。学人无论身披多少光环，最终还是要看在学术史上留下的印记，是否经得起千秋万代的反复研磨。由老师的言传身教领悟到的这些体验，也是现在不断告诫门下诸生的要诀。

钱穆曾经批评近代学人志向不大，因而成就不高，但大志向不可凭空而来，如果坐井观天，即使放眼世界，也不过是井底之蛙。章师治学，不仅悬的高远，而且身体力行，其论著所体现的只是冰山一角，至于海平面以下的深厚基础，要通过长期的交往接触、耳提面命才能逐渐体察。当时虽已读到博士，思想和学术追求却正在经历新一轮的漫山跑野马。章师早年受过各种社会科学的辅助训练，也曾文史兼修，所撰写的影评还得到电影界高人的青睐。对于学生们的上下求索，总的态度是积极支持，有所创获，则表扬鼓励，哪怕只是一得之见。如果实在不着边际，也会直截了当地指出。几位同门各出奇招，章师百忙之中，从容应对，收放自如，令弟子左突右冲而不逾矩。史无定法，但要取法乎上，并且中规中矩，不作门外文谈，绝非轻而易举。博采众长，固然重要，学有所宗，更不可少。后来见章师为各类书籍所写序言，不但内容吻合，议论精当，甚至文笔也可以随原书风格而转，没有相应的知识，绝无可能臻此化境。至于晚年犹辟新境，进取不止，更是令人感佩不已。

章师治学，接续前贤，主张义理考据辞章兼备，反对偏于一端。虽然辩才出众，撰写学术论文却不赞成对面驳论，而坚持正面立论。其意既然不以所驳之论为然，何必锱铢必较，虚耗精力。如果所论之事值得用力，则正面立论更能凸显价值。近代学术史上，彼此辩驳的文词交锋，每每流于意气相争，尤其是一些别有用心者有意求全之毁，借以出名，更加流弊无穷。章师此番看似不经意的议论，铭记在心，从此以后，再无论辩式的文章出手。

为师体大思精，可以从容驾驭门生，但弟子们守成的难度却大为增加。各取一端，等于肢解，如布罗代尔之后年鉴学派之名犹存，而整体史的博大精深无形中已经消散。可是勉强承受，又往往力有不逮。既要量力而行，又不能一味在扬长避短的托词下因陋就简，这对学人的智慧、功力和学识而言是极大的考验。治学须博而后约，基础不稳，植根不深，要想攀高做大，必然处处捉襟见肘。治学当叠金字塔，不要如雨后春笋。真正能够在学术发展史上"标新立异"，首先应当培基固本，温故而后知新。

二

导师之外，还遇到不少令人难以忘怀的良师益友。

四川大学是一所名校，"文革"造成的创伤极为惨痛，硕果仅存的徐中舒、缪钺等先生，年事已高，身体抱恙，不再开设一般课程。但有时任课老师是他们的弟子，为了让后学一睹宿儒的风采学识，会特意请这样的大先生讲授一部分重要课程。记得中国历代制度就请了缪钺先生主讲，分为四次，每次两节课，从先秦到清代，一气贯通。尤其是关于清代制度集历代大成之说，印象深刻，受益匪浅。据说缪先生讲授这类课程，可以根据时间长短而作详略有序的安排，并且始终提纲挈领，要言不烦。正式任课的老师虽已年过花甲，仍然自叹不能如此收放自如、举重若轻。

缪先生文史双修，早年即在《学衡》著文，这时虽然刚刚开放，海外学词的成名学人已经不时慕名来函问学。课堂上拜见之后，可以定期到缪先生家中当面请教，亲眼得见古人所说过目成诵的情形。其时缪先生患白内障，已经多年不能看书，"文革"前他曾经过录明末一位诗人的诗集，十年间不曾翻阅，居然还能够背诵。缪先生展示其关于《红楼梦》史事的摘抄札记，并顺便谈及老辈治学习惯于分类辑录，似不如后来通行的抄卡片方便。由此开启了我抄卡片的兴趣，尤其在攻读硕士博士学位期间，抄录了大量卡片，奠定了后来几本专书的基础。而在放眼读书之后，却逐渐体会到读完书再做学问的老辈分类辑录之法，较抄卡片更加有助于贯通发明，所以又改行简化辑录的办法。由此可见，学无定法，关键在于是否适用。

考进中山大学历史系攻读中国近现代史的硕士研究生学位时，是"文革"后恢复招收研究生的第三届。由于上一年未招生，所以对于中大历史系的中国近代史专业而言是第二届。这时全国能够招收研究生的师资为数不多，领衔者多为大先生，也就是老师的老师，如陈锡祺先生"文革"前就已经带过研究生。当年中山大学录取的中国近现代史研究生仅我一人，负责近代史教研室的陈胜粦老师参与阅卷和录取工作。后来他告诉我，对我的卷面回答相当详尽感到满意，也因而对其他报考者宁缺毋滥。

因为人少，不便开课，陈锡祺先生令我阅读《光绪朝东华录》和谢文孙的《辛亥革命的历史编纂学》，并随1977、1978两届的本科生听几门选修课，其中胜粦师的《鸦片战争前后的社会思潮》，印象最为深刻。嘉道之际，刚好是所谓古代与近代的分界，因为分属不同的专业和教研室，习惯上截然分离，不相贯通。与一般中国近代思想史的讲法不同，胜粦师用了大量的篇幅详细讲述明末清初以来学术思想的流变，以及中外接触交往的历史，以说明鸦片战争前后经世致用思潮的渊源。由于讲了半个学期，尚不到鸦片战争，有人质疑其是否序幕太长，枝蔓过多。其实胜粦师的讲法恰好能够正本清源，而为一般近代史所欠缺。将整个清代历史沟联贯通，是改变以往治中国近代史拦腰斩断的关键环节。而将学术与思想文化融合一体，不仅符合历史的实际，也有助于说明变化的过程。作为刚刚入门的后进，得此别开生面的教授，自然获益匪浅，而且更加意识到治中国近代史必须将古今中外熔于一炉。后来研治学人与学术的历史，以及近代中国的知识与制度转型，与此潜移默化的影响不无关系。得知我的感受心得，胜舞师表示赞许，认为能够体会其苦心孤诣。言下之意，孺子尚可教也。多年后提及此事，还为自己当年识人不错而喜形于色。

20世纪80年代初期，陈锡祺先生德高望重，是中山大学中国近代史研究的旗帜，而年富力强的胜舞师实际负责具体行政和业务组织工作。当时学术界普遍面临青黄不接、后继无人的尴尬境地，培养研究生无疑是当务之急，在这方面，胜舞师积极协助陈先生开展工作。我在上课之余，对学校的图书馆和历史系的资料室展开地毯式搜索阅读，尤其对旧编目图书、古籍和旧期刊兴趣浓厚。虽然自小好看书，而且机缘巧合，在并不提倡读书的年代，走南闯北，接触过一些小地方的公共图书馆和机构图书馆，上大学时，又利用过四川大学的图书馆，可是，入库浏览与在外借阅，感觉全然不同。在对研究生几乎全面开放的中山大学图书馆里，由视觉冲击造成的心灵冲击极其强烈，每日埋头其中，的确是如饥似渴。拥有像图书馆一样的书斋，便成为我心中孜孜以求的梦想。

中大图书馆收藏的晚清期刊，数量之多，在全国各大图书馆中，亦不多见，特别是其中一些甚至较期刊索引和介绍之类的工具书所显示的更加完整。后来才知道，其中多数是1928年顾颉刚前往江浙收书的结果。仔细阅读这些书刊，我开始对留日学生的问题感到兴趣，稍后又扩大到国内新式学堂学生和一般知识人的活动，逐渐形成了一些可以深入探讨的题目，曾向胜舞师报告，得到鼓励。后来这些想法大都一一落实，撰写而成的论文，陆续发表后，多收入结集的各专书。对于中日关系史的兴趣，也是由此而生。

研究生的生活规律有序，转眼到了学位论文交卷的时间。其时年逾古稀的陈先生不顾体弱多病，悉心指导。论文初稿出来后，陈先生看过，认为底子不错,但需要认真修改,才能充分发挥潜力。为此,他在抱病指导的同时,委托胜粦师协助,着重帮我提高论文质量。初稿约10万字,胜粦师仔细审阅,首先把握住我的思路,然后循此提出修改意见。他不赞成轻易改变结构,认为主要问题是过于平铺直叙,应将重点放在加强归纳、精炼文字、深化主题等方面。在认真思考消化胜粦师意见的基础上,我对论文进行了大幅度的修改。

清末国内学堂学生的行为大量是重复性的类象,如何表现,一时间似无良策,因此定稿工作进行得并不顺利。开始改了几遍,还觉得有话可说,也知道如何下手,有罗列之嫌的征引叙述压缩,注意不同层面的归类,文字逐步精炼。每改一次,胜粦师都要从头至尾仔细审阅,在此过程中如何劳心劳力,现在自己也带了一些研究生,才算深有体会。大约改到五六遍时,感到内心已是一片空白,似乎陷入失语状态。虽然仍觉不太满意,但要继续再改,却不知如何下手。而胜粦师认为还可以更上层楼,面对有些迷茫甚至开始焦躁的我,不厌其烦地说明意见,努力开启我的思路。

胜粦师是写文章的高手,其想法自然是胸有成竹,但是对于入门不久的新进而言,有时就不免难以捉摸。经历了一两个月的痛苦煎熬,在胜粦师一遍又一遍的启发引导下,终于悟到其中的奥妙,逐渐改出了令陈先生、胜粦师和其他老师大体认可的定稿。这次修改硕士研究生学位论文,历时9个月,先后十易其稿,个人经历了一次学业的蝉蜕,由此进入了学术正轨。此后,这样的经历还有过几次,每次都感到明显上了一级台阶,对于学位论文的高下有了深入一步的认识。如果没有胜粦师的诲人不倦,愚钝如我,要想踏上学术正途,恐怕难免经历更多的曲折。

不仅如此,这次学业蝉蜕的过程形成习惯,一直影响至今,每作一文,都要改到五六次以上甚至十余次,才觉得可以拿得出手。在使用电脑之前,每改一稿,就须誊正一次,费时费力。个人电脑的普及,使得劳动强度大幅度降低,因为方便,修改的次数越来越多。往往发表之后,甚至结集出版之后,还要根据新出资料和研究进展,不断签注修订。现在一些师友以为我著文甚易,其实自己十分清楚,有数的论文都是挤出而非流出。而且似乎形成某种偏见，看到过于流畅的论文，总不免心生疑虑，觉得历史不会这般整齐。史学论文必须表述与事实吻合，一气呵成往往追求逻辑畅顺，于错综复杂的史事难免有所取舍牺牲。要想保持二者的平衡，好文章一定是反复琢磨出来的，所以要求弟子至少提前半年交出论文初稿，以便充分修改。开始弟子们均以为难，而且认为没有必要。直到一遍遍修改下来，仍然只能差强人意，才体会到为师的良苦用心。治学是与古往今来有大智慧的人神交，绝不可能如此轻松，敢于出手，不过是无知者无畏罢了。要使他人对学术心生敬重，学人自己必须对学术保持敬畏。

由此可见，至少在史学领域，获取学位或是发表研究成果，不是走向领奖台，而是献到祭坛上，不能不慎之又慎，乃至战战兢兢。年少气盛，又见闻不广，学养不富，未经更上层楼便匆匆出道，又被迫发表太多，将来学术进步，难免悔其少作，否则勇往直前，只能重复制砖，终身码字，始终不能领悟治学的奥妙。守住身边和心中那一方净土，当是胜舞师那一代学人历经艰难、矢志不渝的最大心愿，也是对来者的重要启迪。

胜舞师治学求严，但作为学术机构的组织者，并不以个人好恶定于一尊，而是鼓励人尽其长、各显所能。一般而言，有所长者个性往往较强，学界更为突出。胜舞师能够兼容并包，善用其长，因此，有助于人人最大限度地发挥潜能。其门下士人才辈出，佳作迭现，所负责的中国近现代史学术机构，也稳步取得显著发展。如果都能会聚一处、济济一堂，真有天下英雄谁敌手之慨了。

北京师范大学的龚书铎先生是我博士答辩的座师。1987年底，我在华中师范大学完成了三年的博士研究生学业，进行博士学位论文答辩。那时国内具有博士导师资格者为数不多，而各校又特别郑重其事，要求较高，答辩之事必须在全国范围邀请著名专家。记得那一届请了龚先生、南京大学的茅家琦先生和湖南师范大学的林增平先生，和章开沅师等共同组成答辩委员会。

我不是第一次见龚先生，还在中山大学攻读硕士学位期间，有一次龚先生和中华书局的李侃先生南下参加学术活动，便中晚上来中山大学和中国近代史同仁座谈。当晚陈锡祺师做主，我也忝附末座。谈话没有具体主题，海阔天空地聊。龚先生一副长者之风，样子与实际年龄有些差距。他自称从中年起，与人交往就时常因此引起一些误会，有的年长者还以为他是前辈，特意表示恭敬。可是后来龚先生的相貌始终没有太大的变化，时间仿佛在他身上停止了运行，30年间多次见到他，样貌始终如一。正因为如此，后来知道他的身体欠佳，并不在意，直到听闻他病重的消息，却怎么也想象不出何以自然规律在他身上还起作用，又是如何起的作用。

华中师范大学的中国近现代史博士点，是由国务院学科评议组评审并经学位办正式批准设置的该学科最早的博士点。我们这一届同门共四人，上一届还有赵军学长，可是因为时间仓促，来不及公布招生目录，从我们这一届开始，才公开面向全国招生。那时学位制度恢复不久，博士学位的设置更是前所未有，还处于逐渐完善阶段，不过学界风气良好，规矩相当严格，答辩的学生与答辩委员之间，除了在正式的答辩会上，没有多少接触的机会。由于没有先例，作为考生难免有些紧张。答辩时龚先生问题不多，措辞严谨，没有随意的褒奖，也不会刻意挑剔，这使我内心的忐忑不安逐渐平静，心情放松下来，可以集中精力听取委员们的意见。如今想来，答辩陈述以及回答问题不尽如人意，但总算是顺利。

20世纪90年代中期以后，我也开始作为委员参与一些博士论文的答辩，虽然这时各地博士点陆续有所增加，可是广东偏处岭南，在相当长的时间里，唯有中山大学设了中国近现代史的博士点，每次答辩，还是要从北京等地请人。京师人文重地，但是可请又能请的人选却并不多，而龚先生便成了经常邀请的对象。由于无须避讳，每次答辩前后，与龚先生多所接谈，有所请益，对他的经历学识了解渐多。他亲口讲述了在大陆政权转移之际，从台湾千方百计回归的曲折辗转，其生动精彩堪比传奇故事。这样的经历在那一辈学人中恐怕是绝无仅有。

中华人民共和国成立后，政治首都与学术文化中心再度合二为一，龚先生长期在此学习工作，亲身接触学界的胜流闻人，耳闻目睹各种掌故秘辛，可以说是见多识广。由于我的研究涉及中华人民共和国成立初期北京史学界的众多人事，其中有的只是昙花一现，前后史事均无脉络可寻，为此多方求教于各校的前辈学人，大都不得要领，偶尔与龚先生谈及，却能够详细道出来龙去脉，令我喜出望外。

龚先生的学识由京师学界的长期浸淫及其本人的潜心学问相辅相成，朴实无华的风格之下，显出大智若愚的沉稳与远见。随着学位制度的发展，全国增设的博士点越来越多，所谓人过百，形形色色，难免鱼龙混杂，乱相也日渐显现。不要说培养优才，能够规矩不乱已经难能可贵。龚先生门下弟子众多，按照他私下的说法，不能保证个个成为良才，但决不允许乱来。在如今的体制和风气下，感同身受者都能体会到，守住这样的底线绝非轻而易举之事。作为导师，守住的前提是知道根本大体以及各个方面分支的底线何在，才能从心所欲而不逾矩。

史料史事的繁难，对研治中国近现代史的学人是智力和体力的极大考验。由于分身乏术，近代史研究者缩短战线之余，还须全力以赴，少有怡情养性的爱好。而龚先生喜欢戏剧，且不仅是业余性质，还撰写过元杂剧的书籍。这在专家之学盛行的当今尤其难能可贵。具有如此的眼界与学识，因材施教游刃有余，才不至于将教人作为自我的简单放大。

把握根本与守住底线之余，可以追求技术层面以上的个性发挥。20世纪80年代以后，原有关于唯心与唯物、上层建筑与经济基础的一些教条式解读逐渐被化解，文化研究是其中发挥重要作用的生力军。不过，流行一时的热闹之下，也不免滋生哗众取宠和浮泛附会的流蔽。龚先生接续中国文史之学的大道，引领时代变化的前驱，开辟中国近现代文化史研究的崭新领域，既不畛域自囿，又不随波逐流，看似不动声色，实则蕴含力道，能够实实在在地先因而后创。学有本源，万变不离其宗，自然源远流长，可以枝繁叶茂，松柏常青。

三

1981年，我还在硕士研究生二年级时，便有幸先后参加了两广太平天国学术研讨会和长沙纪念辛亥革命70周年青年学术研讨会。当时正值改革开放不久，学术会议的举办远不如后来之多，能够出席的机会相当难得。从与会者的情绪高昂和踊跃发言可见，大家都非常珍惜来之不易的机会，在十年禁锢之后，对于自己的专业领域，好像有一肚子的问题意见，说不完道不尽。两广太平天国学术研讨会的声势浩大，参与人数突破200人，在广州、桂平、桂林以及广州至桂平的航船上，连续举行大会和分组会，总会期将近半个月。记得最喜欢发言者之一是复旦大学的沈渭滨老师，每次大会和分组讨论，几乎总是第一个举手。直到临近闭会，才觉得满腹的话差不多说尽。学术研讨会能够从时间上保证畅所欲言，平生所见，这是唯一的一次。作为新进，虽然不大开口，却感受到学人对于学术的一往情深。如今学界大都忙人，所忙却未必是学问之事。各种以学术为名的研讨会，议程过于紧凑，令人总有几分醉翁之意不在酒的感觉。几度倡议召开日程较长、研讨深入的研讨会，无奈大家都忙，响应者寥寥，只能不了了之。

当时条件虽然有限，观念却相当平等，两广太平天国研讨会期间，我曾与宓汝成、王庆成、马大正几位老师同宿一室，在前往桂平的航船上，从胡绳先生以下，食宿一视同仁。与会的青年学人也为数不少，其中北京大学的王晓秋老师时年39岁，仍然属于青年。因为相处和交谈的时间较多，会议结束时，已经结交了一批师友，广西师范大学的钟文典老师便是其中之一。多年后因为研究新中国史学会，对于民国以来北京（平）学界先后以《时事新报》《北平晨报》《世界日报》《光明日报》为重要关注媒体大体了解，唯独不知中华人民共和国成立前后为哪一家报纸。陆续请教了不少人，都不知其详，还是钟文典老师提示查一下《进步日报》，果然不出所料，由此不仅解决了新中国史学会的信息问题，更重要的是，使得研究近代以来北京学界的重要依据形成完整链条。

长沙会议是专为青年学子而办，倡行者主要是鉴于武汉纪念辛亥革命70周年学术研讨会的容量有限，希望为更多的后进提供机会。也许因为两广太平天国会的与会者尽情倾诉了意见，算是对盛极一时的太平天国研究做了总结，后来这一方面进入相对平静期。而以青年为主体的长沙会议，影响却持续了几十年。如今各校不少研究骨干，仍是长沙会议的代表。在三次革命高潮的架构依然主导中国近代史研究的环境下，太平天国和义和团研究领域，都没有出现这样对于青年具有持续影响力的学术会议。而随后举办的孙中山研究青年学术研讨会以及纪念辛亥革命80周年青年学术研讨会，与之相比似乎也相形见绌。究其详，因缘时会，辛亥革命研究具有更强的内在张力，当为重要原因。

中山大学是陈寅恪最后二十年的归宿，我生也晚，未得亲炙，却仍然能够感受到前贤的流风遗韵。得其心传的几位老师，虽然分治古代史和世界史，均能够沟通古今中外，论人论学，每每一语中的。对于年少气盛、喜欢任意驰骋的后生小子，尤其具有当头棒喝的作用，闻之如醍醐灌顶。只要虚心受教，用心揣摩，终生受用无穷。如姜伯勤老师讲座时示以读历代典籍应精读原典，其余可以如秋风扫落叶一般席卷而过，确是通读旧籍的不二法门，体验之后，用以授徒，能够指示大道正轨。此法虽然见效不易，但在必须绝顶聪明的人下笨功夫的史学领域，却是有心向学者的必由之路，否则短期内或有速效，终究后续乏力，还容易滑入邪途而不自知。

俗话说：师傅领进门，修行靠个人。而个人能否有所成，天赋、勤奋、机缘，三者缺一不可。博士毕业后，没有今日各种考核之类的重压。用章开沅师的话说，那时外国学者有空间没时间，国内学人则有时间没空间，各有利弊，须善用之。有时间的好处是便于放眼读书，只要有心向学，即便缺少童子功，也有足够的闲暇，可以设法恶补。回中山大学任教的数年间，大学教师为了生计，下海炒更成风。当时听了"食得草根，做得学问"的训诫，逆流而动，集中阅读所有能够入手的清代以来学人的著述，然后上溯历代，旁及其他。本来读书好博，豁然贯通之后，杂乱无章变成有条不紊，治学得以事半功倍。

广读博览，不仅拓宽了视野，累积的题目及材料也大幅度增多。尤其是关于近代学人及其学术的研究，陆续写成关于国学的历史、国际汉学与中国学界的交往、学人与学术、学人与学风等专书。认真揣摩玩味之下，对于近代学术大家的学行体会益深，受前贤的影响，自己的治学风格也为之一变。或者只看这方面论著，以为学术史专家，也有的不看这方面论著，以为全外行。其实研究学人的学行，旨在理解其学术，同时学人的历史也是近代历史的有机组成部分，不必分门别类，壁垒森严，以至畛域自囿。

我在攻读博士研究生学位前，便参与了陈锡祺先生主持的《孙中山年谱长编》的编撰，稍后又应段云章老师之邀，分任《孙中山传》的一卷。开始以为并非难事，但将所有新旧材料排比对勘后，发觉相关历史几乎要重新改写。经此一役，对于长编考异之法的精妙尤其是材料极大丰富的近代史研究不可或缺，有了深刻体验和认识，在此基础上，撰写了一系列关于庚子勤王的论文，后来合成《庚子勤王与晚清政局》的专书，以整体史的观念论述朝野各方庚子前后错综复杂的关联以及对于清季政局的影响，并滋生以集众的方式编撰近代史编年系列的念头（包括国学系年、清代教育史编年、近代学术编年、民国重大纪念编年等）。在编年系列实施过程中，不断向参与者传达个人体验，告以揣摩把握长编考异法之于提升研究水准的极端重要，以及善于领悟者可以从编年中获取若干专书的构思并累积大量素材，将来能够从容应对多个领域的需求。当然，能否把握机缘，全在各自的努力和造化。

经过长编考异的训练和放眼读书的阶段，材料与事实得以贯通，触类旁通，各种专题论著的题目纷至沓来，由留日学生演进到中日关系，由保皇会扩大到康有为与梁启超，并着手组织编辑康门弟子合集，撰写《康梁合传》的专书。此外，正在进行以及拟做待做的专书还有不少。继近代中国学术流派研究之后，又以集众的形式组织了近代中国的知识与制度转型长期研究计划，包括重大课题的实施和专书系列两个层级，从中学、西学、东学的多元视角沟通古今中外，重新解读近代中国的相关文本和史事。

治学之道，应当先因而后创，接着做是题中应有之义。学术要想创新，首先必须接得住。陈锡祺先生和章开沅先生，学术视野开阔，最为人称道的还是孙中山研究和辛亥革命史研究。两位师长对上述领域始终挂怀，陈先生晚年与人谈话，说得最多的就是如何继续孙中山研究，而章师则一直将新编辛亥革命资料作为重要事业。

近年来，我有意承接孙中山与辛亥革命研究，使之发扬光大。这两个领域从来关系密切，同时并进，可以相得益彰。关于孙中山研究，我陆续主持编撰了《各方致孙中山函电汇编》《孙中山史事编年》《孙中山思想政见各方论争》,正在编撰《孙中山图像编年史》;关于辛亥革命,从大小历史的不同视角,分别撰写了两本专书。此外正在主持编撰包括孙中山纪念和辛亥革命与民国肇建纪念在内的民国重大纪念编年。努力的目标在于,搜集、整理各类新旧史料,深入探究一系列重大问题,并利用亲历者的日记,追寻近代中国政权鼎革之际各色人等的心路历程,作为重写大历史和呈现小历史的开篇,同时在整体联系的脉络之中,展现重要人物重要事件的历史枢纽作用,使得推进孙中山及辛亥革命研究与扩展深化历史整体研究(诸如晚清史、民初北京政府时期历史以及同时代形形色色的人事)相得益彰。

胡适说,治史须绝顶聪明的人下笨功夫。出手太早,难免悔其少作;迁延过久,则会时不我待。在合适的时候做适当的事情,就是最佳选择。要想完成资料汇编、史事编年和个人专书三大系列,现在就必须摒弃旁骛,专心致志,力争达成心愿,不留遗憾。如果所有著述能够留得下去,便可以说是如愿以偿。这是花甲之年的自我鞭策,即作为本书的绪论。

大众时代的小众读书法[①]

所谓大众时代的小众读书法，是要向特定读者群提示与读书有关的下列各点：一，历代读书之法。二，读历代书之法。三，一般读书之法。四，读书与治学。自清季改行西式学堂的教学方式，后来又受到故意与前人立异之言的误导，读书逐渐变异为读教科书或是一味翻书找材料，真正意义上的读全书、知本意，已是一种奢侈行为。可是对于有志于学的新进而言，要想成为读书种子，应当懂得放眼读书的必要性与把握读得懂、看得完的门道，读书治学才不至于终生参野狐禅。

一、不懂才要学

编辑《读书法》，是想为大学本科以上程度和有志于人文学科的一般爱好者提供一本方便的参考书，以便寻得门径，可以循序渐进地读懂浩如烟海的古今中外书籍。诸如此类有利于新进学习寻找进入堂奥之道的门径书，共计划编辑四种，已经出版了《近代中国学术思想》《近代中国学术批评》《国学的历史》等三种。就今日的普遍程度而言，这类浅显的入门书或许已经有些深难，因而对于以上层级或许也不无参考价值，因为不读书或读不懂书显然已经不是初学者才面临的困惑，只要程度适合，有所裨益，好读书者都不妨翻看。与之相应，还有《程师》一种，尚待编辑。只是对象有所不同。

《读书法》试图向特定读者群提示与读书有关的下列各点：一，历代读书之法。二，读历代书之法。三，一般读书之法。四，读书与治学。这几点虽然可以分开来讲，但其实基本是一回事，而且只有明白为什么是一回事，并当成一回事来做，才能真正懂得读书之道。

编辑本书的初衷当然是为后学新进提供一本学习中国历史文化的入门书，但绝不是时下流行的可消费式的精神快餐，也绝不如当年胡适提倡整

[①] 本文为《读书法》（人民出版社2014年版）一书的解说。

理国故时所宣称的一般中学生也能够参与其事。一味迎合青年、娱乐大众的文化商品，在流行与赚钱之余，难免误导和愚弄的无穷流弊，自身也往往陷入趋时即容易过时的尴尬。中国文化虽然一脉相承，未曾中绝，可是随着时间的推移和环境的变迁，深浅的标准也不断发生变化。远的不论，晚清编辑的一些中学教科书，民国时期就升格为大学参考书。而当年胡适等人鼓吹白话文之际所举为力证的宋元明清通俗易懂的白话小说，今日大学文史专业的本科生已经视同难以卒读的文言文。后来严耕望特意为穷学生撰写的治史小书，如今不仅开本放大，内容也不是青年学生容易领会的，甚至不少青年教师也觉得有些费解。

所谓入门，含义有几层。

其一，虽然只是入门，仍然不要抱着一看就懂的幻想，有志趣者必须通过认真学习和仔细揣摩才能有所领悟，那种充斥书肆坊间貌似一看就会的文字和自诩不学而能的办法，大都不过是自欺欺人的江湖骗术。正如学习各种程式化的技艺，除了少数天赋异禀者一点即通，对于绝大多数人而言，长时间不断重复的基础性练习可能相当枯燥乏味，却是培养兴趣逐渐变成内行不可或缺的必由之路。中国传统饱受后人诟病的记诵式学习，道理相同。梁启超所鼓吹的"学问之趣味"，也只能由此而滋生。

其二，入门阶段，必须取法正确，若是行差踏错，走岔了路、入偏了门，再努力也是缘木求鱼，甚至南辕北辙，以致终生横逸斜出，参野狐禅。时下学界乱象横生，良材被雕为朽木的情况屡见不鲜。无知者无畏，越是乱来则越是敢于一往无前。一般情况下，读书得法，常常伴随由涩而顺的渐进过程。

其三，入门不过起始，进得门来，要想进一步深入堂奥，还须放眼读书。取法得当，读书越多，读懂的可能性越大，读书的能力越强。如果没有高远志向，有书不读，办法再好也是无用。

其四，探寻门径不是专讲方法，如钱穆所说，方法是为读过书的人讲的，对没有读过书的人讲方法，有害无益。因此，博览群书与揣摩读书之法必须相辅相成，读书不富而欲深谙读书之道，绝无可能。恰如要学会游泳不能只在岸上练习，懂得吃饭的方法而不吃则永远不饱一样，读懂书的妙诀便是大量读书。只有多读书，才有可能领悟读书法的奥妙。

本书虽然是为后学新进而编，却不适合浅尝辄止之辈、娱乐游戏之众以及钻营取巧之徒，而是面向有志于学之士。雅俗共赏不过是客观效果，如果刻意追求，很可能上不着天下不着地，流行一时与垂范长久实在不易兼得。那些连《红楼梦》也读不下去且无意读下去的受众未必愿意读，而饱学之士则不必读。若一味以生意眼取舍，旨在向广大微阅读人士提供消费快餐，以为读书法应该一看就懂，看了读书法就可以读懂所有书，未免自欺欺人。诸如此类的娱乐游戏乃至江湖骗术早已充斥坊间，若以一般受众现时的阅读能力为准，而不是着眼于提升其阅读能力，要想读懂历代书乃至一切书无异于痴人说梦。如此，则编辑本书的意义就荡然无存。

二、读书与读教科书

关于读书，宋以来专论不少，清代以及民国时期论述尤多，前人已经编辑过若干种专书，内容各异，取法不一，主观目的与基本取材则不无相似。之所以还要再编一种，一方面是因为从前的选本尚有未能尽意之处，另一方面则是鉴于读书已成普遍难题的现状，希望借此提示一些读书门道，留住一些读书种子。

当今社会，节奏加快，信息爆炸，令人无暇读书，除了通过各种形式获取资讯外，只能浏览快餐式的书刊。不仅如此，连习称的上学读书，也早就变了味道。从小学到大学，所谓读书，其实主要是读教科书，很少有机会真正读书。不仅如此，即便进入研究乃至教书阶段，如今通行的做法大概也是不大读书。虽然每日少不了或主要是与书打交道，只能说是翻书寻找自己需要的材料，并非读书。作者的立意，全书的主旨，似乎与己无关。如此看来，读书已成一项奢侈之事，许多人一生当中读书的机会甚少，真正通读过的书自然为数不多。

既然读书不多，如何才能读懂，便成为问题。在力求读懂之前，首先应当明白，上学读书，就是要逐渐读懂那些读不懂的书，并且内化为自己的知识。如果一味只看那些一看就懂的书，获取感官愉悦，而美其名曰雅俗共赏、老少咸宜，则无论读多少书，也是低水平的重复，至多增加一些茶余饭后的谈资，很难有知识水平的进步提高。上大学的主要目的之一，就是努力读懂自己原来读不懂的书，使得读懂的书越来越多，读不懂的越来越少。检验上大学收效的标准之一，就是看原来读不懂的书读懂了多少，还剩下多少。以此为准，分为各个学期学年，可以验看提高进步的程度幅度，总体考察，则读懂的书越多，读不懂的书越少，成效越大。如果毕业之际与入学之时读懂书的能力相差无几，则有虚度光阴之嫌。

上大学的学习方式与中小学有所不同，初学发蒙，是从全然无知到逐渐有知，灌输式的教学必不可少，待到由背诵记忆积累起一定的知识，便具备相应的自学能力，可以通过各种形式主动延伸学习和扩展知识。大学阶段则应转变方式，以自学读书为主，听授为辅。大学老师的作用，首先是明道，即探求指示学问整体与分支的渊源脉络，其次则解惑，照本宣科式的授业只不过是初级形式。若学生不读书，不问学，教师便只能盲目施教。而一视同仁的讲授无论多么认真规范，其实是最简单省事的办法，起不到因材施教的作用。由于高考以中学教育的内容为据而不以大学教育的需求为准，以致太阿倒持，如今大学本科阶段的教学，已经相当程度地高中化，不仅以课堂听授为主，而且从形式到内容都是高中阶段的延续，学生学习的时间被大量规范化的课堂讲授填满，以至于很少有时间进图书馆系统读书。

当然，学生即使有时间也不读书的情形同样相当普遍，许多人在应付课程、交游、上网、闲聊，等等之后，如果还有余暇，才随意翻书，而且由于心浮气躁，只看那些容易看懂的书，看不懂的便束之高阁。类似情形在海峡对岸也同样存在。据媒体调查，彼处大学生每天读书的时间平均不到一小时。也就是说，即使对于专门读书的大学生，读书也成为一项业余活动。不从被动转为主动，大学学习的效果自然不佳，学生掌握的知识以及与之相应的能力很难得到切实提升。近年来学生普遍反映大学阶段没有学到东西，原因至为复杂，家长和社会对于大学期望值的错位、大学理念的流失、教师资质的下降，等等之外，就学生自身而言，最应该反躬自省的就是是否实现自觉转型，主动学习。被"抱"进大学的一代要做到这一层，实属不易。

大学阶段，要推动学生改变被动学习的习惯，由耳学而眼学，主动进图书馆博览群书的环节至为关键。尝戏言大学里唯一增值的就是图书馆，其余包括所谓高科技在内，都是高投入高消耗。尽管图书馆的书籍也有一些时过境迁即无甚价值，但相当部分的图书随着光阴的流逝反而会不断增值。珍本原版典籍产生的视觉冲击效果，很难为其他形式所取代。由于资源稀缺，不仅价格高昂，后设的大学图书馆财力再充足，收藏也极为有限。当然，藏书家与学问家对于书的需求有所分别，有心向学者偏重于后者。时下学生面临的主要问题是不会找书（包括进图书馆和利用网络），也不喜欢看书，而不是无书可看或看不到书。尤其是随着网络资源的日益丰富，坐拥书城已是普遍状况，无书可读的情形一去不复返，而上学不读书的现象却依然是到处的共相。章太炎曾经预言大学不出学问，原因之一正是大学只听授而不读书的教学方式。因而认真读书，正是防止其不幸言中的可行之道。

胡朴安论及20世纪20年代学界的风气，有如下评议：

> 今之学者不求所以自立，徒为虚憍之气所乘，以盗窃为能事，以标榜为名事，不仅文话白话然也，一切学问，莫不如是。于是不知算学而言罗素，不知生物而言杜里舒，不知经史而言崔东壁，不知小学而言高邮王氏父子，无闭门读书之人，只有登坛演讲之人，无执卷问业之人，只有随众听讲之人。演讲与听讲，非不可行之事。然必演讲者对于所讲之学问，有彻底之了解，听讲者对于所讲之学问，有相当之根基。今演讲者自知学问之未了解也，于是好为新奇之说，以博听者之感情；而听讲者不仅无相当之根基，并无听讲之诚意。……真正为学问之宣传而演讲，与为学问之研究而听讲者，可谓决无其人。至其比较稍善者，亦不能有具体之研究，而求治学之条理，或抽其一二枝枝节节为之。此等治学者，一中于欲速之心，二中于好奇之念。盖具体的研究，非穷年累月不为功，且无新奇可喜之说，足以动人闻听。今撷拾一二事，彼此钩稽，甚且穿凿附会，为之者计日可成，听之者诧为未经人道，于是治学者遂有二途：一曰求中国隐僻之书，以比附西方最新之说；一曰求单文孤证，以推翻前人久定之案。尤以翻案之学说，风行一时。①

时间过去九十年，所描述的情形即使不能说变本加厉，至少不见显著改善。那些抱怨在大学期间没有学到东西的学子，不妨自我反省，而大学和教育行政部门也应当做出调整。近年来改革高考制度的呼声不断，正如清季停罢科举一样，在欧洲成为文官考试楷模的科举制本身未必非废止不可，今日高考制度的症结，当在上一级学校的考试录取以下一级学校的教

---

① 胡朴安：《论今人治学之弊》，载《民国日报·国学周刊》（上海）第14期，1923年8月8日。

学为标准，本末倒置。所谓升学率，不过是皇帝的新衣。中学阶段的学习，不能逐渐接续大学的教学，结果导致进入大学后不得不从头做起。而大学不断强化的规范化教学，反而有将学生的学习态度和方式的转型进一步延迟到研究生阶段之势。如果大学教师希望学生忘却其原来所学知识，彻底脱胎换骨，那么，此前的教育就应当全面反省。

三、要读书，不要只读《读书》

端正了基本态度，接下来就是了解恰当的取径和掌握行之有效的办法。

中国有文字记载的历史很长，如何读书的问题，却并非古今一贯地困扰着人们。唐以前受书写材料和相关技术的限制，书籍的种类和阅读的人数均相对较少。而中古自魏晋至两宋佛教的传入壮大，成为中国思想演变的大事因缘，如何解读先秦的原典，先有两汉经古今之争，后来又进一步加入了清人的所谓汉宋之分。

宋儒在中国思想文化史上占据承前启后的重要地位，中庸大道，古今兼顾，考据义理并行，中外相辅相成，读书讲学并重，很有些相反相成的辩证意味。随着造纸和印刷术的发展普及，宋儒开始着重关注和讲究读书法的问题，力求既正确理解原典，又能充分吸收外来文化而有所创获。明代偏重讲学，流弊所及，以致空谈误国。有鉴于此，清初诸大儒提倡读书，反对讲学，影响所被，有清一代的风气重读书而轻讲学。清代可以说是继宋之后又一特别讲究读书的时代，无论学校还是书院，讲学之事越来越少，进学主要是读书，而非听授。

晚清中西学从冲突到共存，始终无法兼收并蓄。科举改革，主要是试图解决中西学两套系统如何兼容的困扰。停科举兴学堂，等于在经历了夷夏大防、中体西用之后，中西学的地位乾坤颠倒，不仅事实上用夷变夏，而且形式上以西为优为尊。清季改科举为学堂，本意是培才与抡才合于一炉，实际上不得不将中学纳入西学。学堂里按照西式架构设置的科目课程，不仅变读书为读教科书，而且教学形式由读书改为听授。与之相应，中学内容不得不以西式分科为模范，分门别类编成教科书，以适应教学的需要。而学术的分科与学制的分科相互影响，中学当中貌似文史政经的部分被西学吸纳，至于找不到适当对应的经学，在经历了一圈进入学堂的巡游之后，尴尬地退出历史舞台，逐渐被其他学科所分解。

清季民初的输入新知确有全盘西化之势。两宋和明清之际诸儒取珠还椟以免数典忘祖的苦心孤诣，变成高扬西化大旗的挟洋自重。民国时期讲学之风的再兴，便是借助多位来华西哲的西风而成弥漫之势。再加上明治后新汉语大量输入，用印欧语系的语法条理中文，以及以白话文取代文言文，看似一脉相承的中国文化实际上出现了明显深刻的断裂，造成古今的隔膜，如何用学堂里学来的知识解读历代文献而不至于穿凿附会，成为令有识之士头痛不已的一大难题。

尽管西化蔚然成风和讲学盛极一时，汉语言文字和历代典籍毕竟是绝大多数国人知识的源泉以及汲取外来新知的凭借。为了解决沟通古今中外的难题，民国时期学人尤其好讲读书法，名目繁多的读书杂志层出不穷，作者贡献自己的读书心得和经验，介绍各种新书，提示中外名著的要义以及阅读办法，激发一般读者看书的兴趣。可是久而久之，却使得一部分读者将读书类的报刊文章当作书来读，将后人的认识当成原著的本意和全貌，反而有碍于读书解书。所以曾经戏称要读书，不要读"读书"，意思就是不要将读书类的报刊等同于原著，不能以阅览"读书"来代替读书。这与不要将教科书当作书来读一样，不要误以为后人的认识都是当时的事实。同理，阅读《读书法》也不能替代读书，任何读书法，只能提示读书的门径，只有读书的人，才能用得其所。

此说引申而言，一切后来的认识，包括注疏、解释、导读、教材等等，在看似方便读者的同时，也难免增加了误导的可能，或是限制了后人的思维。从清代梳理历代文籍，到今日的古籍整理，在增加所谓技术含量的驱使下，用力越大，错误越多，文本的内涵越是难以得到充分释放。傅斯年正是鉴于后来附加于史料的成分越多，可信度可能反而越低，才断言材料越生越好。史家的功能之一，就是剔除各种附加成分，还原文籍本意和事实本相。可见，要想尽可能充分地让文本的意思得到释放，最好的方式，就是使之素颜直面读者。

即使按照读书与治学分为不同阶段的观念，作为基础性的读书也并非可以轻而易举讲好之事。在好讲读书治学方法的近代学人当中，胡适尤其喜欢金针度人。可是，"深入浅出"如果流于浅薄，就容易误导众生。1928年清华研究院毕业的陈守实"无聊中阅胡适《读书》一篇"，在日记中写道："此君小有才，然绽论甚多，可以教小夫下士，而不可间执通方之士也。"① 读书高明者，所讲读书法才能得其要领，而善读者既不做两脚书橱，也不会以专家自诩，而是精博相济、繁简两宜。

一时代要学问好、建树多，首先要育人，出人才能出货，有高人才会有佳作。而史学面向今天以前的一切，必须绝顶聪明的人下笨功夫，即使天纵奇才，也非经长期训练积累不能奏功。所以钱穆说读书要志向远大，虚怀若谷，否则读不进、参不透。人才可否成群结队地来，固然有时代环境等机缘，不可强求，师资的良否也是关键因素之一。而师资同时又是治学的主体，一身二任，关系重大。抗战结束时，王重民鉴于学界乱象，希望胡适办研究院，连二掌柜一起收。"要教习翰林，还要把作教习的人，给他们一个学习的机会，或者不得不学习的机会，则学术的生长点上，方有不断的新的进步。"② 尽管胡适好讲方法，后来影响也大，在见识稍深的学人看来，未必是拨乱反正的最佳人选。只是仅仅以学问为职业而非事业志业者，与小夫下士相差无几，胡适的治学方法也就足以成为他们暗自参考的枕中秘籍了。这也是胡适可以为一般人树立新的学术典范，而近代高手大家治学却并不经过亦不遵循其所创范式的要因。

四、书多终有读完时

古今中外的书籍数量庞大，一般读者当然无须尽阅，也无暇博览、无力通读，但是对于有志于学者而言，读完书却不仅是应有的抱负，也是实现理想的必由之路。

读书必须志向高远，才能沉潜持久。钱穆说过："为学标准贵高，所谓取法乎上仅得乎中。若先以卑陋自足，则难有远到之望。标准之高低，若多读书自见。所患即以时代群趋为是，不能上窥古人，则终为所囿。从来学者之患无不在是，诚有志者所当时以警惕也。"③

有志者事竟成，书再多，只要持之以恒地坚持读下去，总有读完终卷

---

① 陈守实：《学术日录［选载］·记梁启超、陈寅恪诸师事》，见《中国文化研究集刊》（第一辑），复旦大学出版社1984年版，第429页。

② 杜春和、韩荣芳、耿来金：《胡适论学往来书信选》（上册），河北人民出版社1998年版，第302页。

③ 钱穆：《六、致唐端正书十通》，见《钱宾四先生全集》（第53册），台湾联经出版事业公司1998年版，第456～457页。

之日。况且书籍的形成及其传衍，自有其历史脉络，数量再大，也有迹可循，而非无法可读。中国历代典籍种类卷帙之多，在世界之林或可称最，可是善读者却说30岁以后即无书可读，而不得要领者却终生如牛负重。

诚然，今日的国民教育体制，有分段约期递进的时限，教人先读教科书，然后进入专题研究，在大量课程的压力下，即使到博士研究生阶段，也基本没有阅读教科书或讲义以外的真正读书，更不要说有充裕的时间放眼读书，加之训练有限，学生读书的速度和读懂的能力都明显不足，一般情况下亦不敢或不愿尝试缓不济急的放眼读书。好在学习阶段还有老师指导把关，虽然未经博览群书，若得良师随时提示指教，一定程度可以弥补读书的不足，不至于乱读胡解。当然，若是不读书之人教书，横通妄言，势必误人子弟、贻害大众。随着老师宿儒的逝去，由今日通行教育方式培养出来的学人，好以自己的经验为治学的要诀，传授弟子，鼓励其择一前人未曾着手的领域，长期钻研，美其名曰"占领制高点"。可是在占山为王的取向下，因为没有整体观念，不能衡量高下当否，难免误以洼地为高峰。退一步讲，开垦一座荒山，固然有其价值，但是否当了"山大王"就是"占领制高点"，却大有可议。胡适当年倡导大胆假设、小心求证，萧公权便意识到可能出现看朱成碧的误会，主张在大胆假设之前应有一放眼读书的阶段，以免将天边的浮云误认作树林。凡此种种，都表明先博而后约不可逾越。拖延越久，则后遗症越重，或举步维艰，或不断重复，或盲目冲撞，学问难以精进。

虽然现代教育体制下很难循着先博而后约的正途大道前进，无法读完书再做学问，虽然章太炎等人早已断言大学不出学问，但还是应该尽可能多读书，并且设法掌握读书的技能。本科阶段，应该读懂基本书或必读书。各种学问均有基本典籍，熟读大书，又知渊源流变和条理脉络，即可执简御繁。蒙文通认为："做学问必选一典籍为基础而精熟之，然后再及其他。有此一精熟之典籍作基础，与无此一精熟之典籍作基础大不一样。无此精熟之典籍作基础，读书有如做工者之以劳力赚钱，其所得者究有限。有此精熟之典籍作基础，则如为商者之有资本，乃以钱赚钱，其所得将无限也。"① 此说不乏具体范例，清华国学院的姜亮夫在成都高等师范时受教于赵熙、林思进、龚道耕等人，他回忆道：

---

① 蒙默编：《蒙文通学记》（增补本），生活·读书·新知三联书店2006年版，第3页。

我一生治学的根底和方法,都是和林山腴、龚向农两先生的指导分不开的。他们特别强调要在诗、书、荀子、史记、汉书、说文、广韵这些中国历史文化的基础书上下功夫。他们说:"这些书好似唱戏的吊嗓子、练武功。"并形象地指出读基础书就像在大池里栽个桩,桩子栽得稳,栽得深,满堂的浮萍、百草都会同桩子牵上,乃至水里的小动物也属于这杆桩子了。龚先生还说,由博反约这个约才能成器,不博则不可能有所发现。得林龚二师之教,我在成都高等师范那几年,便好好地读了这些基础书。这点,为我后来的治学,得益确实非浅。①

在保证熟读基本书的基础上,或者说为了更好地理解基本书,可以适当放宽阅读范围。放宽不等于盲目随意,最好是围绕研究的题目前后左右延伸。傅斯年曾经批评留学生乱读书:"此时在国外的人,囫囵去接一种科学的多,分来去弄单个问题的少。这样情形,不特于自己的造诣上不便,就是以这法子去读书,也收效少的。读书的时候,也要以问题为单位,去参各书。不然,读一本泛论,再读一本泛论,更读一本泛论,这样下去,后一部书只成了对于前一部书的泻药,最后账上所剩的,和不读差不多。"② 理不清条理头绪,犹如一团乱麻,自然分不出轻重主次。

以问题为单位,由博返约,适宜于研究阶段精读西书,但对于新进之人也会产生漫无边际、无所适从的困惑。昔人读书,以目录为门径,由目录入手,"凡目录之书,实兼学术之史,账簿式之书目,盖所不取也",读其书而知学问之门径的目录书,只有《四库全书总目提要》和《书目答问》"差足以当之"。③ 这两种书成为晚清民国时期不少成名学人自修的指引。所谓学海无涯,很难无师自通,没有师承,也只是说不一定拜师入门而已,若无高人指点,大都如盲人摸象。为师的作用在于明道,不仅要指示读书治学的一般轨则,更须具体讲究学问整体和各个部分的渊源流

---

① 《姜亮夫自传》,见晋阳学刊编辑部编:《中国现代社会科学家传略》(第一辑),山西人民出版社1982年版,第251～252页。
② 傅斯年:《刘复〈四声实验录〉序》,见欧阳哲生主编:《傅斯年全集》(第一卷),湖南教育出版社2003年版,第419页。
③ 余嘉锡:《目录学发微》,见刘梦溪主编:《中国现代学术经典·余嘉锡 杨树达卷》,河北教育出版社1996年版,第13、24页。

变。张之洞鉴于"读书欲知门径，必须有师，师不易得，莫如即以国朝著述诸名家为师"，所编《书目答问》特附《国朝著述诸家姓名略》。清代学人曾经系统整理历代书籍，故"知国朝人学术之流别，便知历代学术之流别，胸有绳尺，自不为野言谬说所误，其为良师，不已多乎"①！历代学术经过清人依据清代意识的条理和谱系化，固然添加了清人的时代意见，却也指引了门径和途则。尤其是清代学风受顾炎武等人的影响，反对讲学，鼓励读书，编撰《四库全书总目提要》和《书目答问》这样的目录书，使得后学者一书在手，不啻于获得读书的钥匙，可以循序渐进，自学成才。所谓指点迷津，金针度人，此之谓也。

读书须明道，所谓明道，包括人与学的传承的渊源流变。辨章学术，考镜源流，不能仅仅将目录简单地当作簿记索引看，而要即类求书，因书究学。其要旨包括四个方面：其一，窥知门径，可以逐渐登堂入室。其二，把握学问的整体及其来龙去脉。其三，可知全系统与各部分的关系。其四，可辨主干与枝蔓，分别主次轻重，有选择地着重阅读原创性的经典，以求执简御繁。

前贤法古尊圣，以学问为天下公器，著书大都述而不作，着力于注疏解释发挥圣言旨意，真正原创性的典籍，为数有限。这倒不一定是先圣智慧超凡，而是在书写条件有限的情况下，反复琢磨自然、社会、人生及其相互关系的最基本和最主要的道理，并以极为精练的文字表达出来。即便读书一事，基本要旨既经指出，后人不过领会发挥而已。而且，既然圣言已成放之四海而皆准的公理，而非一家之言的私议，就不必详细注出，也没有所谓著作权的概念。老师宿儒之所以过目成诵者不乏其人，凭借之一即在于熟记原创性典籍。一些中外学人于此有所误解，用当今通行的西式观念，断为前人好抄袭沿用，进而追根寻源，穷追不舍，看似旁征博引，其实形同废词。因此，只要熟读原典，再看其余多数著述，可以如风扫残云一般席卷而过。

古人识字与背书相辅相成，不仅识字快，而且记诵深。循序渐进，终生受用。若有家学渊源，更是锦上添花。所以老辈学人治学，成竹在胸，又能相对地贯通各层面，自然拿捏得当，游刃有余。清季教育革新，推行西式学堂，即使所谓"私塾"，也比照学堂，大加改良，基本典籍不再是

---

① 范希曾编：《书目答问补正》，江苏古籍出版社2000年版，第302页。

一定阶段识字讲书的凭借。古文虽是文言，却讲究声韵，因而读书是要发出声音的，诘屈聱牙，读不顺则文不通。近代改文言为白话，号称"我手写我口"，读书反而变成默认。缺了童子功，单靠后天弥补，往往事倍功半。由于近代以来西学新知取得压倒性优势，中学不得不按照西式分科重新编排安置并据以实施传承教育，误读错解中学的问题一段时期内看似无碍大体，甚至利大于弊，而各种技术手段的日新月异，或许可以提供权通的办法。只是技术的发达不仅不能取代读书，反而更要讲究读书，否则一味仰仗技术进步而不谙读书之法，容易走火入魔。读过书的人利用新技术可以如虎添翼，若是不读书而滥用，则有百害而无一利。

今人大都简单地以为中国传统目录学所言只是图书分类，而非学术分科，晚清以来，受到西式分科治学的影响，才将四部与七科相对应。固然，以为近代学术转型是从四部到七科，很大程度上是误解中西学术及其相互关系的格义附会，但是以为中国固有的目录学只是图书分类，同样受到西式分科治学观念的制约，而对传统学术有所误解。如果目录书起不到提示即类求书，因书究学的作用，过去学人能够缘此进学就有些不可思议。关于此节，宋育仁明确指出："古学是书中有学，不是书就为学"，"学者有大义，有微言，施之于一身，则立身行道，施之于世，则泽众教民。……今之人不揣其本，而齐其末，不过欲逞其自炫之能力，以成多徒，惑乱视听。既无益于众人，又无益于自己。凡盘旋于文字脚下者，适有如学道者之耽耽于法术，同是一盅众炫能的思想，乌足以言讲学学道，适足以致未来世之愚盲子孙之无所适从耳"①。钱穆也说，不把书籍作为学问的对象，其实是过于主观自信的表现。虚心读书，积累系统知识，才是向学的正道。只是今人翻看目录学书籍，大都感觉茫然，只能当作索引找书，很难把握其中指示的系统。而书中有学，因书究学，恰是中国目录学与西式索引本质不同之所在。

五、如何读懂

看得完之外，更重要的是读得懂。今人阅读历代书籍文献，大都需要借助预设的架构观念，而且还是挑拣自己想要的片段，不然的话，很难看

---

① 问琴：《评胡适国学季刊宣言书》，载《国学月刊》第十六期，1923年。

懂本来和整体的意思。而各种预设，基本上都是后出外来，除非穿凿附会，否则与前事本意不相凿枘。

清季以来，朝野上下为了将中西学熔于一炉，经历过纳西学于科举和纳中学于学堂的调整转变，结果等于用西学的架构肢解重组中学，学堂读书逐渐变为读教科书，而教科书的观念体例往往取自域外，不过是外来后人的认识而已。将教科书所说内化为知识，误以为教科书所描述的就是事实，流弊深远。民国时期流行一时的用科学方法整理国故，用西洋系统条理中国材料，将中国原有书籍统统视为无系统的断简残篇，而非学问的对象，进一步造成强古人以就我的偏向。加上多将前人著述当作史料，不见作者的主观用意，所有的意思必须以后来观念重新认定，更加积重难返。古今之间隔着中外这一重，等于戴上西式有色眼镜，虽然善于借助新进观念方法者对于古籍可能有新的或进一步的解读，可是若生搬硬套，所解读的古籍难免扭曲变形。

如何才能与古人沟通，程度不同，主张各异，如果奢望多数人能够做到，只好翻译成当今通行的语言。如此一来，固然能够起到引起普遍兴趣的作用，可是经过几重的转换，未必符合古人的意思，容易造成误会。对于一般读者而言，只要了解大意即可，不必深究，即使有错误，也无伤大雅。但是对于有心向学之士，就有可能令其误入歧途而不自知，以致贻误终生。不读书、少读书或只读当下懂的书，要想提高读懂的能力，理解古人的本意，就只能是刻舟求剑。书只有读，才可能懂，读得越多，懂的几率越大。将难读难懂的书读懂，阅读能力才会不断提升。恰如发蒙的学童，如果只拿其看得懂的文字作为教材准则，岂非终生学业难成？

要想读懂文献的本意，避免用后来的观念解读前人前事，必须努力接近作者及其时代，不见古人面，须懂古人心，若需仰视才见，则只能猜来猜去，很难沟通理解。具体做法可以尝试如下几点：

其一，读书先逆行而上（尤其注重民国、清、两宋、两汉、先秦等关键时代），再顺流而下，回到"无"的境界，探寻"有"的发生及其演化。

今人以为古典难读，实则经过历代注疏，大都可以通解。当然，也难免掺杂后人的意见。先逆上去的好处，一是行文习惯近今，逐层上溯，可以逐渐熟悉，功力不深者或许看得下去；二是可以发觉后人渐次附加的意思以及前后不一的渊源流变，力求接近前人而不带后来的意识。等到能够回到没有后人附加成分的状态，理解各种学说观念的原生形态，再顺序看下来，可见后人层累叠加的演化。如此，则能够顺时态解读历代文献的本意，进而了解把握各种学说观念发生演化的历史轨迹。

其二，以俱舍宗治俱舍学之法，循着前后左右无限延伸的具体联系，了解把握文献的本意与史事的本相。

据说当年欧阳渐研治俱舍学，三年不成，后来沈曾植告以应从俱舍宗入手，结果三个月即通。此事不仅提示一般读书之道，对于阅读中国文籍，尤为关键。中国素重伦理政治，罕有形而上的抽象思维，各种思想学说，均有具体的时空人等相关因素，要前后左右读书以通语境，由求其古以致求其是，尤其要将影响思想学说生成演化的所有具体要素全面掌握，循序展开相关历史的全过程和各方面，力求在重现史事的进程中呈现思想言说的本意及其流变。如陈寅恪所说："夫圣人之言，必有为而发，若不取事实以证之，则成无的之矢矣。圣言简奥，若不采意旨相同之语以参之，则为不解之谜矣。既广搜群籍，以参证圣言，其言之矛盾疑滞者，若不考订解释，折衷一是，则圣人之言行，终不可明矣。"① 这对于主张但凭己意直面文本而欲求其是的高论妄言，可谓当头棒喝。而要将思想还原为历史，解今典、究实事至关重要。

其三，要读通篇，知本意。

读书应当首先读懂全文本意，不可全当翻检材料。为此，读书要虚怀若谷，力求理解前人通篇的本意，不要设定架构、先入为主、断章取义、穿凿附会。也就是说，读书是要读出作者的意思，而不能一味挑拣自己想要的材料。若存了前人无本意、不可求的成见，读书再多，也犹如"以明清放浪之才人，而谈商周邈古之朴学。其所著书，几何不为金圣叹胸中独具之古本"②。"六经注我"式的强古人以就我，不过是借古人之口来表达自己的意思，不仅难脱好依傍的积习，而且是看似自信实则自卑的表现。所谓自信，即自以为胜过古人；所谓自卑，则是不敢直言己意，而要托庇于古代圣贤以张大声势。

---

① 陈寅恪：《杨树达〈论语疏证〉序》，见陈美延编：《陈寅恪集·金明馆丛稿二编》，生活·读书·新知三联书店2001年版，第262页。

② 陈寅恪：《刘叔雅庄子补正序》，见陈美延编：《陈寅恪集·金明馆丛稿二编》，生活·读书·新知三联书店2001年版，第258页。

读不懂典籍又喜欢望文生义地理解域外学说者有两说，一是历史不过是人们心中的历史，二是古书无所谓本意。关于前者，其实是误会第一历史与第二历史的分别，史实即所谓第一历史，须由历史记述即所谓第二历史加以展现，任何历史记述都不完整，有视差。因此，历史认识与本事只能近真，难以重合。但这并不能否定历史事实的存在，也无从改变其任何形态。关于后者，熟悉域外中国研究状况的余英时教授断言：

> 我可以负责地说一句：20世纪以来，中国学人有关中国学术的著作，其最有价值的都是最少以西方观念作比附的。如果治中国史者先有外国框框，则势必不能细心体会中国史籍的"本意"，而是把它当报纸一样的翻检，从字面上找自己所需要的东西（你们千万不要误信有些浅人的话，以为"本意"是找不到的，理由在此无法详说）。①

其四，要由书见人，知人解书。

读书应当了解把握作者行事著述的习惯风格，揣摩其人其学在历史脉络中的位置，所属时代风尚与人的做派、学的趋向的相关性以及前后变异，也就是说，理解书的本意不仅以学为断，更以人为判。对不同书的解读要因人而异，若一概而论，则势必肤浅外在。知人与解书应当相辅相成，才能领悟本意。近代崇尚科学化的学人一度批判中国学术不以学分而以人分，其实恰好是研究中国学术的一大关键。

学人著述，心中或显或隐的言说对象往往不止一重，心思越是细密繁复（如陈寅恪），或是故弄玄虚（如好小学的太炎门生），则言说对象越是复杂，层面越是丰富。阅读此类文献，能够揣摩到哪一层，实在考验读者。若不能层层揭出，领悟其具体所指与要旨所在，读懂本意，便是空话。由于读书不细，或学力不足，看不懂他人著述，又好妄加揣度，常常曲解人意，不仅故意挑剔，甚至深文周纳，借批判以扬名。诸如此类的解读，既不符合文本的纸面意思，距离作者心中所想更加离题万里。有时则明明意思显然，却故意混淆抹杀，非但以狗尾续貂为临门一脚，还自诩佛头着粪是满树新花。

---

① 余英时著，傅杰编：《论士衡史》，上海文艺出版社1999年版，第459页。

宋儒和明末清初诸名士，深受佛教和耶稣会士的影响，却要取珠还椟，以免用夷变夏；清季西学东学相继涌入，与中学相互掺杂，发生变异。如此，还须沟通域外，由文本而语境，比较解读，才能得其头绪，条理史料史事可以具有统系且不涉附会。当然，这类书比较难读，仅从字面望文生义，固然隔膜，追究历史渊源，则实证未必是实事，而实事却往往不得实证。

六、读书与治学

古人读书与治学本为一事，孔子说："古之学者为己，今之学者为人。"后人解读为"古之学者纯意于德行，而无意于功名。今之学者有意于功名，而未纯于德行。至其下，则又为利而学也"。范晔指为己是因心以会道，为人则凭誉以显扬，前者为了完善自己，后者旨在沽名钓誉。因此晁说之说，为己其终至于成物，为人其终至于丧己。或将陈寅恪"读书不肯为人忙"的意思，解读为要有创见，显然还存在不小的距离。

这样泾渭分明的区别，后来却有些含糊其辞，以致演化为读书为己之后应当为人。胡适在《略谈人生观》一文中，从王安石的诗文找出其为己的个人主义人生观，认为王安石曾将古代极端为我的杨朱与提倡兼爱的墨子相比，说："为己是学者之本也，为人是学者之末也。学者之事必先为己为我，其为己有余，则天下事可以为人，不可不为人。"并且解释道："这就是说，一个人在最初的时候应该为自己，在为自己有余的时候，就该为别人，而且不可不为别人。"这样的解读，如果作为读书之道，显然与孔子的意思差异甚大。

今人或盲目望文生义，或有意别出心裁，将读书为人说成是贡献于社会，提出读书有为知、为己、为人的三为说，而且宣称三为之中，为知、为己比较容易被常人理解，为人则必须有大胸怀和大抱负。如此一来，为人的境界犹在为己之上许多。只是此为人非彼为人，言辞相同，意思迥异。或者进而称有为己之学，有为人之学。读书得间，自出机杼，成一家言，此为己之学；汇编史料，译介经典，制作索引，泽被天下后世，此为人之学。并以兼及二者为上佳。诸如此类的转义，与胡适等人所说又有分别。虽然各有凭借理据，可是容易混淆读书为己的本意，看起来反而为人较为己不仅先后秩序有别，而且境界犹有后来居上之势。当然，也有人不愿模糊分际，晚清放过广东学政，又长期主讲上海龙门书院的刘熙载就依然坚持为己为人不可混淆，断言："学有九分为己，参以一分为人，则此一分便能移掇九分一同向外，最可怕。"①

即便按照读书为己之后为人的说法，也应该读完书后还有余力和创见才能有所撰述。这样的取法，今人听来或有故标高之嫌，不仅压力之大无暇读书，取径之偏无缘读书，甚至被人误导以为不必读书。1928年，正式主持新建历史语言研究所的傅斯年鉴于"西洋人作学问不是去读书，是动手动脚到处寻找新材料，随时扩张旧范围"，针对中国传统治学首重读书的风气，明确宣称："总而言之，我们不是读书的人，我们只是上穷碧落下黄泉，动手动脚找东西！"不仅如此，还要用找东西的成果，"更改了'读书就是学问'的风气"。②

傅斯年此番言说的对象，其实是史语所那些读过书且训练有素的学人，同时高揭旗帜，划分壁垒，借以排斥那些在他看来不能扩张材料而想进入史语所的读书人。可是对于所内的新进后学以及社会上的好学青年，仍然产生不小的流弊。民国以来，不仅学生只读教科书而不读书，学人也只是为了写书而翻书找材料。普遍而言，今日之学界，读书就是学问的风气已经荡然无存，如西洋人那样不读书而一味找材料成为时趋常态。

当然，近代学人不读书而一味找材料的风气，并非始于傅斯年的旨趣。此前王国维批评胡适的整理国故，担心之一，就是"胡先生想把国学开出一细账来，好像是索引，一索即得。但是细账开好后，大家便利了，也就不读书了"③。为此，萧公权主张在假设与求证之前，应有一放眼看书的阶段，以免"思而不学则殆"④。到了抗战期间，民族危机促使学人重新检讨战前学术风气的偏蔽以及学术的社会功能。1941年4月，钱穆应邀在江苏省同乡会演讲"我所提倡的一种读书方法"，批评"现在人太注意专门学问，要做专家。事实上，通人之学尤其重要。做通人的读书方法，要读全书，不可割裂破碎，只注意某一方面；要能欣赏领会，与

---

① 刘熙载：《持志塾言》卷上，见刘熙载著，薛正兴点校：《刘熙载文集》，江苏古籍出版社2001年版，第13页。
② 傅斯年：《历史语言研究所工作之旨趣》，见欧阳哲生主编：《傅斯年全集》（第三卷），湖南教育出版社2003年版，第6～12页。
③ 蒋复璁：《追念逝世五十年的王静安先生》，载《幼狮文艺》第47卷第6期，1978年6月。
④ 萧公权：《问学谏往录——萧公权治学漫忆》，学林出版社1997年版，第70页。

作者精神互起共鸣；要读各方面高标准的书，不要随便乱读。……读一书，不要预存功利心，久了自然有益"①。

按照君子协定，"中研院"史语所不治近代史，很长时期近代史领域由社会所、经济所兼顾。可是傅斯年的旨趣对于近现代史的研究影响尤其大。如果说古代史领域不读书而一味找材料的问题也有日趋严重之势，毕竟文献有限，多翻亦可以熟悉，而在一般人认为书多读不完的近现代史领域，不读书而一味找材料几乎成为理所当然的正确取径，读书治学或许已成例外。清代以来，史料大幅度扩张，图书、档案、报刊、民间文书、影像资料和口述史料，等等，每一项均在此前历代文献总和的百倍以上。加上各种文献不仅数量庞大，形式内容多样，而且大都未经过认真梳理解读。而晚近史料史事繁杂，各种可能性激增，大量今典本事，解读起来较古籍更加困难。所谓放眼读书，如何实现？

面对既读不完也读不懂的现实，在专精与博通的两难取舍之间，学人往往倾向于前者，连陈垣等详于文献的老师宿儒也主张缩短战线。本来缩短是由于人力所不及，不得已而为之，相沿成习，居然演变为成名捷径。学界通行的"抢占制高点"之说，成为师徒口耳相传的独门秘诀。可是读书治学，志向高远才能有成，若以为书太多读不完而干脆放弃放眼读书的努力，开头即囿于一隅，一味窄而深的结果，不仅必然偏，而且容易错。断代和分门别类的小圈子自成一统，日积月累，形成集体无意识，不能察觉偏蔽之所在，更无法探寻致蔽的根源和除蔽的要道，反而不断强化先是自娱自乐继而自欺欺人的所谓行规。这样破绽百出的乞丐装看似时髦，在放眼读过书、治学胸有成竹的高人看来简直就是难以遮羞的破渔网，何谈八面受敌、滴水不漏？

读书少而著述多，为时下学界通病。读书不够，主要表现有二，其一，未经放眼读书的阶段，即以过于狭隘的知识做凿空蹈隙的专题。不仅见木不见林，甚至将天边的浮云误认作树林。其二，不读书而一味找材料。以今日出版的不断加速以及网络资源的极大丰富，学人坐拥书城的梦想早已成为普遍的现实。遍览群书，可做的题目俯拾皆是，即使近现代史，也罕有完全不能下手的问题。但找材料不读书，则家有金山却沿门托钵，踏破铁鞋得来的珍馐美味，或许不过是珍珠翡翠白玉汤。

---

① 严耕望：《治史三书·钱穆宾四先生与我》，辽宁教育出版社1998年版，第242页。

学人应当多读书，不能只是为了写书而翻书。为写书而翻书，即不为己而但为人的表现，等于不读书而一味找材料，往往有先入为主的成见，并据以权衡取舍，难免有看朱成碧的危险。尽管如今读完书再做学问已是奢求，毕竟没有整体，具体很难把握得当。所谓非碎无以立通，前提还是放眼读书，然后由博返约，整体之下研究具体，并非由碎开始，以碎为通。通与碎的关联，全在于能否拿捏适当，得其所哉。将局部放大为整体、将局部等同于整体或用个别片断拼凑成整体，都是想通而不能通的表现。专题研究有通与不通之别，宏观通论也有胡言乱语与贯通无碍之分。

对于有志于学者而言，放眼读书的好处无穷，概括列举，至少有五方面：一，能从常见材料查知真历史，不一定要踏破铁鞋找前人未知，却能敏锐捕捉和善于应用新出材料。二，无须竭泽而渔。一般而言，用五成功夫可得八分材料，再用五成功夫只能增加一成或一成半材料，另有一至一成半只能阙疑以待。做什么即看什么，由于不知大体边际及脉络底细，仿佛摸黑夜行，总感到茫然忐忑，不知究竟要看到何种程度才能掌握事实本相的来龙去脉。经过放眼读书，则能够事半功倍，了然于胸。三，大体不错。一味找材料容易先入为主，只见确证，不见反证。以晚近文献之多，筛选过滤出来的材料即使偏于一端亦往往能够立论，虽然看似自圆其说，却与本事不合。而放眼读书，没有成见，则不至于对反证视而不见。据此立论，不会出现大的偏差。四，先慢后快，先涩后畅。不经过下苦功读书，终生或局于一隅，或翻来覆去，每换一研究专题，就要将所有文献重新翻检一过。读过书则不必如此繁琐，同时可研治多项专题，相互支撑贯通。五，厚积薄发，功力可以日益精进。放眼读过书，犹如练过少林内功，功力随着时间的流逝自然增长，前十年未必胜，中十年不会败，后十年无须战。

七、读书与找材料

概言之，治学首要在于读书，不要以找材料的态度读书，而应以读书的态度看各种类型的材料。

所谓以读书的态度看各类材料，首先，治学必须经过放眼读书的阶段，不预设藩篱，尽量不受现在分科的局限以及后人成见的制约，不以分科的眼光看待所谓专门史的界域，不以后出的观念生出专题的问题意识，努力把握学问的基本和大体及其渊源流变。

不读书而治专题研究的流弊之一，就是专而偏，误以当时的系统为历来的系统。所谓研究历史学术文化，实际上是按照后来的架构重新条理解读。抗战结束后，有学人针对当时学界的流弊指出："晚近治史者，喜称专家。凡治某朝者，即只知某朝之一二事物，而不识某朝一代制度所以损益及其演变之故，其著述论证，多所附会穿凿。"① 后来钱穆进一步批评道："民国以来，中国学术界分门别类，务为专家，与中国传统通人通儒之学大相违异。循至返读古籍，格不相入。此其影响将来学术之发展实大。"主张以既有的分科门类，参融旧籍，求其会通。② 时过境迁，风气流转，专家先是成为学界的尊称，继而畸变为坊间的调侃，影响学术事业何止是大而已。分科教育之下，未经放眼读书，则起步阶段已经偏于一端。不要说放不进学科体系的经学无从解读（望文生义的门外文谈不在考虑之列），即使近代经过对应重新条理的文史哲等科，若是按照今日通行的分界观念，不仅所读之书大为局限，解读之法更是格义附会，越有条理，去古人真相越远。

"学问必先通晓前人之大体，必当知前人所已知，必先对此门类之知识有宽博成系统之认识。然后可以进而为窄而深之研讨，可以继续发现前人所未知……"③ 而要做到这一层，必须放眼读书。这虽然与现时的教育体制及知识系统不无矛盾，很难在上学阶段实现，至少应在毕业之后努力设法弥补。否则终身参野狐禅，很难踏上正轨、登堂入室。治学不读书而一味找材料，只由教科书接受一些常识套话，就进入细小的专题研究，不知前人大体和已知，守成尚且力有不逮，又迫于环境，急于创新超越，凭借翻译介绍的域外义理或讲座讲坛等耳学零碎，追逐新奇，道听途说，横逸斜出。所谓创新，难免无知者无畏。如果只是为了写书而翻书，等于不读书一味找材料。而做什么只看什么，所写不出所读范围，著书不是所知的冰山一角，而将内囊尽了上来，犹如日暮时分盲人骑瞎马行险道，实在是万分危险的事。

---

① 王锺翰：《隋唐制度渊源略论稿》，载《燕京学报·书评》第三十期，1946 年 6 月，第 310 页。
② 参见钱穆《现代中国学术论衡》，见《钱宾四先生全集》第 25 册，台湾联经出版事业有限公司 1998 年版，第 5、10 页。
③ 钱穆：《〈新亚学报〉发刊辞》，载《新亚学报》第 1 卷第 1 期，1955 年 8 月，第 5 页。

其次,应读书以发现问题,不要悬问题以觅材料。否则先入为主,难免偏蔽。

不读书而做学问,所研究的问题只能依靠后来预设,治学的顺序前后颠倒,先有论点,再找论据。不仅问题本身或非前人所有,或为自己生造,挑选、取舍和使用材料往往演变成为预设的观念填充作注,而不会从文献中读出历史本相,用事实说话,顺时序地重现史事的发生、联系及其演化。由于读不懂前人著述的意思,便以为前人无意思,总是要将各种文本史事原有的时空联系割裂,打乱成为任意取舍的材料,以便纳入后设的框架,曲解附会。如果遵循固有联系,则反而无法连缀,不能通解。就所撰写的文字看,似乎前后照应,自圆其说,实则断章取义,削足适履。即使稍高明者,能够言出有据,面对材料史事的繁杂,也很难入木三分,力透纸背,容易误入前人所设陷阱而不自知。如此这般被构建出来的历史,自然不可能呈现历史的本相,只能流于作者自己的"思想史"。所以王国维说:"宜由细心苦读以发现问题,不宜悬问题以觅材料。"①

读书以发现问题,所要发现的主要不是书的问题,而是研究对象的事实问题。不要仅仅限于读书得间,一味找漏洞钻空子,而应关注历史发展变化的枢纽大节和线索脉络。最好同时关注多个问题,不要终生固守一个方面甚至孤立的一点。

不读书而只是找材料,必然有材料范围难以捉摸的问题,细分化并不能解决史料边际无从把握的困惑,再小的题目,也很难穷尽史料。以索引找资料,则会遗漏大量从题目、关键词不可见的重要史料。况且关键与否,也要出自泛读博览,而不能单凭后设。因为不知研究对象的范围,也就难以把握所治专题的史料边际及其关联度究竟如何。由此出现相反、相同两种情形,或是动手动脚找不到材料(实则往往视而不见),或材料太多而不能驾驭。犹如秉烛夜行,灯下黑与不远见均不可免。于是研究一个题目究竟要掌握材料到何种程度方可出手,而且能够保证大体不错,将来材料进一步发掘披露,可以补充,可以局部调整,甚至可以个别细节正误,但基本的判断和用力的方向大致正确,后续研究只是加强,而不至于颠覆已有结论,而且所论不仅仅是发表见仁见智的议论,便成为难以拿捏

---

① 周光午:《我所知之王国维先生——敬答郭沫若先生》,见陈平原、王风编:《追忆王国维》,生活·读书·新知三联书店1997年版,第165页。

捉摸的普遍难题，也是史学艺术一面的奥妙所在。不能掌握书的规模条理脉络而专题治学，无异于学术上的冒险赌博，成败只能听天由命。

其三，熟读基本书，熟悉旧材料，才能有效运用新材料。

近代以来，提倡扩张史料而不读书的流弊之一，是人所共知的书都不看，一心只找前人未见书。殊不知不熟悉旧材料，则不可能恰当地利用新材料。结果往往问题和材料就在眼前，却视而不见，就算找到前人未见的材料，因为不知大体全局，也无法认识得当，只能望文生义、穿凿附会，导致研究流于凿空蹈隙。虽然看似有扩张领域之利，其实不过是图立说容易之便。

片面强调以新材料研究新问题，不读书而一味扩张材料，造成对资料的迷信和垄断，产生两种看似相反而实相同的偏颇，一是不看身边易见书，专找人所不见的材料，不知历史的大体已在一般书中，熟悉旧材料，才能恰当解读新材料；二是过度依赖材料的独占，只看自己拥有的秘籍，不与其他资料比勘互证。如果研究某人某事只看直接资料，以其人的所见所知为全部事实，等于以其是非为是非。或以某一类资料为直接可信，以为材料即事实，于是只看这类材料，甚至排斥其他资料，不能相互参证，非但事倍功半，也容易错解误判。而在打洞式的专题研究之下，学术成果很难被重新验证，使得不读书但找材料，用看得到来掩饰读不懂的偏向不断加剧。今人能够看到的文献远过于前人，而读懂文献的能力则远不及前人。于是价值越高的史料，因为愈是难读，利用者反而愈少，即使查阅，也只是从中挑选自以为"看懂"的东西。正因为找不到、看不全、弄不懂，研究者干脆不顾史料的全体、异例及反证，敢于断章取义，强材料以就我，以举例为归纳，凿空逞臆，轻率立论。不读书而只是动手动脚找材料，"上穷碧落下黄泉"的结果，自然是"两处茫茫皆不见"。

其四，应如严耕望所说，治学要读人人常见之书，说人人不常说的话。此意与黄侃所说发现与发明有异曲同工之妙。

1930年，留学北京大学的吉川幸次郎专程到金陵拜访黄侃，后者针对学界的时趋，"诰以治学之法曰：'所贵乎学者，在乎发明，不在乎发见。今发见之学行，而发明之学替矣'"[①]。此说可以吉川本人的亲身经历为证。吉川在北京期间，对于《经典释文》中"释旧作某"的含义百思

---

① 《吉川君来书》，载《制言半月刊》第五期，1935年11月16日。

不得其解，先后请教过包括章门弟子在内的诸多先生，均不得要领。而与黄侃见面时，一提及此，黄侃便立即指示此处是夹入了宋人的校语。闻言之下豁然开朗的吉川觉得第一次遇到真正的学者。对于一味追求发现新材料的学术趋向，哪怕是各方一致赞誉有加的王国维，黄侃也予以尖锐批评。1928年6月18日，他在日记中写道：

> 国维少不好读注疏，中年乃治经，仓皇立说，挟其辩给，以眩耀后生，非独一事之误而已。始西域出汉晋简纸，鸣沙石室发得藏书，洹上掊获龟甲有文字，清亡而内阁档案散落于外，诸言小学、校勘、地理、近世史事者，以为忽得异境，可陵傲前人，辐凑于斯，而国维幸得先见。……要之经史正文忽略不讲，而希冀发见新知以掩前古儒先，自矜曰：我不为古人奴，六经注我。此近日风气所趋，世或以整理国故之名予之，悬牛头，卖马脯，举秀才，不知书，信在于今矣。

并进而评判道："近世之学，钩沉优而释滞拙，翻案出奇更拙。"① 发明是接着说，发现则容易流于对着干，温故知新与不破不立，虽然在近代学术发展史上都有所贡献，毕竟高下有别。

不仅如此，善于治史者，伪材料亦可见真历史。陈寅恪说："以中国今日之考据学，已足辨别古书之真伪。然真伪者，不过相对问题，而最要在能审定伪材料之时代及作者，而利用之。盖伪材料亦有时与真材料同一可贵。如某种伪材料，若迳认为其所依托之时代及作者之真产物，固不可也。但能考出其作伪时代及作者，即据以说明此时代及作者之思想，则变为一真材料矣。中国古代史之材料，如儒家及诸子等经典，皆非一时代一作者之产物。昔人笼统认为一人一时之作，其误固不俟论。今人能知其非一人一时之所作，而不知以纵贯之眼光，视为一种学术之丛书，或一宗传灯之语录，而断断致辩于其横切方面。此亦缺乏史学之通识所致。"②

将重心由找材料转向读书，由看得到转向读得懂，改变以外国义理为准则的趋向，由借助外力条理材料转向理解文本史事的本意本相，通过比

---

① 黄侃：《黄侃日记》，江苏教育出版社2001年版，第302、392页。
② 陈寅恪：《冯友兰〈中国哲学史〉上册审查报告》，见陈美延编：《陈寅恪集·金明馆丛稿二编》，生活·读书·新知三联书店2001年版，第280页。

较而近真并得其头绪，透过表象探究史事背后的内在联系，以免进一步误读错解前人言行。如此，解读文本、重现史事，才能领会本意、查知本相，得其所哉，立于不败之地，从而改善提升近代中国研究的格局与水准。

治学的门径与取法[1]

历来讲究治学方法，大抵分为二途，专论往往流于纸上谈兵，实用则浅学不易捉摸。良法必须学识功力兼备才能领会把握，一味面向后学新进的趋时横通，犹如江湖术士的自欺欺人。近代以来，分科治学，各种时髦方法，大都生成于域外，移诸禹内，难免具有统系却格义附会，导致越有条理去事实真相越远。要想立于不败之地，还须恪守古训，读书为己，严格自律，以免治学则无知无畏，教书则误人子弟。

前不见古人，后不见来者，念天地之悠悠，独怆然而涕下。
——陈之昂《登幽州台歌》

上穷碧落下黄泉，两处茫茫皆不见。
——白居易《长恨歌》

横看成岭侧成峰，远近高低各不同。
不识庐山真面目，只缘身在此山中。
——苏轼《题西林壁》

王国维关于成就人生的事业学问须经历三境界说，世人耳熟能详。上引唐宋三诗，则似与今日治学的三种状态神似。前者凭空天降，横逸斜出，无知无畏。其中则动手动脚，踏破铁鞋，实则家有金山，却沿门托钵。后者各以一定之规裁量所有，看似清晰，其实始终茫然，且不自觉。治学以及读书，必须熟悉前人研究、相关材料以及事实问题，才有可能拿捏得当，三者缺一不可。否则谨慎者难免心中无数，忐忑不安，摸着石头却过不了河，大胆者索性扫除羁绊，打倒前人，凿空逞臆，以便随心所欲。即使见识高明，也有不知有汉无论魏晋的智者之失，乃至不温故而欲知新的臆论妄言。诸如此类的超越创新，不知前人何在，也就很难真正突

---

[1] 本文为《治学的门径与取法——晚清民国研究的史料与史学》（社会科学文献出版社2014年版）的绪论，有修改。

过，充其量只能沉浸在坐井观天的自娱自乐之中。

本书各篇，主要分为三个方面：其一，有关近代中国研究的史料与史学的通论及专论。其二，关于各种类型史料的认识与应用的分说。其三，关于各个具体研究领域、方面的史料与取法的探讨。虽然因缘各异、长短不一，内容则主要涉及史料的规模类型、解读应用以及与此相应的治学的门径办法。以往凡有著述，都要专门用心写一绪论，说明研究办法以及书中未能备述各事。本书多少有些例外，各篇大都是相当于绪论的各种解说，再写绪论，似乎多此一举。因此只是简略交待些写作因缘，并略作申述。其中有些看似题外话，却是读书治学的应有之义，读者不妨心领神会。至于各自悟出什么，全凭因缘造化。

一、两种史法

本书的写作，缘于友人进言，可写些文词浅显的短文，为初学后进显示读书治学的门径。其实此类书前贤早已具备，毋庸置喙，而且要想深入浅出而不逾矩，实为难上加难之事，并非如一般所以为的那样可以信手拈来。深入则难解，浅出则乱来，不易兼而有之。不过当时也心有所动，并拟就数十则条目，从求师谈起，逐层递进，显示读书与治学的取径途辙。只是动起手来，犹豫再三，还是改变初衷，不欲刻意追求浅显易懂，雅俗共赏。因为学术研究，必须取法乎上，才不至于等而下之。而良法必然高深，不可专为小夫下士乃至坊间流俗道。此非故标高的，但凡针对一般时趋立论的，立意本来不高，结局势必陷入对立面的窠臼。而基本的途辙门径，看似简单易行，实则暗藏玄机，听授者程度悟性不同，领略各异。从者众与和者寡，高下立判，少有例外。

王国维谈哲学，有可信则不可爱、可爱则不可信之说，这样的两难也可以放大到各类学问。就清代以来学术的取径表现看，大概都有可爱与可信的难以兼得。沟通之道，是将可信之学做到可爱。所谓可爱，并非人见人爱的万人迷，亦不是一般读者兼具的泛爱，而是情有独钟的生死恋，是潜心向学者心仪的挚爱。讲座之类的耳学，对于听授者而言，大抵为可爱之学，图个热闹，刺激一下感官，振奋一下精神是可以的。要想循此登堂入室，则很可能是缘木求鱼。固然，讲者也可以不顾听众感受，径直宣讲其可信之学。其结果势必听者藐藐、门可罗雀。要使从学者能够领悟可信之学的可爱，绝非讲座之类可以成就。

历来讲治学方法大体有两种：一是读书治学有成，述其心得，所言不是空谈方法，而有应用的成功范例，皆有裨于治学的实际，可以助长功力；一是专讲方法，犹如纸上谈兵、花拳绣腿，说得天花乱坠，打得刀光剑影，临阵却不切实用，反而可能误导后进。近代新进学人颇为尊奉的章学诚，在乾嘉学术系统中便属于专讲史法一类。其所讲古代学术，谬误甚多，而其侈谈如何治史修志，下手却鲜有成功实例。如此却一心想以金针度人，难免招来无数的物议。若非近代学人比附西学，误解科学，以为章氏所言符合西洋的科学化准则（其实西洋不存在公认的科学标准，也没有不言而喻的普适科学方法），遂被再发现重认识，其学术地位更加可议。

专讲史法与治学心得不同，前者不仅有凿空逞臆之嫌，而且不无以讹传讹之处。教条般的高头讲章，看似头头是道，井井有条，实则于治史百无一用。解读材料研治问题，必须讲究有效实用，避免夸夸其谈。凡不能以所讲方法做出高明具体研究者，充其量无非章学诚的翻版再世。而读书得间的领悟，哪怕只是一孔之见，也有助于解读材料、研究史事。前贤好以序跋的形式言说其心中推许的理念方法，这些序跋，作为对相关著述的评介，未必完全适当，或是不免有所隐曲，而作为心中期许的标的，却往往能够体现高远意境。尤其是那些出类拔萃的高人雅士，所言大都经验之谈兼高妙之论，品味隽永，收效显著。相比之下，专门论述治学方法的著述，虽然不乏常识通则，反倒显得浮泛疏廓，或以域外之陈言，为华夏之新知，夹杂各种横通之论，只能蒙骗小夫下士。若是应用于实际的读书治学，则非但无济于事，还可能使人误入歧途，以致不可救药。

有鉴于此，不必侈谈史学理论和方法，而要依照前贤所指示的途辙，根据治学所悟，提供一些使用材料、研究问题的取径。这些行之有效的做法，或者本来不过是读书治学的基础门径，且经前贤反复论道，卑之无甚高论；或者为近代学术大家治学的良法美意，贯穿体现于其代表性著述之中，必须反复揣摩，以求心领神会。二者看似高下有别，但治学方法的基本与高明其实相辅相成，基本所在往往也是高明所由。即使技术层面以下的规则，如果理解到位，拿捏精当，也可能成为万变不离其宗的根本。当然，在专讲史法的人看来，前贤的经验心得反倒有不像乃至不是方法之嫌。

听授者大体也有两类：一是读过书，有过治学的实践；一是只读过教科书，充满耳学，却从未或很少眼学。按照钱穆的说法，方法是对读过书的人说才有用，向没有读过书的人谈方法，往往有害无益。受清季以来推行的国民教育的制约，无论学习多么系统，读完书再做学问已是奢求。而有效实用的方法，是治学者的心得，没有读书的经验，则无法判断深浅优劣高下，很难体会其中奥妙，甚至越是浮泛，越有共鸣，反之，则无动于衷，无所适从。倘若新进以为先学会了方法再读书治学，可以事半功倍，则犹如试图在岸上学习游泳的各种姿势要领，然后期待下水就会劈波斩浪一样，不仅是奢望，而且属无稽。尽管诸如此类的误人子弟如今在大学里已经并非异态，毕竟不能以其昏昏使人昭昭。

中国历史文化悠久，史学尤为发达，治史方法极其讲究。近代以来，虽然社会整体发展相对滞后，文史之学依然可观。本书所讲方法，大体是学习历代读书法的要旨，揣摩近代学人治学的苦心，移植来研治史料极为丰富的近代中国的历史。治学必须先因而后创，能够将前贤已知承接下来，才有可能发展创新。而前贤所用的方法，已经其实践证明行之有效，揣摩领悟，善加运用，功力可以大进。当然，前提之一，应当切实准确地把握，若良莠不分，也会南辕北辙；前提之二，应恰当合理地运用，否则良法未必当然成就美意。

近代学术大家卓有成效的治史方法，是在宋代史家方法的基础上发展演变而来的。而宋人治史，尤以长编考异之法最为精当。此法在近代的运用，概括者如沈曾植以俱舍宗治俱舍学之说，稍详者如陈寅恪《杨树达〈论语疏证〉序》：

> 夫圣人之言，必有为而发，若不取事实以证之，则成无的之矢矣。圣言简奥，若不采意旨相同之语以参之，则为不解之谜矣。既广搜群籍，以参证圣言，其言之矛盾疑滞者，若不考订解释，折衷一是，则圣人之言行，终不可明矣。今先生汇集古籍中事实语言之与《论语》有关者，并间下己意，考订是非，解释疑滞，此司马君实、李仁甫长编考异之法，乃自来诂释《论语》者所未有，诚可为治经者辟一新途径，树一新楷模也。①

---

① 陈寅恪：《杨树达〈论语疏证〉序》，见陈美延编：《陈寅恪集·金明馆丛稿二编》，生活·读书·新知三联书店2001年版，第262页。

中国历史文化，特重政治伦理，所谓思想学说，多有具体的时空人事因素，少有形而上的抽象，研究此类对象，不能简单地直面文本，望文生义。要想全面认识蛋的外观内里，来龙去脉，还必须追究下蛋的那只鸡。只有了解下蛋的鸡，才能对其所生之蛋认识透彻。

更为详尽的发挥，则见于傅斯年《史学方法导论》比较不同的史料以求近真并得其头绪的论述。① 三说详略各异，要旨则一，认真揣摩这一治史最根本也是最紧要的方法，并且根据具体研究对象的千差万别而灵活运用，不仅可以立于不败之地，而且有望臻于化境。

在具体研究领域，各学术大家通过其代表性成果从不同层面展现了治学良法的成效，诸如顾颉刚的《孟姜女的传说》、钱穆的《先秦诸子系年》、傅斯年的《性命古训辨证》、梁方仲的《一条鞭法》、严耕望的《唐代交通图考》等，问题有别，而主旨一致。陈寅恪将中国固有的长编考异、合本子注与域外比较研究的事实联系各法参合运用，注意章程条文与社会常情及其变态的关系；傅斯年用语言学与史学的方法探讨事物的发生及其演化；钱穆注意历史意见与时代意见的联系和分别；顾颉刚注重史事的时空推演关系等。以上均可视为长编考异比较之法的本旨及其变相的体现。

更为重要的是，以长编考异之法研治历史，既是基本所在，也是高明所由；既有助于矫正时下的种种学风流弊，又能够上探领悟前贤治学的精妙，实为万变不离其宗的根本。其主要准则有二：其一，解读史料史事，必须遵循时空人等具体要素，凡是脱离具体时空人的事实联系，依照外来后出的各种观念架构拼凑而成的解读连缀，都是徒劳无功地试图增减历史。其二，历史的内在关联并非罗列史事即可呈现，而是深藏于无限延伸的史事、错综复杂的联系背后，必须透过纷繁的表象寻绎联系的头绪才能逐渐认知。

史学要在讲究事实，历史已经过去，无论怎样认为，均不可能增减分毫。因此，治史所重不在如何认为，而在恰如其分地解读史料，适得其所地呈现史事，从各种层面角度显现前人本意和史事本相以及相互联系，并且表明依据什么说是如此这般，所用论据是否经过前后左右、上下内外的

---

① 参见桑兵《傅斯年"史学只是史料学"再析》，《近代史研究》2007年第5期，第26～41页。收入桑兵《晚清民国的学人与学术》（中华书局2008年版），文字有所调整。

反复验证。呈现事实及揭示内在联系本身就包含认识,如何述说同时也是展现学人的见识。不能重现史事本相和前人本意的所谓认识,至多只能说是从阅读历史中获得灵感的自我表现。在此类主体的眼中,历史无非和文学作品一样,一旦形成,就离开作者而独立,可以从中获取种种连作者也意想不到的灵感。至于历史本身究竟如何,反而无关紧要。

历来学界争鸣,好以"我认为"扬己抑人,耸动观听,一般学术综述以及各种论著所提及的前人先行研究,每每好称引各自提出的论点,而不深究这些论点的依据以及所凭据的是否经过验证,即为重视"认为"的显例。其实各式各样的"认为",并不处于同一水平线上。学问虽然可以见仁见智,却不能随心所欲,检验的标准在于本事,以及借由何种依据如何接近本相。历史已经发生,不会因为后人的意识而改变,凡是符合事实的,都不取决于个人如何认为;而形形色色的"认为"无论怎样高谈阔论,若与事实不符,则都是错误而不会影响历史事实,只能干扰淆乱对于历史的认识。也就是说,其于史事而言没有任何意义,但是会作用于如何呈现历史。由于学人的述说各自呈现出来的史事常常因人而异,如何还原历史似乎成为无法验证之事。实则这些后人的看法五花八门固然令人无所适从,众口一词也未必就是事实俱在。善读者透过罗生门似的各种记录说法,可以逐渐近真并得其头绪。若是主观过甚,就只能快刀斩乱麻,剁碎了再来任意牵连。无论如何,史事本相与前人本意才是衡量检验后人认识当否、高下的准则尺度,而不能本末倒置。

一般而言,学问之事,越是高明则懂的人越少,如果用多数取决的办法,被否定的很可能恰是远见卓识。而多数认定的观点即使未必正确,一定时期内仍然具有影响力。这与各式各样学术评价的道理大抵相通,抛开一切利害牵扯,也有见识高下之别。在高深的层面,真正的权威只是少数。权威的意见固然难免错误,但几率较低。所以学术研究只能自由,不能民主。民主式的学术容易导致平庸。

人们求知,存在相反相成的两面,一方面将既有知识当成裁量的尺度,一方面则作为吸收新知和开发智慧的工具,这是出现事实与认识反差的要因之一。盲从既有知识就是成见,以之为评判的规矩尺度,很容易自我禁锢,做了自身知识缺陷的奴隶,无数论断,都不免流于自以为是的放大与泛滥,见仁见智成了分不清是非正误的遁词,从而失去进步的动力。

二、学界江湖

无论如何取法乎上，本书的用意之一，仍是作为入门书写给新进看，虽然不以专教小夫下士为荣，但毕竟要显示一些基础门径。求学首先要会读书，少了童子功，又有体制的压力，无法放眼读书之后再做学问，在不得不为写书而翻书找材料的同时，如何避免偏蔽，就有赖于师。所以原来拟定的条目，是从求师开始。当然，若为师也偏于一隅，弟子就很容易坐井观天。

近年来，大学为何不出大师的问题令各方相当纠结，尤其困扰着大学及其主管部门的当政者。其潜台词是大学应该出大师，而且以前也曾经出过不少大师。其实这两方面均有可议。在堪称国学大师的章太炎看来，大学连学问也不出，何况大师？至少从中国传统学问的研究看，此言不无道理。章太炎以为，学问之事，在野则盛，在朝则衰，所以官学始终不及私学。而在今日的体制之下，即使不能说学人和学问都出自大学，也很难说大学以及体制性科研机构以外的学问超过大学，甚至很难说大学以外还有多少学人。严耕望说，治学要读人人常见之书，说人人不常说的话。言他人所不能言，包括不敢言和不会言两种。如果只会讲不便说的事理，意在耸动一般受众的视听，显然很难称之为学问。

谈论大学与大师的话题，已经过滥而有流俗之嫌。不过，转换思路，不论大学应否、如何培养大师或是为何还没有培养出大师，而深究一下大学怎么会与大师扯上关系，其中有多少误解和扭曲，倒是颇有意思，且为求师一节的应有之义。

所谓大师，本是古代的官名，后为佛教的尊号及谥号，俗世间有指称学或术高明者。将大学与大师联系到一起，时下指认的肇始者是梅贻琦。1931年底，梅贻琦由清华留美学生监督回国就任清华大学校长，在就职演说中，为了强调一个大学之所以为大学，全在于有没有好教授，仿孟子故国说，提出"所谓大学者，非谓有大楼之谓也，有大师之谓也"。此说当时未必引起广泛反响，而近年来却被反复征引，到处流传，作为大学教育今不如昔的铁证，甚或变成所谓世纪之问。可是不知不觉间，意思有了不小的改变。人们普遍质疑在大学的重点建设热潮中，只见大楼起，不见大师出。殊不知梅贻琦的大学有大师，所指是要聘请好的师资，并未赋予大学以培养大师的责任。在梅贻琦说那番话的时代，大学不要说培养大师，连能否出真学问，在堪称大师的章太炎等人看来，也还大成问题。近代中国的大学，官办（包括国立、省立）者无非庙堂之学，私立者大行妾妇之道。况且大学不过是人生中的学习阶段，即使拿到博士学位（20世纪50年代以前国内大学尚无此设置），至多只是奠定基础，就算潜力无限，距离大师也还相当遥远。所以梅贻琦说办大学有两个目的，一是研究学术，二是造就人才，这是合情合理之论。若宣称要培养大师，便成妄言。

此事从梅贻琦长校的清华大学本身就能得到印证。清华开办国学研究院，从全国各处招收来的学生大都已经学有所成，相对于刚刚升大的清华本科生，功力不止深了一层，又得到几位名师的亲炙，足以成家者甚多，帮助清华一举摘掉无学的恶名。可是不要说毕业之际，就算功成名就之时，有哪一位敢以大师自居？国学院出身的姜亮夫就承认，直到晚年，他还是不懂陈寅恪当年上课所讲的内容。国学院因为请不到名师等原因而停办后，陈寅恪继续任教于清华大学的历史、国文两系，其在历史系开设的课程，因为程度太深，学生难以承受，不得不一再降低难度。可见让大学培养大师，多少有些天方夜谭的味道。时下一些名校的大师班，以及虽然没有贴上标签，却宣称以培养大师为宗旨的种种宏伟计划，若非另有所图，就是愚不可及。

从请名师的角度看（名师有徒具时名、名副其实之别，如今更有命名与成名之分），清华国学院所请的梁启超、王国维等，虽然各有长短，当时确已被指称为大师。在近代中国学术界，如果这几位不能当之无愧，可以候选的也就屈指可数。梅贻琦敢于宣称大学要有大师，显然与他们响亮的名头不无关系。其余包括首席国立北京大学在内，都缺少如此充沛的底气。或许梅贻琦的"大师说"，不无挤兑没有或不敢称大师的北京大学之意。可是，清华国学院的几位大师，都没有大学的学历，也很难说是由大学培养的。梁启超只进过学海堂和万木草堂，王国维海内外的学历也很低，陈寅恪虽然读过欧美各国的多家名校却不取文凭，甚至没有注册，且从不称引师说。他以朱熹为楷模，对待域外文化，尽量取珠还椟，以免数典忘祖。梁启超、王国维等过世后，清华国学院拟聘的几位大家，如章太炎、柳诒徵等，也都不是大学出身。而拿不到全美最容易拿的哥伦比亚大学博士文凭的胡适，被认为是有资格的受聘者，他敢于就任北京大学教授,而婉拒清华国学院导师的礼聘,不无自知之明。民国时期几位无所不能、号称大师者如卫聚贤、郑师许等,在学术史上并未留下深刻印记,以至于今日学界知道其人其事者为数甚少。至于时下票选出来的国学大师或是打着国学大师旗号的风水先生,不过是大众的自娱自乐,江湖术士的故技重施,大都由自诩代表民意的各种媒体炒作出来,不必当真,也当不得真。

进一步追究,出大师之外,即使是有大师之说,梅贻琦长校时的清华大学也不无可议。几位导师或亡故或离去后,硕果仅存的陈寅恪移席史学系,因主持系务的蒋廷黻主张社会科学化的新史学,力挺雷海宗,遂有逐渐被架空之嫌。只是由于他的学术声望高和人脉广,才不至于失势。至于雷海宗,虽然如今间或也被奉为大师,学术上毕竟不止略逊一筹。其对学生的影响,层级越低则越大,待到进入高深研究甚至教书阶段,就不免褪色。抗战时期,清华和北大、南开组成西南联大,如今成为人们津津乐道的在艰难困苦的环境中培养大师的典范。可是,从钱钟书《围城》所描写的三间大学及其各色人等看,至少在他眼中,这里不仅没有大师,良师也为数不多。而且他本人的遭遇即显示,潜在的大师在此同样不能被预测和善待。固然,钱钟书是否大师,或许还有争议,但是,如果连他能否成为大师也未可预料,中国的最高学府又如何能够自产自销"大师"?又如何当得起"大学要有大师"这样的理念呢?

所谓大师者,须天资超凡,非同寻常,而天才不可人为塑造,天才与优才相距绝不止一步之遥,所以大学未必能够造就大师,大师或许可以成就大学。如此解读,虽不中,亦不远。

大学未必有大师,而大学为师须有一定之规。大学老师教书育人,应授业、解惑、明道三者兼备。金毓黻认为,大、中、小学为师,至少应分别达到这三个层次。大学为师,必须具备最高一级的明道。所谓明道,即包括人与学的传承的渊源流变。只有掌握学问整体与部分的关联以及古今中外因时因地因人而异的演化,才能通晓各方面的来龙去脉。这样博大精深的极高境界,既目不可及,又深不可测,难以兼得。按照分科的专门之学来明道,或许可以把握近代以来学问的演进,若要上溯中国历代的思想学术文化,则难免格义附会;照本宣科的授业,只能重复教科书的套话;天南海北的解惑,大都是不着边际的妄言,都不免直把良才雕成朽木的流弊。

学问之事，难能才可贵，越高明则懂的人越少，这一通则，即使在专门从事教书治学的大学亦无例外。因为受教育者永远是有待雕琢的素材，无力分辨，却必须听授，所以大学如江湖，骗子最易横行。若无高度自觉和自律，一味鼓动后学新进，势必以横通为博雅，为了哗众取宠，不惜信口雌黄。近代中国那几位被戏称为大师的学人，涉猎广泛，著述等身，看似无所不通，名噪一时，如今不要说坊间大众，学界也不大知其名讳事业。而陈寅恪任教于清华大学之时，虽然一再降低标准，所开设的课程学生仍然难以听受，最受欢迎的反而是雷海宗。雷氏深受德国的斯本格勒文化类型学的影响，其著述虽然在第一次世界大战后的欧洲一度大热，却不过震动社会与坊间，算不上学院派的学问。若以学习为主业的青年学生以此作为教学效果甚至水平的评判准则，岂非本末倒置。

学问必须系统教授，才能随时随地将东倒西歪的醉汉扶上正轨。讲座之类的往教耳学无济于事，弄得不好，还会乱人心智，使得新进误入歧途。因为高深的学问以及高明的讲法一般难以承受，必须循序渐进，不能横逸斜出。而意在取悦听众的媚时语，虽然可以吸引眼球，博得掌声，不无感官刺激，容易引起浅学的共鸣或公众的兴趣，于深入堂奥的学问之道却有害无益。如果扶醉汉之人也是醉汉，非但不能奢望其指点迷津，反而可能跟着误入歧途，走进死胡同，踏上不归路。

学问上事，须有虽不能至、心向往之的境界。有无这样的追求，品味大异其趣。近人以为，古人一字不识学者之耻的观念，使得每个学人不堪负重，学问不能扩张，形同两脚书橱。可是未经放眼读书，不知整体的结果，又导致学问没有高度深度，流于侏儒化。形形色色的成果不计其数，而量的扩张非但没有带来学术的发达，反而造成学人见识功力的积弱。只有凭借分科治学所形成的画地为牢的小圈子，在自定行规的自我评价中自娱自乐，才能自欺欺人地说着无知无畏的大话，做着突过前人、引领时趋的美梦。

大学是养育人才之地，人才辈出，则无论做什么，成功的可能性都高。若是但出货不出人，货再多也难免假冒伪劣。读学位者一心寻找好题目，以为题好必然容易写好，其实大谬。能力不足，素养不高，再好的题目也做不好。所以攻读学位应以训练提升能力素养为主，只要基础扎实，潜心向学，不仅终有所成，而且可以持续释放潜力，向上攀升，不至于以获得学位为人生的高峰，更不会始终乱做而不自觉。制度性地一味鼓励后进滥发表，虽然有利于单位的排名和个人的升等，喂饱了图利的刊物，却毁了一代人的学术生命。

大学又是君子汇聚之所，君子不党，彼此相交淡如水，不像小人各有所图，无所不能利益交换，相互夤缘，盘根错节，结成稳固的共同体。而且君子讲气节，有风骨，棱角分明，只宜远交，不易近处，尤其不宜于今日倡行的所谓团队精神。因此，学术机构要想方设法开拓足够的空间，使其相安无事，不能反其道而行之，二桃杀三士，挑动窝里斗。小人若是掺杂其间，上蹿下跳，必定容易得势。庙堂太小，自然供不起大菩萨真神灵，连罗汉也难以容身，小鬼横行就在情理之中。用雇匠之法求师，所得不仅有限，而且很容易上当受骗。

无论章太炎对于大学如何白眼相加，理想上参与其中的学人还是企盼建立一座座学术殿堂。若大学畸变成一处处码头，而学人大都行色匆匆地跑码头，学界就真的成了鱼龙混杂的江湖。江湖自有地位高下之分，争强斗狠，胜负输赢，无非为了名次先后。实力不济，又利益相关，难免裘千尺之类的骗子花样翻新地招摇撞骗。诸如此类的情形由来已久，今人无限景仰的民国时期的大学，亲历者当时就有学术江湖的慨叹，似乎并不像后来者憧憬的那样理想。只是那时送礼者的形象相当负面，北京政府时期，有一位颇具时名的后进，喜欢送礼，人所共知，可是非但礼往往送不进去，人也因为声名不佳而逐渐淡出学术界。可见当时虽然政界商界的贿赂贪腐成风，爱惜羽毛、自命清高的学人大都并不吃这一套。况且即便是江湖，真正的高手超然世外，反而不屑于江湖地位。

三、系统与附会

民国时大学不止官办，私立的也为数不少。章太炎的意思，应该还有另一层，也许更为重要，即大学按照西式的分科架构讲中国学问，究竟能够理解中国几分。清华的几位大师，按照时人的看法，其实是国学大师。这不仅由于他们都任教于国学研究院，而且所治学问主要还在中国一面。同时，除了赵元任较为专门以外，其余各位教书治学大体还能因循传统通儒之学的轨则，至少不会拘泥于某一专科。当然，是否称得上国学大师，还要综合考察自称、他指和后认。虽然国学的含义前后不一，因人而异，如果几方面参看，近代中国学人中堪称国学大师者唯有章太炎，其次勉强可算王国维，再次则梁启超。后来钱穆或有此资格，不过当时的地位尚未到如此高度。其他则姑不论学问的宽窄深浅高下，或不以国学自认（如傅斯年即明确反对国学一说），或虽然牵涉标名国学的机构组织，却极少甚至从不谈论国学（如陈垣、陈寅恪，前者还明确表示过对于国学概论之类课程的浮泛不以为然）。至于老师宿儒，新旧营垒之间的评价看法迥异，大都不被认为是新学问的国学家。

中国历来书籍分类与学问分别的关系，相当复杂，不可一概而论，尤其不可用后出的分科观念来裁量。中国学问，原以经学为统驭。近人疑古，只能追究先秦以上，而经学主要是管两汉以下，恰似欧洲的神学统驭中世纪的情形，不会因为圣经的文本存在歧义就无视神学之于中世纪欧洲的重要性。西学东渐以来，如何安置中西学两套系统，始终困扰着朝野上下。开始清廷尝试以科举兼容西学，持续半个世纪不得要领，继而以学堂融汇中学，而学堂已是按照西学分科设置课程科目，等于要中学顺应西学，实际上是用西学架构分解重组中学。不断调适的结果是，找不到对应的经学被迫退出，只能通过其他学科片断体现或挣扎于体制之外。至于文史等学虽然看似找到对应，却是用西式系统条理固有材料，使之扭曲变形甚至变质。若以哲学、文学、史学的分科讲国学，则失却国学的本意，不合中国学问的本相，更毋论社会科学的不合体。

某种程度上，国学可以说是在经学失位失势的情况下不得已的替代。因为人们开始意识到，被西式分科融解组装的中学，很可能失去本意和作用。如同存古，其所谓古，不过是遭遇西学的中国当时的学问。张之洞等人意识到中学与西学不同，不能以西学讲中学，但中体西用影响了中国固有学术思想的整体架构、地位和价值。所以后来恽毓鼎等人痛心疾首地指斥主张停罢科举的二张（张之洞、张百熙）为中国文化劫难的罪魁祸首。用西式架构条理中国学问，看似具有统系，实则牵强附会。既然学问的分门别类仿照域外，方法观念便不得不取自异域。而外国的架构是为了与其本国的主流学术对话，与中国不相凿枘。就此而论，章太炎说大学不出学问，并非保守言论，拉车向后，而是具有先见之明。

关于中学的科目问题，近代治目录学者已经言人人殊。吕思勉、姚名达等受章学诚《校雠通义》的影响，附会西学分科，相对疏离，叶德辉和余嘉锡所讲则较为近真。宋育仁说书不是学，但书中有学，确为的论。作为中国学问概称的国学，只是近代的产物，与古代中国指称国子监的国学没有共性。近代国学其实是中国受东学（包括日本的国学）、西学（包括西人之东方学和汉学）影响的中学。就社会背景而论，讲国学是为了因应东学、西学的冲击。就学问形式笼统而言，所谓相对于西学指中学，相对于旧学指新学，往往就是对着东学、西学讲中学，既有与之对应者，也有与之反向者，所以国学也包括佛学和四裔之学，也就是傅斯年等人所谓的虏学。

不过，近代国学的讲法固然五花八门、因人而异，其共同性则是或有分科，而并不囿于专门，试图找回中国固有学问的形态和理路。这与今日言国学者其实是在模糊概念的共同名义下各以专家讲专门之学大不相同。将专门拼凑起来以为国学，犹如用若干小师分授以图培育大师，不是自欺欺人，就是欺世盗名，都会误人子弟。恰如民国时钱玄同批评提倡复古读经，说不是经该不该读，而是提倡者配不配读。今日大概很难找到真正会讲能讲所谓国学的学人，也很难找到会学能学所谓国学的学生。除了普通教育阶段读过的教科书外，所讲所学都是重新调理后的专门分科知识。

近代讲国学者大都程度不同地系统受过中国固有教育，虽然一度附会西学，误以为分科就是科学，如梁启超、章太炎、刘师培等，后来还是逐渐意识到未必能以中学对应西式分科之学。所以讲授国学虽有分科，但本人还能贯通各科或多科。可是弟子们往往无力兼修，即使国学院之类的教学机构，培育出来的也多是专门人才，只不过其专门学问较少西式框架的束缚而已。

晚清以来的学人以分科为科学，治学好分门别类，用以自修，则畛域自囿，若用分科眼光看待他人的研究著述，更是本心迷乱，看朱成碧，非但不足以裁量他人，反而自曝其短。尤其是历史研究，即使在讲求分科的近代中国，史学与其他各科的关联及分别，也是剪不断理还乱。一方面，今日以前的一切都是历史，而且所有历史事实之间存在错综复杂的联系，就此而论，历史是一门综合的学问，治史无所谓分科，但凡分科，则难免割裂历史本来的联系。另一方面，历史虽然具有综合性，仍是整个学问体系当中的一门，同时正因为牵涉各科范围，又可以用各种分科的观念来研治历史，形成日益细分化的分门别类史。

鉴于史学与各学科关系的复杂，遂有学人慨叹让历史融化在一切学科之中。实则治史必须在整体之下研究具体，具体问题涉及甚至属于特定的分科范围，而研究的眼光办法却不能囿于分科的观念知识，否则等于将史事先验地划分为某科的事实，而某科的观念为后来形成，史事并不会按照事后的分科观念发生及演化。滥用后出集合概念认识历史而不自觉其局限，势必无法把握史事的原貌和脉络。有鉴于此，近代具通识眼光者强调治学要点、线、面、体相辅相成。若一味打洞，再深也是限于一点，不及其余，既不知此点在整体中的位置，也不知与相关各点的联系。如此，则对于此点很难把握得当。将此一点故意放大则心术有亏，盲目拔高则见识不足，都不能得其所哉。

本科到博士，尚在学习阶段，即使未经放眼读书，若得良师把关，还能中规中矩。不过，有志于学者，不会以获得学位为人生事业的巅峰，而是作为学术生涯的起步。治学若无高远志向，必定浅尝辄止。早在游学美东之际，陈寅恪鉴于中国学术文化传统惟重实用，不究虚理，缺乏精深远大之思，士子群习八股，以得功名富贵，学德之士终属极少数，近代留学生又一味追求实用，希慕富贵，不肯用力学问，尤其是不愿学习亘万古横九垓而不变，凡时凡地，均可用之，精深博奥的天理人事之学，而救国经世尤必以精神之学问（谓形而上之学）为根基，他曾经断言：

> 此后若中国之实业发达，生计优裕，财源浚辟，则中国人经商营业之长技，可得其用；而中国人，当可为世界之富商。然若冀中国人以学问、美术等之造诣胜人，则决难必也。①

这番话在当时一心追求富强的国人听来，大感疑惑。可是将近一个世纪过去，却不得不服膺其远见卓识。

于是，如何才能提升在学问艺术方面竞逐世界之林的能力，对于国人可谓一大考验，不能不反躬自省，有心向学者更要时时扪心自问。

陈寅恪所说的学术不断趋时与永不过时的问题，还可以进一步深究。关于民国时期学术的研判，常有一异相。好尚者所推崇的，大都是文史学人，尤其是研治中国文史之学的学人。而当年文史学人频频抱怨的，恰是当局倾全力扶持实用的自然科学与社会科学，各种实用学科不但资源占尽，还吸引了无数青年才俊向往科学，以致人文学科选材不易，后继乏

---

① 吴宓著，吴学昭整理：《吴宓日记》（第二册），生活·读书·新知三联书店1998年版，第101页。

人。对此，自然科学与社会科学的学人各有解释，或质疑今人认识有所偏差，忽略了社会科学家对社会的贡献；或认为自然科学与人文学科性质有别，前者必须筑塔积薪，后来居上。用今日的标准衡量，民国学人的水准不高，且已过时，而后者未必青胜于蓝，对前贤先哲只能高山仰止，难以跨越。两说各有道理，也各执一偏。如果经济学名家断定经济学本质上是说明过往的观点可信，则其贡献不会与GDP（国内生产总值）有多少联系，更不可能用GDP来测量。抱持这样的观念，不过是经济高速成长期人们对于经济学的普遍迷信。实际上经济发展与经济学的关联度远比人们想象的低。而自然科学在欧洲学术发展史上，拥有许多过去却不过时的大家，只是民国学人达不到相关学科发展进程中里程碑式的境界高度，只能在一定的时空条件下享有时名和地位而已。其贡献不能脱离具体的环境因素。诸如此类的现象，今日未必不会重演，所以不少的似曾相识，还有待时光的检验。

即使在中国文史之学领域，近代以来，由于中西学乾坤颠倒，国人以西为尊为优，除少数高明，所谓道教之真精神与新儒家之旧途径，已成异数。而一味输入新知，则难逃跨文化传通大都误解肤浅的定数。而大势所趋之下，沈曾植、王国维、陈寅恪等大家，都是照远不照近、照高不照低，能够承接其学问者，唯有并世高人与读书种子。这使得那些借助域外引领时趋者大都有意鼓动青年，以求造成时势风尚。对于近代以来中外学术思想文化关系的种种变相，陈寅恪考古论今，再度预言：

窃疑中国自今日以后，即使能忠实输入北美或东欧之思想，其结局当亦等于玄奘唯识之学，在吾国思想史上，既不能居最高之地位，且亦终归于歇绝者。其真能于思想上自成系统，有所创获者，必须一方面吸收输入外来之学说，一方面不忘本来民族之地位。此二种相反而适相成之态度，乃道教之真精神，新儒家之旧途径，而二千年吾民族与他民族思想接触史之所昭示者也。①

今日看来，其预见性正在逐渐显现的过程中。潜心向学者可以引为针

---

① 陈寅恪：《冯友兰〈中国哲学史〉下册审查报告》，见陈美延编：《陈寅恪集·金明馆丛稿二编》，生活·读书·新知三联书店2001年版，第284～285页。

砭，以免误入歧途却一往无前。

其实，若以高为准，则近实际上也在其笼罩之下。晚清民国时期那些引领潮流、树立典范的名士，因为成名太早，见识不够，所言难免破绽百出。浅学者既无力察觉，对立面的抨击又新旧缠绕而难以取信，只有通人能够明察秋毫，有所讽喻。享有时名者耳闻目睹，往往暗自修正，并不明说变化的所为何来。而指点迷津的通人大都不愿直言：一则自高身份，不肯指名评点，或旁敲侧击，或隐晦透露；二则所评必是千虑一失，一般读者未必领会，反而看高明者的笑话，以为盛名之下，不过如此；三则被评点者往往亦颇自负，偶有疏失，未必甘心受教，有时还会意气相争。有鉴于此，一般的学术论争，大都外行浅学逞其口快，或旨在博取时名。而高手过招，却不动声色，不露痕迹。学人失察，将好胜者的口角当成学术焦点，误以为轰动一时的热闹是学术发展的前趋。就此而论，近代学术风气的开创与引领究竟应该如何裁量衡定，还大有讲究。若以众从为准，则引领多数浅学者自然成为主导。只是从者众固然能够形成风气，却并非学问的指标。

治学取径，有削足适履与量体裁衣之别。谈方法过重履和衣的制式，而忽略足的大小和体的形态，或者说只是从履和衣的角度来看足与体，难免本末倒置。不能量体裁衣，势必削足适履，其结果不断变换衣履，却始终无法合体。所谓与国际对话、瞄准世界学术前沿之类，无非其变相。因为域外学人的看法无论是否高明新奇，仍是后来怎么看的认识，必须用中国的实事进行衡量。量体之尺可以西式，裁出的衣服必须中国。只有熟悉足和体，才不至于被衣履的样式色泽所眩惑以至盲目。

中国历史上受域外影响最大的三时期，魏晋至两宋以及明末清初诸儒的态度均为吸收输入外来学说与不忘本来民族地位相反相成，只有晚清民国转为以西化为主导准的。这一时期的学人大都经过附会西学的阶段，然后逐渐回归本位。当然也有始终勇往直前者。像陈寅恪那样从头至尾坚持仿效前贤，取珠还椟，以免数典忘祖的，为数不多。依照时贤的看法，研究中国历史文化，越少用外国框框的，价值反而越高，则陈寅恪当在其列，且是有数之人。

史学应以史事为准则，不能以前人研究为判断。在所谓世界眼光的主导下，与国际对话成为时趋。欧美的中国研究，面向中国的实事，却处于本国学术的边缘，必须接受和按照主流的观念方法，才能取得与主流对话的资格。而其主流学术的理论方法及观念架构,并非因缘中国的社会历史文化生成,用于解读中国,往往似是而非。陈寅恪关于文化史研究的批评,颇能切中要害:

> 以往研究文化史有二失:(一)旧派失之滞。旧派作"中国文化史",……不过钞钞而已,其缺点是只有死材料而没有解释。读后不能使为了解人民精神生活与社会制度的关系。(二)新派失之诬。新派留学生,所谓"以科学方法整理国故"者。新派书有解释,看上去似很条理,然甚危险。他们以外国的社会科学理论解释中国的材料。此种理论,不过是假设的理论。而其所以成立的原因,是由研究西洋历史、政治、社会的材料,归纳而得的结论。结论如果正确,对于我们的材料,也有适用之处。因为人类活动本有其共同之处,所以"以科学方法整理国故"是很有可能性的。不过也有时不适用,因中国的材料有时在其范围之外。所以讲大概似乎对,讲到精细处则不够准确,而讲历史重在准确,功夫所至,不嫌琐细。①

欧美的主流学术固然乐见自己的理论方法具有放之四海而皆准的普适价值,其边缘学科也借由运用这样的观念架构研治其他国家的历史文化而获得主流学术认可的资格,并且凭借西风弥漫的优势,取得引领各国学术时趋的地位,所牺牲的,恰好是作为检验标准的中国文献的本意和历史的本事。如果欧美的边缘性学术再转手成为中国学习的榜样,流弊势将进一步蔓延扩大。既然附会西学越少的成就越大,则今日研治中国史事,应当以事实为基准,检验中外学人的成说,而不宜在与国际对话的基础上立论。

或疑如此做法与后现代类似,实则后现代的所谓解构,只是将有说成无,殊不知错也是一种实事,也要说明其如何从无到有的发生及演化,并且在此过程中,把握原有和应有的大体及渊源流变。

如陈寅恪所说,重在准确的史学常常由细节所决定,因此,史学可以说是一项事实胜于雄辩的学问。史无定法,必须具体问题具体分析,历史上人事均为单体,所以治史不能套用千篇一律的阶段、程序和格局。历史

---

① 卞僧慧纂,卞学洛整理:《陈寅恪先生年谱长编》(初稿),中华书局2010年版,第146页。

发展的可能性千变万化，呈现出来的过程和状态千差万别，如何才能做到精细准确，显然不能由简单的归纳概括或先立论再找论据并举例说明的方式达到。所谓不嫌琐细，尤其与通行做法异趣。今日治史的普遍症结之一，恰在不善于处理材料，讲清事实，呈现材料及史事之间固有的内在联系。不预设观念架构，既看不懂材料，也不知史事有何意思，或是多用材料则难免堆砌罗列，如同流水账。而使用外来观念架构取舍材料，裁量史事，又会陷入形似而实不同的尴尬，日后学问越是增进越觉得不相凿枘。

20世纪30年代，钱穆针对北平学术界非考据不足以言学问的风气，强调义理自故实出和非碎无以立通。史事的具体细节相互联系，不仅非碎无以立通，而且谈碎之际就有通与不通之别。不从故实出的义理，或削足适履，或纸上谈兵，或橘逾淮为枳。没有义理连接的故实，相互牴牾，支离破碎，不仅偏窄，而且错乱。要将所有单体的史事安放到适得其所，必须碎与通相辅相成。研究要专而不宜泛，专则窄，容易流于细碎，但专未必就是不通。由碎而通，不仅要注意碎与碎之间存在关联，即便碎本身，得其所哉也是通的体现。否则，高谈阔论，门外文谈，便是泛而非通，实为不通之至。同样，碎也要通，一方面，碎为通的部分；另一方面，贯通才能放置细碎得当。具体的专题研究若是孤立片面，非但不通，而且易误。有时甚至越是深入，越加偏颇。

治史不嫌详尽琐细，对于研治近代中国尤为重要。按照时空顺序排列比较材料，是史学的基本功夫，也是长编考异法的主要形态。相对于时下两种流弊无穷的方式，即援引后出外来理论架构的宏观概括，以及先立论再找依据的举例说明，尤其具有针对性，善用可以避免宏论的以偏概全和例举的任意取舍。一般以为万言可尽者，能以数十万言详究，而且层层剥笋，环环相扣，多为佳作。当然，字数繁多并不等于深入精细准确。王国维所说"证据不在多，只要打不破"，能够将数十万言不能尽意的史事以万言表达，且取舍精当，恰到好处，同样是一等一的高手。能够做到这一层，背后仍须有长编考异的贯通功夫，而不能单靠悟性聪明，运气猜测。所谓胸有成竹，才能游刃有余。正因为近现代史料史事繁杂，虽然选题不难，可是驾驭不易，也最容易煮成夹生饭，无数的成果，反而糟蹋了无数的好题目。

四、为己与自律

近代学人每好标新立异,一则事事欲突过前人,二则总想根本解决。前者难免有意寻隙,后者实为子虚乌有。治学须先因而后创,必须掌握前人已知,才有可能后来居上,而不会无知无畏。同理,读书须为己而不为人,陈寅恪"读书不肯为人忙"的意思,仅以德行完善自己,反对将学问视为沽名钓誉的手段为断,或许有些局限,但解读为要有创见,多少有违孔子读书为己的初衷和陈寅恪的本意。固然,治学先要读完前人书,吸收既有,才有可能更进一步。读书少而著述多,为时下学界通病。读书不够,主要表现有二:其一,未经放眼读书的阶段,即以过于狭隘的知识做凿空蹈隙的专题,不仅见木不见林,还会将天边的浮云误认作树林。其二,不读书而一味找材料。以今日出版的加速进行以及网络资源的极大丰富,学人坐拥书城的梦想早已成为普遍的现实。只要放眼读书,可做的题目俯拾皆是,材料史事极大繁复的中国近现代史,更是罕有完全不能下手的问题。若是家有金山,却沿门托钵,未免得不偿失。

即使按照读书为己的新解,也应读完书再做学问。这样的取法,今人听来或有故标高的之嫌,不仅压力之大无暇读书,取径之偏也无缘读书。善读者三十岁以后即无书可读,而面对浩如烟海的文献典籍,如果不会执简御繁,势必终生如牛负重。尤其是清代以来,各类文献大幅度扩增,若是以为读不完而干脆放弃放眼读书的努力,一味窄而偏的结果,很可能误而错。以读书为己作为准则,学人应当多读书,不能只是为了写书而翻书。为写书而翻书,即不为己而但为人,等于不读书而一味找材料,往往有先入为主的成见,并据此加以权衡取舍,难免有看朱成碧的危险。尽管如今读完书再做学问已是奢求,毕竟没有整体,具体很难把握得当。所谓非碎无以立通,前提还是放眼读书,并非由碎开始。况且放眼读过书才能从常见材料查知真历史,无须竭泽而渔,也能大体不错。

一般讨论历史问题,主要做法有三,即举例、归纳、比较,三者依据大抵相同,均将看起来类似实际上无关(即没有直接的事实联系,或可能有间接关系而尚未证出)之事强牵硬扯到一起。以此为准,20世纪前半期的史学争鸣,大都是外行说话,而后半期则不少是内行用外行的态度说话。

治史既要与古人梦游神交，又须与今人心意相通。尽管中国文化一脉相承，经过晚清民国的知识与制度转型，要想二者兼顾，左右逢源，上下贯通，也是难事。历史错综复杂，不可能整齐划一，凡是太过条理井然的叙述，往往以牺牲史事为代价，任意裁剪调整。而这样的叙述在外行乃至一般同行看来，以为深获吾心，易于引起共鸣。至于曲折繁复的本事再现，反而觉得故作摇曳，不得要领。治学本应好疑，而学人对于自己的知识，却往往深信不疑。以至于看不懂时不是努力学习，而是质疑他人是否说清楚。其所谓清楚，自然是以心中之是为尺度，而非以史事为准绳。

读书应当首先读懂全文本意，不可全当翻检史料。学人下笔时，心中的言说对象往往不止一端。心思越是细密繁复，或是故弄玄虚，则言说的对象越是复杂，言说的内涵越是丰富。阅读此类文献，能够揣摩到哪一层，实在考验读者。由于学力不足，读书不细，看不懂他人著述，又好妄加揣度，常常曲解人意，不仅故意挑剔，甚至深文周纳。诸如此类的解读，既不符合文本的纸面意思，距离作者心中所想更加离题万里。有时则明明意思显然，却故意混淆抹杀，非但以狗尾续貂为临门一脚，还自诩佛头着粪是满树新花。

治史每每材料不能完整，而学人因为工具见识不够，时时力有不逮，必须阙疑与藏拙。就客观而论，史料之于本事，无论多么丰富，总是片断，因而总有文献不足征之处，应当留有以待。就主观而论，个人学识再高，总有局限，力所不及，不可勉强出手。不会阙疑和藏拙，势必进退失据。面对今人，或有天低吴楚、眼空无物之感，毕竟山外有山，天外有天，人外有人，当阙疑处不能强说，当藏拙处不可炫能，否则自曝其短，适以露丑。高论固然不易，无论何时何地都不说外行话，同样难能。欲达此境界，非经放眼读书不可。时下的成名之士，已非昔日饱读诗书的老师宿儒可比，未经系统读书的训练，又好看似无所不知的激扬文字，开口便错，句句绽论，虽然博得无数拥趸，却是贻笑大方。"知之为知之"的古训，应当成为时下放言无忌的闻人免开尊口的信条戒律。

学术讲究自律，学行重在口碑，而口碑因人而异。或者不免口称敬畏，心生轻慢，但重生前的名利，不顾身后的清誉。学界斯文道丧，势必乱象横生。懒虫与笨伯的抄袭剽窃，容易识破。自以为是的聪明人，或有意回避直接参考的先行研究，反而大加征引各种间接论著，以炫其用功博学，蒙蔽智者，取信浅人；或制造问题，故意曲解抹杀，以前人不屑说、不及说、不必说为人所不知，标新立异，以为独创；或倒因为果，刻意将材料史事的时空关系错置，制造论据，形成论点。各类手法，往往混用。其人工于心计，善于文辞，谈史论理，貌似广博征引，具体扎实，条理清晰，逻辑严密，非熟悉前人研究、材料以及史事者，往往为其所迷惑。正因为此类行为易于得逞，较抄袭为害更烈。只是前贤无处不在，来者源源不绝，天下人不可尽欺。有心作祟者，得逞于一时之际，也就是被钉上历史的耻辱柱之时。

学海无涯，高深莫测，学人治学，唯有高度自律，不可为所欲为。因为学问但凭良知，无法借助其他权力加以有效的制约监督，学人若无自我约束，即无学术可言。正因为治学全靠自律，学人心中的天平，但凡受学术以外的任何因素作用而有所偏倚，便是心术不正，而心术一偏，便已失却治学的资格。如学术评价，或利益牵扯，或学识不够，砝码轻重失衡，天平难免倾斜，无法测量得当，能够不负筛选已经难得。因此，学人必须爱惜羽毛，无心之失尚可改过，有意逾矩不能宽恕，一失足成千古恨，再回首已百年身，绝无在哪里跌倒就在哪里爬起的自新机会，只能永远退出学界。

学人志向，唯以学问争胜，学问是一辈子、而非一阵子的事，著述不能但求博取时名，罔顾传世。或谓分科治学的时代，所出不过侏儒之学。此说或许反映了部分实情。但即使身陷其中，也应努力超越，不争草头王，不以偏门为时趋，不做诸侯封疆，胸怀天下，才是大道正途。如果能够少些权谋的算计，多些学问的冥想，则不仅学界清静几许，没有那么多乌烟瘴气的斯文扫地，有望多出佳作，而且有助于坚守道德底线与社会良知，进而澄清风气，端正人心。有鉴于此，钱穆所说论学术必先及于心术与风气，才能具有绝大义理，经得起绝大考据，确为的论。① 起步之初即不能洁身自好，后续如何确保不是歪门邪道下坡路？

---

① 参见钱穆《〈新亚学报〉发刊辞》，载《新亚学报》第1卷第1期，1955年8月，第5页。

晚清民国研究的史料与史学

一、现状与问题

(一) 史学围城

整体而言，中国近年来历史学的状况有些微妙。外面的人要冲进来，里面的人想突出去，形成"围城"现象。20世纪80年代以来，史学由长期占据的学术中心退居次要，有学人发出"史学危机"的呼声。随后一些社会科学日益成为社会关注的焦点，史学的地位进一步动摇，昔日的显学，在一些人看来已成"死学"。然而，形成鲜明反差的是，史学似乎不仅未被遗忘，反而引起了越来越多的关注，其他学科的学人纷纷将目光转向史学领域，历史题材的影视作品扮演着当代大众文化的要角，全社会对中国历史文化的重视和肯定程度，为近代以来所罕见。这种相反相成的现象，不妨称之为"史学围城"。

1. 别科学人的进入

其他学科的成名学人将重心转向史学，至少从20世纪90年代倡行学术史研究已经开始。后来相继有一些在各自专攻的领域有所成就的学人着力于此，尤其以文学研究者居多。大都是临时客串，也有的转型较为彻底。有学人曾说：学术史表明，有的时候，有人忽然闯进一个陌生的领域，倒是会发现一些在那个领域待了很久的人没有发现的问题。大胆跨学科的学人，一方面有超越本学科甚至一般学科畛域的抱负，另一方面也往往怀着对所欲进入的那一学科的研究状况的不满。不过，分科治学虽然导致知识的琐碎，其长期积累形成的行规却应当遵守，尽管有人反对由此产生的学术霸权（其实学术霸权往往不由学术，而真正的学术权威则很难轻易动摇），但要想进入其他学科，仅仅熟悉行规就绝非轻而易举。有的费了很大气力，仍然难以回到历史现场，了解、把握所要探究的那些时代的人们的观念和行为，往往重蹈六经注我的覆辙，强古人以就我而不自觉。所以这类影响广泛的公众著作，史学界往往不大认可。所讨论的一些关键概念（如科学），若能全面梳理文献，从无到有地探究来龙去脉，上下左右比较千差万别，而不是按照自己的观念倒述，则更有可能发现历史的内在联系，不必煞费苦心地编制自己心中的历史。

与之观念不尽相同的别科学人，同样试图进入史学领域。2002年纪念梁启超提出新史学百年，史学界的新锐之外，不少学科的学人踊跃参与。2004年发刊的一份《新史学》杂志，编委中许多人并非史家，却不乏相关社会人文学科的成名学者。他们所针对的，大都是教科书以下的观念，武器则多是稗贩而来的洋货，或各自学科的法宝。若要取法乎上，应对既有的史学研究深入认识，以便追随前贤大家的学问取径，领悟其高深境界并发扬光大。如果一味瞄准浅学末流，对于青年或有振聋发聩的一时之效，学术上却不易有所建树，反而暴露自己的身段不高。

成名后努力进入相对冷清的史学，为近代以来学术界的常见现象。其原因并不复杂，经史为中国固有学问的大道，不通经史，很难深入认识中国的文化与社会。自西学东来，新学大盛，学问之道，由合而分，但即使按照泰西近代的学术理念，史学仍然是各学科之总汇，因此近代学人多以经史为根基正途。一些新进学人开始不循此路，为学必先颠覆前人，横逸斜出，努力使附庸蔚为大国，待到知识与年龄增长，还是不约而同地返璞归真（当然也有一直勇往直前者）。近年来此类现象重现，背后仍是自我深化的自觉。

2. 社会关注程度提高

历史题材的影视文学以及电视讲坛等大众文化普遍流行，一方面重新引起了公众对于中国历史文化的高度兴趣，一方面也引发了不少争议。这种现象表面看来是现实关怀的差异，背后则反映出国家发展到一定程度时民族自信心的恢复和增强，不再简单地用进化论的观念观照历史文化。按照一般规律，随着综合国力的增长，社会关注的目光将逐渐由世界排序转向自我认同，因此人们对于固有历史文化的兴趣还将不断提升。由此带来的负面影响则可能干扰学术的判断，尤其是青年的取向。史学是要求精深与广博兼备的高成本学问，前期需要投入大量的精力物力，在登堂入室之前，不易把握和自律。而媒体和出版界同时面对专家与一般受众，难以平衡。史学既要严格遵守学科戒律，又须提高社会影响力，这对于专业化的学人而言，无疑是一大考验。

3. 史学突围

与外面的人试图冲进来的情况形成明显反差，史学界内部有不少人努力突出去。有学人概括分析目前中国高校历史系的状况，仅从名称看，为了应对社会需求，有的改为社会发展学院，抹杀历史的痕迹；有的则改为历史文化学院、历史旅游学院等，虽保留历史，却尽量与热门专业挂钩，以改善生存状况；而能够完全保留历史学本色的院系为数不多。并且，改变的程度与学校的地位往往成反比：越是一般院校，改得越彻底；敢于保持本色的，多为重点院校。名称变化是内容变化的表征，一些院系的课程与专业设置，已在很大程度上脱离了史学的范围。

改名只是去其形，一些对史学现状不满，或是缺乏兴趣和成就感的学人，试图凭借跨学科而获得新的发展空间。与那些不愿受分科束缚的学人努力超越学科界限有所不同，其目的与其说是发展史学，不如说是脱离史学更加恰当。这种视所属学科为负累的极端看法，与史学界整体的动荡不无联系。除了外力挤迫，求变的主要内因还是对于教学科研现状的不满。于是有了目标各异的探索和调整。

（二）探索与调整

1. 范式转换

社会转型，往往伴随着学术范式转换，这在近现代中国的学术发展史上屡见不鲜。近30年来，一些曾经视为天经地义、毋庸置疑的理论、观点和方法，引起了普遍不满，要求突破创新的呼声和努力一直持续。这些努力被一些学人概括为研究范式的转换，并引发了一些争论。要求转换研究范式，显然意在改变现状。一般学人或许不受这些争议的影响，但以往的一些框架，也不再束缚学人的眼界和思维。一方面，对于既有体系不做教条式理解，具体研究超越了分期、属性等界限，充分拓展空间；另一方面，研究观念、视角和方法不断调整。这些变化，不一定意味着对原有成果的否定，史无定法与具体问题具体分析，本来一致。在继承前人的基础上丰富与发展，正是学术薪火相传的正道和当代学人的使命。

2. 跨学科

受自然科学、新兴学科和社会科学的影响，跨学科成为一些学人试图创新发展的重要途径。无论走出去还是引进来，都是想扩张学科界限，借用其他学科的理论、观念和方法，改善史学研究的格局。治史本来无所谓分科，按照科学系统重建近代学术，改变了中国学术的面貌，也造成一些人为的局限。因此，在不同学科的框架下研究专门学问的同时，各学科之间的相互影响和借鉴始终不曾停止。在历史学范围内，相关专业互相影响，如考古学的地下实物与历史学的地上文献互证；而文献学和历史地理学，更是史家必备的基本功夫。至于其他社会人文学科，则作为史学的辅助学科而贯彻到教学系统之中，其中社会学和经济学对中国史学的影响尤为显著。不过，与跨学科的本意颇为矛盾，这一取向反而导致各种专史的兴起与流行，细分化的趋势进一步加剧。一些新文化史与新社会史的尝试者，几乎忘记所治专题在历史整体中的位置，因而难以恰当地把握具体。

3. 温故知新与瞄准国际

要想推进史学，大体有两条路径：一是回到过去，以复古为创新；二是瞄准国际，借鉴外国的经验和成功模式。研究国学和学术史，是要接续前缘，温故而知新；瞄准国际，则旨在融入世界，争取对话的权利。旧书重版与译著热卖，也隐含这样的意思。这两种取向，看似相对，实则相反相成，即前贤所说："其真能于思想上自成系统，有所创获者，必须一方面吸收输入外来之学说，一方面不忘本来民族之地位。"① 因此要彼此沟通融汇，不可误认为相互排斥。防止因回顾而泥古，没有调整变化，或是为接轨而求奇，盲目生搬硬套。当然，两方面都有如何生根的问题。

（三）趋势与问题

1. 重心下移

研究的时段和层面下移，是20世纪以来国际史学界普遍的趋势，这与史学研究的重心往往随着史料的发现或重新认识而转移有着密切关系。中国历史悠久，文献典籍浩如烟海，尤其史料愈近愈繁，近代资料大大超过历代的总和。这不仅开辟了众多的研究领域，而且为许多新的研究方法提供了试验场所。20世纪20年代以来，古代史研究的重心由上古而中古再移到近世。直到90年代后期，还有学人指出，海峡两岸史学界有一共相，"即古代史的研究人员要比近现代史的多（但正日益接近中），而古代史的整体研究水准因积累厚的缘故也相对高于近现代史（这一点许多

---

① 陈寅恪：《冯友兰〈中国哲学史〉下册审查报告》，见《陈寅恪史学论文选集》，上海古籍出版社1992年版，第512页。

近现代史的研究者或未必同意)"①。这种情形,至少量的方面变化不少。进入21世纪,中国大陆学界发表出版的中国近现代史论文著作,已经分别占整个历史学的一半,学术会议的比例大抵相同。

研究层面的下移也日趋普遍。建立民史,本是近代新史学努力的一大方向,社会经济史的盛行进一步推动了这种趋势。近年来,受国际学术新潮的影响,各种各样的专史大都将目光由精英移向民间,注意研究一般民众的日常生活及其思维行为。社会史、文化史、观念史、城市史、宗教史、移民史、比较史、女性史、生活史、环境史、疾病史、社会转型及族群问题等引起越来越多的关注。即使在传统的政治史、经济史、军事史、思想史、国际关系史领域,重心也下移到一般社会成员的常态思维行为层面。如思想史的研究不仅关注经典作者及其文本,更着重于受众、流行思潮、阅读史以及与社会的互动。一些学人由此对以往自上而下的历史观念提出新的解释,重新理解国家与社会的关系。当然,也有学人一味寻求各种反文化的偏题,或是将仅仅分割空间的地方史当作社会史。如何在史学的见异与社会科学的求同之间取舍平衡,是对这一学术取向的考验。

无论时段还是层面下移,相对于原来中国史学的重心而言,在文献的把握,方法的运用,以及问题的设定方面,仍然存在差距。近现代史的著作数量虽多,真正有贡献的专著反而不及古代史,整体上要想达到后者的水准,还要持续努力。

2. 学风趋实与浮躁

质的方面,近年来史学界的学风逐渐朝着征实的方向发展。尤其是高层次的专业刊物,发表的论文一般不做大而空的泛论。相比之下,高校学报和一些综合性学术刊物的史学论文,仍然存在空泛的通病,大话套话不少,经得起时间和学术检验的佳作不多。从研究者所属单位看,资料等研究条件越差,选题反而越大。客观条件的限制以外,学术标准的差异无疑有重要的导向作用。

学风趋实,并非仅仅以考据和史料等具体微观为旨归,忽视理论与宏观。史学须才、学、识俱长,兼有义理、考据、词章,为历来学人追求的境界。其高下当否,因人而异,至少不能就事论事。史学的所谓理论方

---

① 罗志田:《前瞻与开放的尝试:〈新史学〉七年(1990—1996)》,见《二十世纪的中国思想与学术掠影》,广东教育出版社2001年版,第392页。

法，主要不是提供叙述的架构，便于任意取舍填充材料，而是运用于研究过程之中。一些佳作，或背后有中国与世界、国家与地方、政府与社会、精英与大众（当然也有将政府与国家、基层与地方相混淆）等理念，与史实的爬梳求证密切配合；或跳出一般的分期分界，将同类事物的来龙去脉梳理贯通，展示其发展变化的渊源脉络；高明者更能从纷繁复杂的表象透视背后的因缘，揭示内在的联系，并由具体而一般，显示博通与精深的相辅相成。只是这样的具体研究，背后那一套宏大叙事框架的深浅高下，不能一目了然，对于读者的鉴赏力和判断力也是一种考验。

学风趋实使得研究者各守专攻，彼此缺少交集，从而形成"无热点"的研究态势。这在追求学院化的学人看来本是学术研究的常态，高深的学问很难引起普遍的兴趣。但一方面降低了史学对于全社会的吸引力，另一方面，过度狭窄的专门化使得学人畛域自囿，无力超越具体来讨论问题，史学界因而缺乏共同关注点（这种共同性不以降低水准来获得），一些习惯或热衷于讨论重大问题的学人甚至感到不大适应。史学毕竟与社会关系密切，担负着民族性传承的社会功能，如何协调两面，既保证学术的高深严谨，又能影响作用于社会发展，学人任重而道远。

3. 整体史的缺失

中国史学，素重通史，而欧洲强调整体史，二者主旨一致，通是中外史学共同推崇的至高境界。只是有限的人力难以驾驭无涯的知识，才有分科分段分类治学。近代学人强调断代史，已经备受争议。中国的史学现状，划分过窄，彼此缺乏沟通联系，各守一隅，以狭隘为专精，局限更加明显。本来提倡跨学科的用意之一，是打破分界所造成的束缚和限制，可是实际进行至少有取径各异的四种类型，一是借鉴其他学科的理论方法研究史学，尤以各种社会人文学科为主，直接借助自然科学的，效果反应往往不佳。二是不同学科的科际整合，运用各个学科的资源和方法，从不同的角度和途径，互相配合，优势互补，共同解决重大难题。此法成本极高，需要各相关学科的长期积累，以中国学术界目前的条件和学科发展不平衡的状况，普遍实行尚有难度。三是将各学科的相关研究重新归类组合，不过要避免简单拼凑。四是借跨学科之名凸显个人感兴趣的方向或主题，横向细分为众多的专门领域，这样不仅不能打破条块分割的壁垒，还会更加缩小史学的界域和学人的视野。可惜迄今为止的跨学科，除简单拼凑外，多是后一类型。如果不能超越史学内部的分界，站在狭窄的专业甚至专题的立场去跨学科,必然适得其反,导致史学研究边缘化和侏儒化,削弱原创能力。等而下之者,成为趋易避难的取巧捷径,不过造就一二转瞬即逝的新名词而已。现在学术界前不见古人,后不见来者的情形相当普遍,如果再将视野遮蔽,左右不顾,很难有超越的胸怀,对久远复杂的历史产生深刻认识。研究领域过于偏僻狭窄和整体史的严重缺失,已经成为制约史学发展,导致大量低水平重复的症结。

与此相关联,缺乏经过长期积累并经得起检验,具有前瞻性、权威性、原创性,能够产生重大影响的学术成果。整体史对学人的素养要求甚高,缺少具有高品位、宽视野和厚积累的一流人才,优良的研究环境与合理的评估体系,很难产生高水平的成果。有的大型成果只是部头大、字数多,内容则参差不齐,有拼凑之嫌。而由各种渠道设立的重大项目,不同程度地存在因人设题、周期短、研究队伍只能就近组织等局限,有价值的学术理念大都还处于主张和诉求阶段,无法以学术成果的形式来展现。至少到目前为止,尚未产生具有持续影响力和长期导向作用的论著。在可以预见的期限内,要想产生这样的著作,还须艰苦努力,包括对现行科研和评估机制进行必要的调整。否则,非但不能促成高水平的成果,还会误导后人。须知高明不是能够人为培养的,天分、勤奋和机缘,缺一不可,应尽可能创造有利于其生长的条件。中国学术能否再创新高,关键在此。

治学必须后来居上,不过何为创新,如何创新,有所分别。学术发展有先因后创与不破不立两种取径,至少史学必须先继承然后才能前进。如此,则求新与固本不仅并行不悖,而且相辅相成。今日治学,压力过大,功底不深,容易浮躁,植根表浅,基盘不稳,随风而倒。根本不固,而一味趋新,结果只能以不知为无有。所谓创新,或前人唾余,或小儿涂鸦,或痴人说梦。中国学术,经过中西融汇,根本不止一端,中学之根在于古,要想还原,诚非易事;西学之根在于外,欲图把握,更加困难。中西学均有大道,有旁支,有万变不离其宗,有今是而昨非。根本不固,则无从区分。尤其在与国际接轨的大趋势之下,西学的根在外面,越是表浅越显得新奇,越是新奇越以为容易。若以稗贩陈言为输入新知,只能蒙蔽喧嚣于一时。由于近代教育和学术文化经历大转型,基本框架几乎为西学所垄断,虽经几次本土化努力,仍无法改变现状,这是后发展国家和民族普遍面对的难题。如果学人对于所使用的概念、理论和方法,与所研究的对象能否适用的问题,缺乏必要的自觉,而又努力与国际接轨对话,结果扩展视野的努力,终究难免落入俗套,不过证明别人先验的正确和高明,充其量只能取得成为学生的资格,无法为世界的多元文化提供别样性的原创新知。即使中国固有的学术文化,如果不能领会古人真意,甚至强古人以就我,亦难免格义附会,误读错解。中西学的根都不深,学术创新,就是空洞的口号,很难产生流传下去的成果。因此,今日中国史学求新必先固本,根本巩固,才能行大道,成正果。

研究的时段和层面下移,应确实扩张与发展学术,而不以牺牲已有积累为代价。如果说坚持史学的学术价值已有些奢侈,那么坚持史学的基本方法和基本路径就更加困难。在瞄准学术前沿和与国际对话成为时髦目标的背景下,不要将他人的扬长避短误认为学术的正途大道,一味追仿,舍己从人。随着关于经学退出历史舞台的再探讨,重新认识经学之于中国历史文化的纲领地位,可能成为自信重建的重要表征。

史学固本,深植中西学之根,首先须做足史学的基础功夫,从目录入手,阅读基本书籍,探究了解典籍的内在理路,重视典章制度的渊源流变和章程条文与社会常情及变态的关系,掌握历史地理,把握时空联系,这些重要的轨则必须坚守。在史学的界域内尽力沟通不同专业,尽可能全面地掌握国内外已有的学术成果,了解研究取径的异同和变化发展的渊源脉络。同时重视资料建设,大力推动资料的收集整理和编辑出版,加强阅读各类文献的基本训练,避免以新方法代替资料的收集、解读和运用,纠正简单地用先入为主的解释框架填充和肢解材料,或一味寻求新史料而不看基本书的偏向,改变越是重要的文献,会用的人反而越少的异常状况。其次,不应视其他学科为不学而能,在与别科学人有效合作的前提下,学习和借鉴相关的理论方法,严格遵守必需的戒律,并对其中的不适用性充分自觉,防止生搬硬套,更不能在不同学科之间跳来跳去。在充分占有史料的基础上,努力消除各种弊端,以期产生真正具有原创性的学术成果。

二、史料的边际与史学

(一)史料的类型与规模

历史研究的史料边际,首先是整体的规模、范围与系统。近代史料的大端,有图书、报刊、档案等类。中国古代典籍号称汗牛充栋、浩如烟海，可是与晚近比较，相当有限。四库全书共收书约 3500 余种，存目约 6800 余种，禁毁书约 3100 余种，合计不过 13000 余种。其中相当部分为乾隆以前的清人著述（仅存目书即十居四五）。《清史稿·艺文志》和武作成编述的《清史稿·艺文志补编》，共收录清人著述 20000 余种，王绍曾主编的《清史稿·艺文志拾遗》，在两书之外，著录清代著述 54000 余种。而据李灵年、杨忠主编的《清人别集总目》和柯愈春的《清人诗文集总目提要》，仅诗文集一项，即达 40000 余种之多。除去乾隆以前重合部分，已经超出修四库前中国书籍的一倍。考虑到著录遗漏等因素，清代典籍总数当在 10 万种左右，大大超过历代的总和。①

　　文献的激增，与印刷技术、出版机构的改进普及密切相关。晚清 70 年，时间占清代的 1/4，文献数量的比例远过于此。民国以后，扩张的速度更快，北京图书馆（今国家图书馆）据北京、上海、重庆三家图书馆的藏书编辑的《民国时期总书目》（书目文献出版社 1986—1995 年版），共收录 37 年间出版的各类中文平装图书 12 万 4000 余种，超过整个清代文献的总和。

　　令人惊异的是，这些数量庞大的典籍，只占整个近代文献的一小部分。中国大陆档案馆系统收藏的清代档案共 2000 余万件（册），其中 50%存于中国第一历史档案馆，其余散置于各地方档案馆。这还不包括私家收藏以及图书馆、博物馆系统所藏的档案（其实档案只是存放资料方式的类型，而不是资料的类型。档案中的函电、官文书等，很难与其他机构或私人的收藏区分。如清季谘议局文件，在各地即分别入藏档案馆或图书馆）。欧美日本等国和我国台湾地区，也分别收藏了数量不等的清朝档案，总数达数十万件。② 据《全国民国档案通览》（中国档案出版社 2005 年版）编委会的不完全统计，全国 1000 多家各级档案馆共收藏民国档案 1400 万卷，即使平均 1 卷只有 10 件，也是明清档案的 7 倍。全国总目亦在编辑之中的中共档案，数量同样庞大。

　　报刊为近代史料的又一大类。明以前也有一些勉强可算报刊的文献。

---

　　① 参见戴逸《〈国家清史编纂委员会·文献丛刊〉总序》；辛德勇《清人著述的目录与版本》，载《中国图书评论》2005 年第 8 期，第 34～36 页；蒋寅《一部清代文史研究必备的工具书——〈清人别集总目〉评介》，载《中国典籍与文化》2001 年第 3 期，第 97～100 页。

　　② 参见冯尔康《清史史料学》第四章《档案史料》，沈阳出版社 2004 年版，第 101～160 页；邹爱莲《清代档案与清史修撰》，载《清史研究》2002 年第 3 期，第 1～10 页。

清季以来，报刊数量激增，内容极为丰富，反映社会各个层面。据统计，自1815年中国的近代报刊创刊，至1911年，海内外共出版中文报刊1753种，在中国出版的外文报刊136种。① 实际还不止此数。受体制和立场的局限，清季报刊道听途说与一面之词不在少数，若将不同背景的报刊相互比勘，并与其他资料彼此参证，可以补充连续性活动和复杂细节的不足，测量社会的反应。更为重要的是，通过阅报，能够回到历史现场，感同身受，从而对当时的人与事具有了解之同情。民国时报刊数量增长惊人，截至1949年，中文报刊总数达4万种以上（其中报4000余种，刊36000余种），为清季报刊的20余倍。

各种形式的民间文书，数量极多，仅各大图书馆馆藏家谱就有2万余种，以清代居多。这类材料，以前一般不为学人所注意，五四以后，才开始收集。除个别类型外，各公私图书馆少有收藏。近年来，随着研究层面的下移，这类资料越来越为学界所重视，但与存留的数量相比，收集工作的规模进度，相当滞后。

上述还有不少遗漏。如晚近人物的日记、函札、诗文集，未刊者甚多，仅日记已知的就有千余种。各大图书馆的未刊稿本抄本，往往未经系统整理，连收藏单位也不知其详。翻译书和教科书，为晚近新有，前者关系中外，后者乃社会化凭借，均为主要知识载体，重要性不言而喻，一般目录较少著录，迄今为止，连确切数目也不能掌握。目前海内外学人关注者甚多，渐成研究热点，而所见明显不足，仓促立论，未能至当。

此外，晚清以来，中外交通频繁，各国公私档案（包括政府的外交、殖民、移民、军事、商务部门，教会、公司、传媒、团体组织等机构，以及相关个人的文书），大量涉及对华关系。陈寅恪曾批评民初撰修清史过于草率，特别指出："自海通以还，一切档案，牵涉海外，非由外交部向各国外交当局调阅不可，此岂私人所能为者也？边疆史料，不详于中国载籍，而外人著述却多精到之记载，非征译海外著述不可。"② 若计入海外各类档案著述，史料的数量还将大幅度扩增。

---

① 参见史和、姚福中、叶翠娣编《中国近代报刊名录》"前言"，福建人民出版社1991年版，第1页。

② 陈守实：《学术日录［选载］》，见《中国文化研究集刊》（第一辑），复旦大学出版社1984年版，第422页。

目前已知的近代史料已经不胜其烦，而扩张的速度幅度又极快极大。《清史稿·艺文志拾遗》著录书54880种，编撰者仍坦承"未见书目尚多"①。况且，各书目大都依据前人编目，并未核对各馆库藏原书。而有书无目或有目无书的现象不在少数。非公共性的公家图书馆，既不对外开放，管理人员又缺乏专业训练，编目更难完善。而博物馆系统，限于体制，所藏文献均作为文物，内部人员也难得一见庐山真面。至于私家收藏，秘不示人，尚有许多信息未曾公开。如近人的函札、日记、著述等未刊稿本，藏在深闺人未识的为数不少。

《民国时期总书目》的编辑原则是必须见书，因而有目无书的就只能阙如。线装书、少数民族文字和外文图书暂未收录。中小学教材仅收录人民教育出版社图书馆和北京师范大学图书馆的部分藏书，未及上海辞书出版社及全国其他馆藏。少年儿童读物，则三家图书馆漏藏或不入藏者较多。台湾、香港及边远省份出版的图书收藏也不全。此外，民国时期还有不少书籍因为政治、道德等原因遭到禁毁，其中既有政府行为，也有行业（如书业公会）自律，尤其是后一种情况，销毁相当彻底，海内外公私收藏甚少。这些都影响了收录的完整性。加之书目的编辑未兼收全国其他图书馆的藏书，虽然后来调查认为遗漏不多，只有10%左右。可是基数太大，10%就是12000种，相当于清以前历代图书总和的一半！

报刊方面，据中国50个省市级以上图书馆所藏，仅1833年至1949年9月以前的中文期刊，三次编目，均有不同幅度的增加。1961年首版未收录中国共产党各时期的党刊、抗日民主根据地和中华人民共和国成立前解放区出版的期刊，以及国统区出版的部分进步刊物。1981年增订本加入上述部分，共收中文期刊近2万种。据"编例"，"仅收录比较有参考价值的品种。县级以下的期刊和有关中小学与儿童教育的期刊，酌量选收。至于纯属反动宣传、诲淫诲盗以及反动宗教会道门等毫无学术史料参考价值的期刊，不予收录。伪满、伪华北、汪伪等汉奸军政机关出版的期刊，除自然科学方面的期刊酌收外，其他的不予收录"②。以今日的眼光看，这些刊物的学术参考价值当然不言而喻。所以，从1985年底起，由

---

① 王绍曾：《清史稿·艺文志拾遗》"前言"，中华书局2000年版，第22页。
② 全国图书联合目录编辑组编：《1833—1949全国中文期刊联合目录》（增订本），书目文献出版社1981年版，第2页。

国家图书馆和上海图书馆共同主持，全国56个省、市、大专院校图书馆参加，编辑了一本补充目录，共补收期刊16400余种，其"编辑说明"特意强调："其中包括：珍贵革命刊物，国民党党、政、军刊物，抗日战争时期敌伪刊物，中小学教育刊物，儿童刊物，文艺刊物等。"① 目前国家图书馆缩微中心以全国各图书馆藏为底本制作成缩微胶卷的报已达2900种，刊10000余种。晚清民国号称史料大发现的时代，所重主要还在古史，而各类新发现的古史资料相加，与近代史料扩增的速度幅度相比，可谓望尘莫及。

（二）史料规模对史学的制约

如此大量的资料，任何一类，已经超过中国历代文献的总和，叠加在一起，令人不堪重负。再具体的题目，要想穷尽材料，也戛戛乎其难。一般学人能力或有不及，而最重史料功夫的史学二陈，不免也会望洋兴叹。"淹博为近日学术界上首屈一指之人物"②的陈寅恪，尤其讲究史料与史学的关系，他比较上古、中古、近代的史料多寡决定史学的差异，认为："上古去今太远，无文字记载，有之亦仅三言两语，语焉不详，无从印证。加之地下考古发掘不多，遽难据以定案。画人画鬼，见仁见智，曰朱曰墨，言人人殊，证据不足，孰能定之？中古以降则反是，文献足征，地面地下实物见证时有发见，足资考订，易于著笔，不难有所发明前进。至于近现代史，文献档册，汗牛充栋，虽皓首穷经，迄无终了之一日，加以地下地面历史遗物，日有新发现，史料过于繁多，几无所措手足。"③ 1940年陈寅恪为陈垣《明季滇黔佛教考》作序，就史料一点感叹道："寅恪颇喜读内典，又旅居滇地，而于先生是书征引之资料，所未见者，殆十之七八。其搜罗之勤，闻见之博若是。"④ 由此可见遍读晚近文献之难。

---

① 国家图书馆、上海图书馆主编：《1833—1949全国中文期刊联合目录》（补充本），中央民族大学出版社2000年版，第1页。
② 陈守实：《学术日录［选载］》，见《中国文化研究集刊》（第一辑），复旦大学出版社1984年版，第422页。
③ 王锺翰：《陈寅恪先生杂忆》，见纪念陈寅恪教授国际学术讨论会秘书组编：《纪念陈寅恪教授国际学术讨论会文集》，中山大学出版社1989年版，第52页。
④ 陈寅恪：《陈垣〈明季滇黔佛教考〉序》，见陈美延编：《陈寅恪集·金明馆丛稿二编》，生活·读书·新知三联书店2001年版，第272页。

晚近历史的研究相对后起，整体水准以往不及古史。但史料繁多，在给学人造成巨大压力的同时，也提供了超越古史研究的可能。近代史家一般认为，晚近史资料搜集不难，判断也相对简单，因而容易立论。胡适就说："秦、汉时代材料太少，不是初学所能整理，可让成熟的学者去工作。材料少则有许多地方须用大胆的假设，而证实甚难。非有丰富的经验，最精密的方法，不能有功。晚代历史，材料较多，初看去似甚难，其实较易整理，因为处处脚踏实地，但肯勤劳，自然有功。凡立一说，进一解，皆容易证实，最可以训练方法。"① 他劝罗尔纲治近代史，理由便是"近代史的史料比较丰富，也比较易于鉴别真伪"②。甚至陈寅恪也一度认为："近代史不难在搜辑材料，事之确定者多，但难在得其全。"③ 揆诸事实，不能不说这些意见多少低估了相关领域史料制约史学的复杂性，也轻视了由此带来的考验和提升学人创造力的可能性。胡适晚年穷究《水经注》案，陈寅恪则以盲目膑足之身费十年之功撰写《柳如是别传》，分别印证此前的判断，只是效果大相径庭。

由于晚近史资料边际模糊，引证、论述与评判，往往主观随意，见仁见智成为信口开河的托辞。与古代史尤其是唐以前的研究相比，这样的指责的确无可否认，尽管宋以后已有类似问题，而且训练不够的学人在新材料逐渐减少的情况下，也出现一味用旧材料重新解释的偏蔽。可是晚近史问题更为突出。治古史的学人好以自圆其说为立论的起码准则，以求大体贯穿解释相关资料史事。而晚近史料繁多，边际不定，难以穷尽，看朱成碧，亦可言之有据，甚至捕风捉影也能取证。无论正反，均不易验证。最为典型的事例，当为陈寅恪《柳如是别传》因不信官书，而作关于钱谦益两次被捕时间的长篇考证，居然成说。④ 至于当今学人普遍采用的因果论证与条件判断，割裂材料与史事的时空内在联系，任意拼凑组装，穿凿附会，形成观点，看似各有论据，非但不能贯通所有材料与史事，甚至不得不故意扭曲史事，强解材料，导致有争议无意义。如此论证，稍微涉猎

---

① 耿云志、欧阳哲生编：《胡适书信集》（上册），北京大学出版社1996年版，第557页。
② 罗尔纲：《师门五年记》，生活·读书·新知三联书店1995年版，第28页。
③ 杨联陞：《陈寅恪先生隋唐史第一讲笔记》，载《传记文学》第16卷第3期，1970年3月，第56页。
④ 参见何龄修《〈柳如是别传〉读后》，纪念陈寅恪教授国际学术讨论会秘书组编：《纪念陈寅恪教授国际学术讨论会文集》，中山大学出版社1989年版，第634～638页。

文献，就可以轻而易举地提出多种相异相反的观点，并且都能找出论据，则立说不难，却无助于解决问题，推进研究，反而淆乱视听。

材料繁多可以深入扩展研究的层面，也加大了掌控史料与研究关系的难度。古代史多重制度文化，晚近则首重人事。人为历史主体，最为复杂，而材料繁复又难得其全，导致人的研究不易驾驭。处理史料与史学的关系，需要更加精细而具可操作性的办法。在古史领域，所谓直接材料与间接材料、主料与辅料、一手材料与二手材料等的分别，于史事真伪的判定相当关键。一般而言，这样的判断固然不错，不过比照材料与事实的复杂性，还嫌表浅。近代学人强调有几分材料出几分货，而材料不会直接说明事实。或者说，材料只会展现记录人所知和所以为的事实。当事人的记录，除了最简单的真伪是否之外，如何才是真的问题相当复杂。梁启超即认为："不能谓近代便多史料，不能谓愈近代之史料即愈近真。"并指出近代史料存在"真迹放大"和记载错误的现象，① 不易征信近真。

所谓第一手资料的真与是，也是相对而言。历史记录，由于当事人角度、关系、层面各异，以及利害有别，往往异同互见，千差万别，横看成岭侧成峰的原因在于立足点的远近高低各不同，罗生门的现象因而相当普遍。前贤所谓以汉还汉，只能剔除后来的叠加，不能区分当时的异见。就此而论，所谓真至少有两个层次，即史事的真与记述史事的真。史事的真只有一种，而人们必须根据各种记述来还原史事，即使亲历者的记述也各不相同，甚至牴牾，间接材料的差异往往由此衍生。当事人记述有别，间有放大或掩饰的故意，却不一定是有意作伪，不仅所记大都是真（当然也有不同程度的失真），更重要的是，他们如此这般或那般记载，同样是真。前者是他们的眼见为实，后者则是不同层面真实心境的写照反映。研究历史，一方面通过比较不同的记述以近真，另一方面则要探究当事人何以记述各异，为何这样而非那样记述。史事的真与心路历程的真相辅相成，只有更多地了解所有当事人的心路历程，才能接近所记事件的真实。

古史材料遗存有限，仅凭断简残编，很难深入这一层面。陈寅恪评冯友兰《中国哲学史》上册称："凡著中国古代哲学史者，其对于古人之学说，应具了解之同情，方可下笔。盖古人著书立说，皆有所为而发。故其

---

① 参见梁启超《中国历史研究法》《中国历史研究法》（补编），见《饮冰室专集》（第一册），台湾中华书局1972年版，第31、91、6、80页。

所处之环境,所受之背景,非完全明了,则其学说不易评论。而古代哲学家去今数千年,其时代之真相,极难推知。吾人今日可依据之材料,仅为当时所遗存最小之一部,欲借此残余断片,以窥测其全部结构,必须备艺术家欣赏古代绘画雕刻之眼光及精神,然后古人立说之用意与对象,始可以真了解。所谓真了解者,必神游冥想,与立说之古人,处于同一境界,而对于其持论所以不得不如是之苦心孤诣,表一种之同情,始能批评其学说之是非得失,而无隔阂肤廓之论。否则数千年前之陈言旧说,与今日之情势迥殊,何一不可以可笑可怪目之乎?"①

以往学界多注意上述文字,而忽略紧接下来的这段话:"但此种同情之态度,最易流于穿凿附会之恶习。因今日所得见之古代材料,或散佚而仅存,或晦涩而难解,非经过解释及排比之程序,绝无哲学史之可言。然若加以联贯综合之搜集及统系条理之整理,则著者有意无意之间,往往依其自身所遭际之时代,所居处之环境,所薰染之学说,以推测解释古人之意志。由此之故,今日之谈中国古代哲学者,大抵即谈其今日自身之哲学者也。所著之中国哲学史者,即其今日自身之哲学史者也。其言论愈有条理统系,则去古人学说之真相愈远。"②

晚近史料遗存的丰富详尽,使得学人不必依据残编断简神游冥想,但数量过多,边际模糊,形成雾里看花,仍然难免穿凿附会的流弊。有鉴于此,处理史料与史学关系的办法,也须较研治古史深入一层。具体而言,既然当事人的记述各异,不可能与事实完全重合,但又并非伪,而是部分真,则所谓第一手资料的属性其实难以断定,至少难以区分其中可信的程度与层面。能够用第一手资料直接证明的问题,只是时、地、人大体过程等比较简单的部分,至于更为复杂的思维盘算、人际关系以及相关作用的详情究竟如何,很难以哪一位当事人的记述为准。所以,各类资料都只能部分地反映真实,只有尽可能完整全面地掌握相关记述,并且四面看山地比较异同,即俱舍宗式地前后左右了解语境,理解文本,把握错综复杂的相互联系,才能逐渐接近事实的真相。史实永远不可能被完全还原,但

---

① 陈寅恪:《冯友兰〈中国哲学史〉上册审查报告》,见陈美延编:《陈寅恪集·金明馆丛稿二编》,生活·读书·新知三联书店 2001 年版,第 279 页。
② 陈寅恪:《冯友兰〈中国哲学史〉上册审查报告》,见陈美延编:《陈寅恪集·金明馆丛稿二编》,生活·读书·新知三联书店 2001 年版,第 279~280 页。

是，随着对相关史料的掌握逐渐增多以及了解记述差异的潜因逐渐深入，史实可以多层面地逐渐呈现。

就此而论，治史仍然既是科学又是艺术，缺一不可。一再强调要将历史学的研究生物学地质学化的傅斯年不得不承认："凡事之不便直说，而作者偏又不能忘情不说者，则用隐喻以暗示后人。有时后人神经过敏，多想了许多，这是常见的事。或者古人有意设一迷阵，以欺后人，而恶作剧，也是可能的事。这真是史学中最危险的地域呵！"① 正因为如此，高明的史家重建史实，其实是再现历史场景、人物关系以及各自的心理活动，所有历史人物原景实地再度复活，如演戏般重新演历一番。不过再现的途径是严谨的考证，以实证虚，由碎立通，而非文学的创想。

（三）分科治学与专题研究

主张治史要将史料竭泽而渔的陈垣，同样苦于近代史料的漫无边际。他说："史料愈近愈繁。凡道光以来一切档案、碑传、文集、笔记、报章、杂志，皆为史料。如此搜集，颇不容易。"于是主张："宜分类研究，收缩范围，按外交、政治、教育、学术、文学、美术、宗教思想、社会经济、商工业等，逐类研究，较有把握。且既认定门类，搜集材料亦较易。"② 这与近代西学影响下分科治学的时趋相一致。清季学人如刘师培等即将中国既有学问附会西学分支，胡适、梁启超等人的整理国故，也着重提倡专史研究。影响之下，专史或专题研究形成风气，对此后学人的学术取向制约深远。

研治晚近历史遭遇资料易得而难求其全的尴尬，引发一系列令人困惑的难题，直接关系到研究的高下优劣，得失成败。分门别类旨在缩小范围，穷尽材料。所以高明者治专题而非专家，目的仍是贯通。后来学人畛域自囿，读书亦画地为牢，做什么只看什么。流弊所及，史学在失去整体性的同时，并不能消除史料边际模糊带来的困惑。起于晚清的分科治学用西洋系统条理中国材料，一度被认为是建立新的学术典范。可是用分科的观念看待此前的史料史事，难免强分疆界，隔义附会。而缩短战线，固然

---

① 傅斯年：《史学方法导论》，见欧阳哲生主编：《傅斯年全集》（第二卷），湖南教育出版社2003年版，第341页。

② 陈智超编注：《陈垣来往书信集》，上海古籍出版社1990年版，第380页。

一定程度上有助于解决史料繁多,无法尽阅的难题,也带来不少偏蔽。其最大问题,当在割裂史学的整体性。由于书多读不完,不可能读完书再做研究,亦不问执简御繁之道,学人所有知识也收缩分类,等于将整体肢解为互不关连的部分,不仅学问的格局不能大,无法通,更使得窄而深的局部研究扭曲变形。具体表现为:

其一,治学不识大体。"学问必先通晓前人之大体,必当知前人所已知,必先对此门类之知识有宽博成系统之认识。然后可以进而为窄而深之研讨,可以继续发现前人所未知。"①如今只由教科书接受一些常识套话,就进入细小的专题研究,不知前人大体和已知,守成尚且力有不逮,又急于创新超越,凭借翻译介绍的域外义理或讲座讲坛等耳学零碎,追逐新奇,道听途说,横逸斜出。所谓创新,难免无知者无畏。面对数量庞大、系统混乱、无法把握的史料状态,研究者的确很难做到胸有成竹。更为严重的是,由于史料繁多,目录不全,学人反而不注意由目录入手,把握整体,探察系统。不要说用辨章学术、考镜源流的态度看学术的渊源流变,作为索引的功能也未予以足够重视。海峡两岸暨香港、澳门的各校研究生,不少人博士毕业,还不知道多种目录书的存在,更谈不上利用。何况目录不能仅仅作为查询的索引。而细分化并不能解决史料边际无从把握的困惑,再小的题目,也难以穷尽史料。以索引找资料,则会遗漏大量从题目、关键词不可见的重要史料,并且因为不知研究对象的关联范围,也就难以把握主题的史料边际究竟何在。由此出现相反相同两种情形,或找不到材料(往往视而不见),或材料太多而不能驾驭。犹如秉烛夜行,灯下黑与不远见均不可免。于是研究一个题目的材料究竟要掌握到何种程度方可出手,而且能够保证大体不错,将来材料进一步发掘披露,可以补充,可以局部调整,甚至可以正误个别细节,但基本判断和方向正确,后续研究只是加强,而不至于颠覆原有成果,其成果更不仅仅是发表见仁见智的议论,便成为近代史研究难以拿捏捉摸的普遍难题,也是史学艺术一面的奥妙所在。

其二,不能把握整体与具体的关系。迫于史料繁多而缩小范围,专门之学日趋精细。可是随着专题研究的细分化,历史的整体性逐渐丧失,不知具体在整体中的位置与意义,反过来具体研究的准确度也难以拿捏得

---

① 钱穆:《〈新亚学报〉发刊辞》,载《新亚学报》第1卷第1期,1955年8月,第5页。

当。分科治学之下，学人的眼界日趋狭隘，没有成竹在胸，无法庖丁解牛。或以为横切竖斩，总能深入核心，殊不知若无大局整体，问题意识于见仁见智、见树见林之外，很容易将天边的浮云误认为树林。① 专门化逐渐形成小圈子的学问，参与者的能力决定其整体水准。若无高明领军，难免等而下之。而学人又不甘于局部边缘，贯通无能，却好以各种名义将局部放大为整体，将落草为寇当成占山为王。一方面不断细分化，一方面则夸大其专门为引领时趋，以侏儒充巨人。治史误解整体与局部的关系，表现有三：以局部为整体，所谓盲人摸象；从局部看整体，容易见木不见林；由局部求通论，难免强人以就我。

其三，强古人以就我。民国以来，学人好用外来系统重新条理固有材料，犹如将亭台楼阁拆散，按西洋样式将原有的砖瓦木石重新组装，虽也不失为建筑，可是材料本来的相互关系及其作用，已经面目全非，由此产生的意境韵味，更加迥异。今人能够看到的材料远过于前人，读懂材料的能力则尚不及前人。而且史料的价值愈高，愈是难读，利用者反而日趋鲜少。因为无法读懂前人著述的意思，于是以为前人无意思，将所有书籍当作材料，尽量使材料脱离原有的时空联系，随心所欲，断章取义。进而以分科观念看待前人前事，将历史纳入后来的解释框架，曲解附会，所治历史不过其本人的"思想史"。而美其名曰历史均为人们心中的历史，一代人有一代人的历史。

三、胸有成竹与盲人摸象

（一）由博返约

史学为综合的学问，须先广博而后专精，由博返约，读完书再做研究，所谓"通学在前，专精在后，先其大体，缓其小节，任何一门学问，莫不皆然，此乃学问之常轨正道"②。可是，这样的常轨正道在晚近史却显得悬的过高，相当奢侈，甚至强人所难了。晚近史料的规模大大超过历

---

① 参见杨联陞《敬挽萧公权先生》，见杨联陞著，蒋力主编：《哈佛遗墨——杨联陞诗文简》，商务印书馆2004年版，第87页。

② 钱穆：《〈新亚学报〉发刊辞》，载《新亚学报》第1卷第1期，1955年8月，第6页。

代文献的总和，而搜集阅读之难，逾于古史。在史料不可能竭泽而渔，难以把握边际的情况下，学人或畛域自囿，或随意比附，使得盲目性不断增大。治史须先因后创，胸有成竹，才能庖丁解牛，以免盲人摸象。

专门研究的前提，是能够把握整体与部分以及不同部分的相互关系。材料与史事之间，存在无限延伸的内在联系，不能把握整体，很难探究具体。由于不知史料边际，分段分类的研究，在解读材料，条贯史事方面，难免盲目偏宕，研究者心中无数，不知向何处、如何及何时出手。于是谨慎者束手，胆大者妄为，琐碎化与随意性相反相同。目前难以完全避免专题研究的偏蔽，只能尽力减少负面作用。作为起点，可以考虑以下各条：

首先，应知分门别类乃人的天赋功力及外界条件有限、不得已的无奈之举。即使身陷其中，也要努力超越其外。无此远大志向，自学则害己，教书则误人。

其次，不以专家之学自矜，虽然现代教育体制下难以先博而后约，读完书再做学问，早已让章太炎等人断言大学不出学问，还是可以亡羊补牢，尽可能放眼读书，了解前人已知，体会前人的苦心孤诣，并把握学问总体与分支的渊源脉络即系统。

再次，尽可能利用各种目录工具书，掌握前人成果和已知资料。在此基础上，进而辨章学术，考镜源流，以求明道。

最后，专门研究须读书以发现问题，不要悬问题以觅材料。以免先入为主，不易发现反证。问题意识及选题在材料和史实的连缀中自然生成，只见一面之词的概率相对较低，不仅有助于避免主观成见，而且对材料和史实的各方关联性有所领悟把握。循序渐进，防止误读错解，以偏概全。

博而后约，以专致精，由精求通，整体之下探究局部，仍为治学取法乎上的不二法门。如此，才能接续前贤的未竟之业，以免日暮时分盲人骑瞎马行险道，以找漏洞、寻破绽、钻空子、对着干为治学的正道坦途。

（二）看得到与读得懂

随着晚近文献的大量出版以及各种编目的进展，研究者心中有数，可以改变以为历史的大体真相基本还尘封于人所不知的秘籍之中的误解，促使学人将重心由找资料转向读书，由看得到转向读得懂，由借助外力条理材料转向理解文本史事的内在联系，改变以外国义理为准则的趋向，以免进一步误读错解前人言行，从而改善提升晚近史研究的格局与水准，甚或因缘史料的繁复，借鉴古史的经验，进一步探究处理史料与史学复杂关系的良法，化弊为利，使得晚近史研究驾古史而上之。

史料量大、分散、杂乱，使得学人或过度依赖资料，或全然不受资料约束。一方面，因为条件差异，学人掌握资料的难易程度处于不对等状态，虽然可以扬长避短，但也难免舍本逐末。长此以往，容易导致以无可奈何为大势所趋的虚妄。另一方面，片面强调以新材料研究新问题，不读书而一味扩张材料，造成对资料的迷信和垄断，产生两种看似相反而实相同的偏颇，一是灯下黑，身边易见的书不看，一味查找人所不见的材料，不知历史的大体已在一般书中，旧材料不熟，不能适当解读新材料；二是过度依赖材料的独占，只看自己拥有的"秘籍"，不与其他相关资料相互参证，研究某人某事即只看直接资料，结果不仅以其所见所知为全部事实，还以其是非为是非。或以某一类资料为可靠，以为材料即事实，于是只看这类材料，甚至排斥其他资料，不能相互参证，非但事倍功半，也容易错解误判。而在细碎化的专题研究之下，成果很难被重新验证，使得以找材料的态度读书，用看得到来掩饰读不懂的偏向不断加剧。越好的资料看的人越少，或只是从中挑选"看懂"的东西。研究者敢于断章取义，强材料以就我。同时，正因为找不到看不全，或者则干脆不顾史料，以举例为归纳，以只言片语为论据，凿空逞臆，轻率立论。

资料的不完整与边际的不确定，使得外来后出的系统大行其道。今日治史者，历史观念不足，先入为主的成见有余，其取径做法，往往欲挣脱史料与史事的既有关联，按照某种义理的框架解读、挑选和归纳材料及史事。若无这些框架，则不知史料有何意思，史事有何意义。这种一度被认为学术近代化的必由之路，不仅存在适当与否的问题，而且所谓外来系统，也几度转手负贩，诚如傅斯年所说，"所谓'理论'，自然总有一部分道理，然至徒子徒孙之手，则印版而已"①。欧洲汉学本来有用类书找题目的习惯，后来中心转到美国，"各大学里有些研究中国历史的美国学者，不愿（或不能）广参细考中文书籍，但又必须时时发表著作，以便维持或增进他们的声誉，或博取升级加薪的待遇。天资高一点的会从涉猎过的一些资料中'断章取义'，挑出'论题'，大做文章。只要论题新鲜，

---

① 1943年1月15日傅斯年致朱家骅函（抄件），台湾"中研院"历史语言研究所藏傅斯年档案。

行文流畅，纵然是随心假设，放手抓证的产品，也会有人赞赏。作者也沾沾自喜"。犹如王阳明所谓："今学者于道如管中窥天，少有所见即自足自是，傲然居之不疑。"① 这在域外学人，或可扬长避短，还不失为取巧。国人不明就里，照搬仿效，非但邯郸学步，简直东施效颦。熟悉域外中国研究状况的余英时教授断言："我可以负责地说一句：20 世纪以来，中国学人有关中国学术的著作，其最有价值的都是最少以西方观念作比附的。如果治中国史者先有外国框框，则势必不能细心体会中国史籍的'本意'，而是把他当报纸一样的翻检，从字面上找自己所需要的东西（你们千万不要误信有些浅人的话，以为'本意'是找不到的，理由在此无法详说）。"② 此言可以检验一切中国人有关中国的著作。当然，看得到的问题解决之后，能否读得完并理解其本意又成为难堪重压，考验学人的智慧和体力。

（三）归纳与贯通

历史事件均为单体，不会重复，有的看似相近相同，其实千差万别，除非削足适履，无法概括；所有的个别事件之间存在时空无限延伸的相互联系，而历史记录多为片断，拼合连缀，讲究相关性；当事者利害各异，其记述的罗生门现象相当普遍，实事往往无直接实证，可以征实的部分相对简单；所以治史不宜归纳，只能贯通。相应地史学着重见异，有别于社会科学主要求同。不过见异并非仅仅关注具体，反而更加注意整体，要整体之下研究具体，探寻具体的普遍联系。因此，治史最要也是最基本的方法为长编考异，即按时空顺序比较不同的材料，以求史事的生成衍化及其内在联系。

历史又是各部分有机联系的整体，通历来是学人追求的至高境界。即使晚近流行分科治学，有识之士仍以求通为目的，分乃不得已或是走向通的阶段。或以为近代欧洲学问着重分析，固然，但史学仍以综合为高明。布罗代尔时代的年鉴学派，整体史的格局凸显。而后布罗代尔时代五花八门的新史学，一定程度已是整体史碎裂的遁词。近代学人重写历史，以及用西洋系统整理国故，还将断代、专门、国别各史皆视为通史之一体，后

---

① 萧公权：《问学谏往录——萧公权治学漫忆》，学林出版社1997年版，第224～225页。
② 余英时著，傅杰编：《论士衡史》，上海文艺出版社1999年版，第459页。

来则以专攻为独门，浑然一体的学问划成彼此分离的系统。久而久之，不仅各科之间相互隔绝，每科内部也日益细碎。以史学而论，纵向分段，横向分类，林林总总的所谓断代、专门、国别史，本是贯通历史必备的条件基础，扬之则附庸蔚为大国，抑之则婢作夫人。尤其近代史虽然已是断代，还要进一步细分化，时间上分段，空间上分类，形同断代中的断代，专史中的专门。纵横两面，相互隔膜，所谓占领制高点的专家之学，渐成割据分封，画地为牢，而占山为王与落草为寇实无二致。

要达到通的境界，必须在博通与专精之间平衡协调。晚清只有教科书层面的通，多用外国框架填充本国材料，甚至直接翻译外国人编写的教科书。进入民国，在疑古辨伪和史料考据风行之后，通史的呼声日渐高涨，显示对于学问日益支离破碎的不满，并导致一些学人有志于撰写通史，突出者如吕思勉、张荫麟、钱穆等。另外，强调史观的学人也急于用通史来表达其主张并进而影响社会。教科书与通史，看似具有通的形式，可是未必融会贯通，提纲挈领，条贯所有史事没有窒碍。若以主观裁剪史实，面面俱到，难免流于宽泛表浅。

近代史虽为断代，若无通的把握，也难以贯通无碍。中国近代史的通，又有难于古代史之处，即不仅贯通古今，沟通中外的方面愈加重要。周予同认为："中国史学体裁上所谓'通史'，在现在含有两种意义：一种是中国固有的'通史'，即与'断代史'相对的'通贯古今'的'通史'，起源于《史记》；……另一种是中国与西方文化接触后而输入的'通史'，即与'专史'相对的'通贯政治、经济、学术、宗教等等'的'通史'，将中国史分为若干期而再用分章分节的体裁写作。"① 其实，中国固有的通史，须"明天人之故，通古今之变，成一家之言"，也涵盖了后一种的通。通要兼顾纵横两面，即钱穆所说"融贯空间诸相，通透时间诸相而综合一视之"②，对于学人的见识功力，要求很高。

周予同主要着眼于形式的通。近代中国经历千古未有的大变局，社会历史文化一脉相承之下，观念制度、精神行为全然改观。其变化由古而今，自外而内，知识与制度两面均须博通古今中外，才能理解把握。分门

---

① 周予同：《五十年来中国之新史学》，见朱维铮编：《周予同经学史论著选集》（增订本），上海人民出版社1996年版，第535页。

② 钱穆：《中国今日所需之新史学与新史学家》，载《思想与时代》第十八期，1943年1月。

别类适宜专题研究,而不能化解兼通的难题,况且由专题而专门而兼通,缓不济急,难以应付社会的迫切需求。于是又有集众的主张,欲以分工合作的办法,弥补个人能力的有限,加快通史纂修的步伐。

分工难免出现合而不同的尴尬。钱穆曾批评北京大学通史课多人分授,实增听课学生之不通。分工合作的近代史如何求通,以往多讨论上下分界和基本线索。对此,海内外的各种论著尽管观念差别,相同相似之处也不少,表明有着共通的渊源。目前大陆通行的近代史体系成形过程中,延安时期的新编历史和中华人民共和国成立之初新史学会(中国史学会)编辑出版近代史资料丛刊,影响至为深远。尤其是字数多达数千万的资料丛刊,汇集了大量珍贵史料,为近代史研究的普遍开展提供了便利。尽管编辑方针确定对史料不加分析判断,但依照时间顺序分为12个专题,并有归类,等于建立起一套体系框架,与资料相配合,影响更大。后来的近代史线索等讨论,只是在所划定的范围内争论,效果不过是放大与定型而已。

所谓线索,也就是条理的脉络,用以统领史事,能够纲举目张,通贯无间。中国近代史料浩如烟海,头绪纷繁,加之分门别类的研究格局,意见分歧,见仁见智。据说费正清曾经感叹研治中国近代史不能归纳,不然容易成为批评的对象。关于近代史线索的讨论,往往由于不能合理恰当地连缀解释事实,产生歧义。所以,重要的是把握揭示史事之间普遍存在的联系,而不用后来外在的框架强分条理系统。这也是能否贯通的关键。

按照章太炎、金毓黻等人的看法,中国历史以正史为主,正史即政治史,而政治史以探求历代制度文物的因革损益为要,以此为主轴,通贯包括治乱大事在内的史事,凡与制度文物相关联者从而研究之,视断代、专门、国别皆为通史之一体。① 这与后来政治史以事件活动为主,不尽相同。近代中国的制度文物承上启下,变化极大,影响极深,可以为天然脉络,上溯渊源,下探究竟,条贯检验兴衰治乱的大事要人。以此为准,近代史的通不仅要贯穿内部的时空,还须上出嘉道,联接域外。

---

① 参见金毓黻著,《金毓黻文集》编辑整理组校点《静晤室日记》(第六册),辽沈书社1993年版,第4739页。

近代中国的知识与制度转型①

当前的世界格局,正在发生自17世纪以来最为重大深刻的变动。这一变动呈现相反相成的两面,一方面,全球化导致各国的交往联系进一步紧密,三百多年来欧洲中心的笼罩还有强化之势;另一方面,单一的西方强势霸权地位已经动摇,包括中国崛起在内的多元化成为新的发展取向。由此引发重新认识自我和调整世界秩序的需求,不同文化系统的相互理解和接受变得更加重要,而沟通的理据却引起越来越多的反省和检讨。近代以来在世界一体化的大趋势之下普遍发生的知识与制度转型,本来是各国赖以沟通理解的凭借,现在却造成许多的疑惑和困扰。以往,后发展国家往往接受欧洲中心衍生出来的一整套观念制度作为体现人类发展共同趋向的公理,用以重新条理和解释既有的历史文化。西方社会也习惯用后来体系化的观念制度看待异己的文化,乃至回溯自身的历史。

随着全球化的推进,经过观念与制度的所谓现代变革调适的国家民族之间,摩擦冲突仍然不断加剧,而人类发展的单一现代化取向备受质疑,越来越多的学人意识到倒看历史所产生的误解不同文化的现实危险。如何透过世界一体化(其核心仍然是欧洲中心)之后表面相似的观念和制度来理解和把握各种社会文化差异,增进相互理解与沟通,同时注重不同文化之于世界多样性的价值意义,引起各国学人的高度关注。作为重建世界格局一极的中国,晚清民国时期,知识与制度体系发生了重大变动,使得中国人的思维方式与行为规范前后截然两分。了解这一千古大变局的全过程和各层面,对中外冲突融合大背景下的知识与制度体系沿革、移植、变更、调适的众多问题进行深入探究,可以获得理解传统,认识变异,了解现在和把握未来的钥匙。在中学、东学和西学的视角下重新考察近代中国观念与制度变革的趋向和症结,有助于更好地认识世界一体化进程中东亚文明的别样性及其对人类发展提供多样性选择的重要价值,争取和保持对在世界文明体系中的位置日益重要的中国历史文化解释的主动和主导地

---

① 本文为《近代中国的知识与制度转型》(经济科学出版社2013年版)一书的总说。

位，增进包括中国在内的世界各国的沟通理解。

一、问题的提出

美国学者任达（Douglas R. Reynolds）的《新政革命与日本：中国，1898—1912》（*China, 1898—1912: The Xinzheng Revolution and Japan*, Council on East Asian Studies, Harvard University, 1993. 李仲贤的中译本1998年由江苏人民出版社出版）一书，出版以后引起不小的争议，对其观念和材料方面的种种局限议论较多。[①] 不过，作者指出了以下至关重要的事实，即新政前后，中国的知识与制度体系截然两分，此前为一套系统，大致延续了千余年；此后为一套系统，经过逐步的变动调整，一直延续至今。作者这样来表述他的看法：

> 在1898年百日维新前夕，中国的思想和体制都刻板地遵从了中国人特有的源于中国古代的原理。仅仅12年后，到了1910年，中国人的思想和政府体制，由于外国的影响，已经起了根本性的变化。
>
> 从最根本含义来说，这些变化是革命性的。在思想方面，中国的新旧名流（从高官到旧绅士、新工商业者与学生界），改变了语言和思想内涵，一些机构以至主要传媒也藉此表达思想。在体制方面，他们按照外国模式，改变了中国长期以来建立的政府组织，改变了形成国家和社会的法律和制度。
>
> 如果把1910年中国的思想和体制与1925年的，以至今天中国相比较，就会发现基本的连续性，它们同属于相同的现实序列。另一方面，如果把1910年和1898年年初相比，人们发现，在思想和体制两大领域都明显地彼此脱离，而且越离越远。[②]

也就是说，中国人百余年来的精神观念与行为规范，与此前的几乎完

---

① 参见桑兵《黄金十年与新政革命——评介〈中国，1898～1912：新政革命与日本〉》，载《燕京学报》新四期，1998年5月，第321～333页。

② 任达著，李仲贤译：《新政革命与日本：中国，1898—1912》，江苏人民出版社1998年版，第215页。

全两样，这一天翻地覆的巨变，不过是百年前形成基本框架，并一直运行到现在。今日中国人并非生活在三千年一以贯之的社会文化之中，而是生活在百年以来的知识与制度体系大变动所形成的观念世界与行为规范的制约之下。任达认为，这样的变动是以清政府和各级官绅为主导的具有根本性的革命，并且强调在此过程中日本影响的主动与积极的一面。对于诸如此类的看法，意见当然难期一律，表达异见十分正常。但任达所陈述的近代知识与制度根本转变的事实，却是显而易见，不宜轻易否定的。

不过，这一转型的过程及其意义，远比任达所描绘的更为复杂和深刻。因为它不仅涉及明治日本，还包括整个丰富多样的"西方"；不仅发生在新政时期，而是持续了半个多世纪（其实受域外影响发生观念行为的变化，从来就有，如佛教和耶稣会士的作用，尤其后者，令西学已经东渐）；不仅政府主导的那些领域出现了观念和制度变化，全社会各个层面的各种知识制度体系，几乎全都根本改观；参与其事者不仅是清朝官绅和日本顾问，外国来华人士和广大中国知识人也纷纷介入其中。更为重要的是，这样的革命性变动不是单纯移植外国的知识与制度，今天中国人所存在于其中的知识与制度体系，虽然来源多在外国，因而与世界上其他国家大体相似，但还是有许多并非小异。这些千差万别，不能简单地用实际上未能摆脱西化的现代化理论来衡量和解释。

今日中国人在正式场合用来表达其思维的一整套语汇和概念、形成近代中国思想历史的各种学说、教学研究的学科分类，总之，由人们思维发生，独立于人们思维而又制约着人们思维的知识系统，与一个世纪以前中国人所拥有的那一套大相径庭。如果放弃这些语汇、概念和知识系统，面对各种信息，人们将无所适从，很难正式表达自己的意思。而习惯于这些语汇、概念和知识体系的今人，要想进入变化之前的中国人的精神世界，也十分困难，即使经过专门训练，并且具有相当程度的自觉，还是常常发生格义附会的误读错解。不仅如此，要想认识今日中国人的精神世界，尽管处于同一时代，但要分辨那些看似约定俗成、不言而喻，实际上各说各话的话语，如果不能从发生发展的渊源脉络理解把握，也很难真正做到了解同情。近年来学人所批评的"倒放电影"和所主张的"去熟悉化"[1]，

---

[1] 前者为罗志田教授屡次论及，后者见王汎森教授《中国近代思想文化史研究的若干思考》，载《新史学》（台北）第14卷第4期，2003年。

显然都由此而生。

同样,体现和规范今人的行为、维系社会有序运作的各种制度,也与百年以前迥异。这些制度覆盖政治、经济、军事、对外关系、教育、金融、司法、医疗、治安、社会组织、社会保障与救济等方面,几乎无所不包。除了少数"仍旧"或"全新"外,多数情况是"古已有之"而"变化多端"甚至"面目全非"。这就导致今人既不易理解前人的种种行为方式和运作模式,又无法深究今日各种制度规定及其运行轨则的来龙去脉,难以知其然亦知其所以然。结果,一种制度之下存在着多种行为样式,甚至主要的样式与设制本身的立意相去甚远。有时观念与制度之间发生离异,观念层面的优劣之争并不影响制度层面出现一面倒的局面。如中西医的是非优劣,历来争论不已,至今只能说是各有高下;而医疗和医院制度,已经几乎完全按照西洋方式运行。

出现上述情形的重要原因之一,在于晚清民国的知识与制度转型,并非由中国的社会文化历史自然发生出来,而是近代中外冲突融合的产物。某种程度上,可以说是从外部世界移植到本土并且改变中国思维与行为的基本面貌的产物。换言之,这是世界体系建构过程中,中国一步步被拖入世界体系的结果。今人争议甚多的全球一体化,仍是这一过程的延续。

然而,事情如果只是如此简单,也就不难认识。实际情形不仅复杂得多,而且潜移默化,令人习以为常。所谓"世界",其实仅仅存在于观念形态,如果要落到实处,则几乎可以断定并不存在一个笼统的"世界",而具体化为一个个不同的民族或国家。更为重要的是,那个时期的所谓"世界",并非所有不同民族和国家的集合,实际上主要是以同样笼统的"西方"为蓝本和基准的。在"西方"人看来,"西方"只是存在于东亚人的观念世界之中。认真考察,西方不但有欧美之别,欧洲内部还分为大陆和英伦三岛,大陆部分又分成历史文化各不相同的众多国家。此外,本来是东亚一部分的日本,因为学习西方比较成功,脱亚入欧,似乎也进入了西方发达国家的行列,而逐渐成为西方世界的一部分。

如此一来,近代中国面临的外部冲击和影响,就知识系统而言,不仅有"西学",还有"东学"。而"西学"的基本凭借"西方"既然只存在于观念世界,"西学"相应地也只有抽象意义。一旦从笼统的"学"或"文化"落实到具体的学科、学说,可以发现,统一的西方或西学变得模糊不清甚至消失不见了,逐渐显现出来的是由不同民族和国家的历史文化渊源发生而来的独立系统。各系统之间或许大同，但也有不少小异，这些小异对于各种学科或学说的核心主干部分也许影响不大，但对于边缘或从属部分则相当关键，往往导致不同系统的学科分界千差万别，从而使得不同国度的不同流派关于学科的概念并不一致。来龙不一，去脉各异，不同国度的同一学科的内涵也就分别甚大。大者如"科学"，英、法、德含义不同，小者如政治学、社会学、人类学的分科与涵盖，欧美分别不小，欧洲各国也不一致。至于社会文化研究，究竟是属于社会学的领域还是人类学的范畴，不仅国与国之间存在差异，同一国度的不同学派也认识不一。

上述错综复杂是在长期的渐进过程中逐渐展开的，因此一般而言对于亲历其事者或许并不构成认识和行为的障碍，而后来者或外来人则难免莫名所以，无所适从。当由欧洲原创的人类知识随着世界体系的扩张走向全球时，为了操作和应用的方便，不得不省去繁复，简化约略，使得条理更加清晰。这样一来，原有的渊源脉络所滋生出来的纠葛被掩盖，学科的分界变得泾渭分明。将发源于欧洲的各种学科分界进行快刀斩乱麻式的后续加工和划一，开始不过是便于缺少学术传统又是移民社会的美国人操作，后来由于美国实力和地位迅速上升，对世界的影响不断扩大，甚至成为霸主和中心，美式的分科成为不少后发展国家接受外来影响的主要模式。可是，在清晰和方便的同时，失去了渊源脉络，一味从定义出发，一般而言也无大碍，仔细深究，尤其是还想弄清楚所以然，就不免模糊笼统。因此，格义附会、似是而非的现象不仅多，而且乱，看似异口同声，实则各唱各调的情况比比皆是。

近代中国在西方压力之下发生的知识与制度体系转型，如果只是全盘西化式地照搬移植，问题也就相对简单。可是，中国的文化不仅历史悠久，而且一脉相传，始终活跃，其巨大张力所产生的延续性，对于近代的知识与制度转型发生着重要的制约作用。

清季民初，是中国固有学术向西式分科转型的重要时期，众多学人对此做了不同程度的努力，其中康有为、梁启超、刘师培、章太炎、严复、宋恕、王国维等人在学术领域的影响尤为突出，而蔡元培等人则更多的是从教育的角度关注分科。他们借鉴来源不同的西学，以建立自己的体系，都希望在统一的整体框架下将各种新旧中西学术安置妥当，尤其是力图将中西新旧学术打通对接。各人编织的系统虽然大体都是依据西学，实际分别相当大，反映了各自所依据的蓝本以及对这些蓝本的认识存在很大差异。加之在中国变动的同时,欧洲各国的学科体系也正在随着社会分工的日益细化和知识分类的不断增加,随时新建、调整或重组,时间的接近加剧了空间变动的复杂性,这就进一步增加了中国人对于学术分科理解与把握的难度,也导致分科界限的模糊与错乱。早在20世纪初,主讲京师大学堂史学的陈黻宸比较中西学术时就认为:"夫彼族之所以强且智者,亦以人各有学,学各有科,一理之存,源流毕贯,一事之具,颠末必详。而我国固非无学也,然乃古古相承,迁流失实,一切但存形式,人鲜折衷,故有学而往往不能成科。即列而为科矣,亦但有科之名而究无科之义。"①这显然是用进化论的眼光看待中西学术的结果,将近代等同于西方,以为西学的优势从来如此。其实,整体而言,分科治学在西方也不过是19世纪以来,尤其是19世纪后半叶以来的新生事物,其间也经历了用后来观念重构系统的历史进程。由于各国的学术文化传统不同,造成分科边际的不确定和不稳定,使得对西方本来就缺乏全面深入认识的中国人更加难以把握这些舶来的抽象物。

上述难题,几乎所有的后发展国家和民族都会共同面对。而中国还有其独特的问题。在中国的近邻,明治维新后的日本率先走上了现代化道路,并通过一系列军事、外交和政治活动向中国人展示了它的巨大成效,以至于新政期间,在朝野人士的鼓动下,中国主要是通过日本来学习西方。这样的取径,在具有留学欧洲背景的严复看来,不仅是舍近求远,甚至会南辕北辙。他说:

> 吾闻学术之事,必求之初地而后得其真,自奋耳目心思之力,以得之于两间之见象者,上之上者也。其次则乞灵于简策之所流传,师友之所授业。然是二者,必资之其本用之文字无疑也。最下乃求之翻译,其隔尘弥多,其去真滋远。今夫科学术艺,吾国之所尝译者,至寥寥已。即日本之所勤苦而仅得者,亦非其所故有,此不必为吾邻讳也。彼之去故就新,为时仅三十年耳。今求泰西二三千年孳乳演迤之学术,于三十年勤苦仅得之日本,虽其盛有译著,其名义可决其未安也,其考订可卜其未密也。乃徒以近我之故,沛然率天下学者群而趋

---

① 陈黻宸:《京师大学堂中国史讲义》,见陈德溥编:《陈黻宸集》(下册),中华书局1995年版,第675页。

之，世有无志而不好学者如此者乎？侏儒问径天高于修人，以其愈己而遂信之。今之所为，何以异此。①

严复的意见在一段时期内不被普遍认同，在他供职的学部，据说也是东学派占了压倒性优势。不过却提醒国人注意，日本化的西学，加入了许多东亚因素，其中不少是根据中国文化加以变异，以应对西学。而东学所带有的浓厚的德国色彩，提示人们进一步抛弃西学的笼统性，关注英国以外的其他欧洲文化系统，并设法弄清不同系统之间的差异。

知道分别就会有所取舍。在大规模地接受东学之后，朝野人士对东学东制移植中土暴露出来的弊病逐渐有所认识，于是再度将目光转向欧洲。从这时起，国人开始跳出西学的笼统观念，不一定在不同系统之间做整体性选择，而是考虑各个系统的组成部分可能各有长短，应当具体地予以了解和把握。民国以后，虽然留美学生渐多，并且逐渐占据了国内各界的要津，有识之士还是知道，欲求高深学问而非仅仅谋求学位，应该前往原创性的欧洲。只是后来北美与东欧的影响日益增强，将已有的复杂因素变得看似简化。

在近代中国人的精神世界发生翻天覆地的变化的同时，其行为规范也随着涉及社会生活各个方面的各种制度的引进而悄然变更。西制进入中国并导致原有的各种制度发生程度不同的变动，与西学的进程颇为近似，也经过了取法日本的阶段。虽然中西文化交流并非截然分为物质、制度和心理的层面，依次递进，器物的引进带来的不同的审美和实用观念，工厂的开办需要一整套制度的保障，而且随着新事物的日益增多，清朝的各级职官体制也悄然变更，总体而言，制度变动的进展相当缓慢。新政时期，中国全面模仿日本，朝野上下，先后派出了为数众多的官绅前往游历，他们出发前以及抵达日本后，要集中听讲学习，有关方面为此还编制了具体的考察指南，指示考察的程序、步骤和做法。游历者们按图索骥，将日本的各种制度一一照葫芦画瓢地搬来中国。当然，后来同样有过再向欧美学习以调整偏差的经历。其间有些先见之明的人士并不囿于一途，如孙中山对美国的代议制民主就不以为然，而倾心于瑞士的直接民主。

---

① 严复：《与〈外交报〉主人书》，见王栻主编：《严复集》（第三册），中华书局1986年版，第561页。

对于近代中国的知识与制度体系转型，学界往往会用现代化的解释框架来加以认识。现代化的观念，未必不是一种解释模式。不过，现代与传统、进步与落后之类的两级范畴，最终实际上落实到了中西对立的观念之上，不仅流于简单地找变化，而且根据固定标准所找出的变化归根结底都是西化。诸如此类以变化为进化、以现在为现代的看法，多少反映了今人的盲目自信。而近代中国的知识与制度转型绝非如此简单，至少应该考虑到：一，中国固有的知识与制度体系的渊源、变化与状况。二，外来知识与制度体系的具体形态及其进入中国的过程、样式。三，中国人如何接受外来的知识与制度，外来知识及制度如何与中国固有的知识及制度发生联系。四，在上述过程中，本土与外来的知识和制度如何产生变异，形成怎样的新形态。五，这些变异对中国的发展所产生的制约性影响。

本项研究的展开，力求回应上述问题，大体把握中外知识与制度转型之前的情形，外来知识与制度进入中国的过程，由此引起的变化、变化所造成的延续至今的状况以及未来的发展趋向，为世界格局的重构做好知识与制度准备。

二、观念与取向

知识与制度体系的全面变动，不仅改变了近代中国人的思维与行为，而且使得现在的中国人在面对过去时，自觉或不自觉地用现行思维行为方式去观察判断，如果没有充分自觉，等于用后来外在的尺度衡量前人前事，难以体察理解前人思维行为的本意真相。也就是说，外来的知识与制度体系进入之前，中国人已有自己长时期累积而成的一整套思维和行为方式。而在转型之后，由于观念和规矩的变更，要想如实了解固有本来，反而变得相当困难。要做到不带成见、从无到有地去探究发生、发展和变化，首先必须对本来的情形有充分的了解同情。

此事说来简单，其实至为复杂。尽管近代知识与制度转型很有几分脱胎换骨的意味，以致有学人断言已是西体中用，实则吸收域外文化或融合其他异文化，在中国历史上不仅随时发生，而且有过几次显而易见的重要变动。今人看转型以前的人与事，难免带着后来西式的有色眼镜，即使有所自觉，尽量不带成见，也很难完全还原。历史本事、相关记述和后来著史，彼此联系，又各自不同，而分际模糊，容易混淆，况且著史还有层累叠加的问题。历史的实事（即所谓第一历史）必须经由历史记述（即所谓第二历史）加以展现，任何历史记述，往往积薪而上。一般而言，所有系统，均由后人归纳，集合概念亦均为后出，而且越到后来，条理越加清晰，意涵却悄然变化。后来之说可以表明编制者的看法，不能简单地认作所指时代的事实。转型之前，前贤已经提出以汉还汉的问题，只是即便回到汉代，所获仍然不过汉代人对先秦思想的认识。汉代固然距离先秦较今人为近，保留理解先秦的思想观念或许较今人为多且确，却未必真正吻合。况且汉代对于前人的认识也是五花八门，各不相同。

将以汉还汉的精神贯彻到底，应该是回到不同时代不同人物的不同观念行事。傅斯年曾为自己将来可能写"中国古代思想集叙"提出若干要遵守的"教条"，其中包括：一，不用近代哲学观看中国的方术论，"如故把后一时期，或别个民族的名词及方式来解它，不是割离，便是添加。故不用任何后一时期，印度的、西洋的名词和方式"。将明清之际耶稣会士和晚清以来西学的影响乃至中古大事因缘的儒释道合一，均置于自觉排除之列。二，研究方术论、玄学、佛学、理学，各用不同的方法和材料，而且不以二千年的思想为一线而集论之，"一面不使之与当时的史分，一面亦不越俎去使与别一时期之同一史合"。① 也就是说，中国不仅没有一以贯之的哲学史，而且历代分别有方术、玄学、佛学、理学的历史，各史均须还原到当时的历史联系之中，而不能抽取某些元素加入其他时期的同类史。此说对于现在的不少相关研究尤其具有针对意义，探讨概念、分科及制度，看似广征博引，也能遵循时空顺序，实则将不同时期的相同或相似观念事物抽离原来各自的历史联系，而强行组合连缀，其本意既因脱离原有语境不能恰当解读，其联系复因形似而实不同而有削足适履之嫌，仍然是强古人以就我的主观预设。况且，诸如此类的研究往往还会就文本以证文本，对于相关人事视而不见，无法将思想还原为历史，不过是创造一家之言的个人思想史而已。

至于写法，傅斯年主张应由上层（下一时）揭到下层（上一时），而非自上一时写下来。前者从无到有，探寻概念事物的发生及其演化，后者则以后来观念条理先前史事，实为用后来眼光倒述历史。所谓自上一时写

---

① 《傅斯年致胡适》1926年8月17、18日，见杜春和、韩荣芳、耿来金编：《胡适论学往来书信选》（下册），河北人民出版社1998年版，第1264～1265页。

下来，其实未能剥离后来的附加成分，而以后来的概念条理作为先入为主的是，形式上虽然顺着写，实际上却是倒着讲。必须首先由记述的上层即时间的下一时，揭到记述的下层即时间的上一时，才能以汉还汉，回到历史现场。不过，仅仅这样逆上去固然可以层层剥笋，求其本意，还物事的本来面目，但要再现思想演变的历史进程，还应在回归具体时空位置的基础上顺下来，历时性地展示事物发生演化的复杂详情。

然而，更为吊诡的是，和傅斯年所推崇的阮元《性命古训》一样，尽管该研究"其方法则足为后人治思想史者所仪型"，还是存在其结论未必能够成立的尴尬。① 原因如陈寅恪所论：

> 宋儒若程若朱，皆深通佛教者。既喜其义理之高明详尽，足以救中国之缺失，而又忧其用夷变夏也。乃求得两全之法，避其名而居其实，取其珠而还其椟。采佛理之精粹，以之注解四书五经，名为阐明古学，实则吸收异教，声言尊孔辟佛，实则佛之义理，已浸渍濡染，与儒教之宗传，合而为一。此先儒爱国济世之苦心，至可尊敬而曲谅之者也。故佛教实有功于中国甚大。自得佛教之禅助，而中国之学问，立时增长元气，别开生面。故宋、元之学问、文艺均大盛，而以朱子集其大成。②

1934年陈寅恪为冯友兰《中国哲学史》下册所写审查报告指出：

> 六朝以后之道教，包罗至广，演变至繁，不似儒教之偏重政治社会制度，故思想上尤易融贯吸收。凡新儒家之学说，几无不有道教，或与道教有关之佛教为之先导。如天台宗者，佛教宗派中道教意义最富之一宗也。（……）其宗徒梁敬之与李习之之关系，实启新儒家开创之动机。北宋之智圆提倡中庸，甚至以僧徒而号中庸子，并自为传以述其义（孤山闲居编）。其年代尤在司马君实作中庸广义之前，

---

① 参见傅斯年《性命古训辨证》，见欧阳哲生编：《傅斯年全集》（第二卷），湖南教育出版社2003年版，第505～509页。

② 吴宓著，吴学昭整理：《吴宓日记》（第二册），生活·读书·新知三联书店1998年版，第102～103页。

（……）似亦于宋代新儒家为先觉。二者之间，其关系如何，且不详论。然举此一例，已足见新儒家产生之问题，尤有未发之覆在也。至道教对输入之思想，如佛教摩尼教等，无不尽量吸收，然仍不忘其本来民族之地位。既融成一家之说以后，则坚持夷夏之论，以排斥外来之教义。此种思想上之态度，自六朝时亦已如此。虽似相反，而实足以相成。从来新儒家即继承此种遗业而能大成者。①

关于唐宋诸儒究竟是先受到佛教道教性理之说的影响，再上探先秦两汉的儒学，以外书比附内典，构建新儒学，然后据以辟佛，还是相反，鉴于时代风气人伦道丧，先从古儒学中认出心学一派，形成理学，以抵御佛教，陈寅恪与傅斯年意见分歧，并有所论辩，最终各执己见。② 1948 年，陈寅恪在《中央研究院历史语言研究所集刊》发表《论韩愈》，旨在说明"退之自述其道统传授渊源固由孟子卒章所启发，亦从新禅宗所自称者摹袭得来也"。韩愈扫除章句烦琐之学，直指人伦，目的是调适佛教与儒学的关系：

> 盖天竺佛教传入中国时，而吾国文化史已达甚高之程度，故必须改造，以蕲适合吾民族、政治、社会传统之特性，六朝僧徒'格义'之学（详见拙著《支愍度学说考》），即是此种努力之表现，儒家书中具有系统易被利用者，则为小戴记之中庸，梁武帝已作尝试矣（……）。然中庸一篇虽可利用，以沟通儒释心性抽象之差异，而于政治社会具体上华夏、天竺两种学说之冲突，尚不能求得一调和贯彻，自成体系之论点。退之首先发见小戴记中大学一篇，阐明其说，抽象之心性与具体之政治社会组织可以融会无碍，即尽量谈心说性，兼能济世安民，虽相反而实相成，天竺为体，华夏为用，退之于此以奠定后来宋代新儒学之基础。

---

① 陈寅恪：《冯友兰〈中国哲学史〉下册审查报告》，见陈美延编：《陈寅恪集·金明馆丛稿二编》，生活·读书·新知三联书店 2001 年版，第 284～285 页。
② 参见桑兵《求其是与求其古：傅斯年〈性命古训辨证〉的方法启示》，载《中国文化》第 29 期，2009 年春季号。

而"退之固是不世出之人杰,若不受新禅宗之影响,恐亦不克臻此。又观退之寄卢仝诗(春秋三传束高阁,独抱遗经究终始),则知此种研究经学之方法亦由退之所称奖之同辈中人发其端,与前此经诗著述大异,而开启宋代新儒学家治经之途径者也"①。

如果韩愈是受新禅宗影响才转而正心诚意,甚至到了"天竺为体,华夏为用"的程度,其弟子的复性论就很难说是与禅无关、于儒有本。新儒学究竟是取珠还椟,还是古今一贯,或者说,古今一贯是唐宋诸儒苦心孤诣的自称,还是新儒学创制的渊源,两说并存,悬案依旧,破解之道,有待于来者。两相比较,以情理论,无疑陈寅恪之说更为可信,恰如欧洲中世纪思想必须借助儒学才能突破变换,很少抽象虚理思维习惯的唐宋诸儒,如果没有内典外书相互比附、性理之学盛行的时代风尚影响,也很难产生思维方式的革命性变换。只是陈寅恪的看法较傅斯年曲折复杂,不易直接取证,反而傅斯年的说法容易找出直接证据,看似信而有征。史学研究中往往存在实事无实证,而实证并非实事的现象,造成诸多困惑,由此可见一斑。唐宋诸儒的行事方式,直到明清之际仍然有人仿效,只是自然科学方面可以比较文本进行梳理,思想精神层面的水乳交融,已经很难分离验证。如此看来,晚清面对西学的中学,其实早已是既非固有,更不固定。

知识与制度转型的大背景是中西交汇,除了认识中国原有,对西的一面同样要认真探究,而不仅仅是一般性的了解,应当回到相应的历史时期,追寻各种知识与制度变化发展的渊源脉络,以免受后来完善化体系化观念的影响。关于此点,近代学人围绕中国有无哲学的问题所展开的讨论颇有启示意义。1928年,张荫麟撰文评冯友兰《儒家对于婚丧祭礼之理论》,指出:

> 以现代自觉的统系比附古代断片的思想,此乃近今治中国思想史者之通病。此种比附,实预断一无法证明之大前提,即谓凡古人之思想皆有自觉的统系及一致的组织。然从思想发达之历程观之,此实极晚近之事也。在不与原来之断片思想冲突之范围内,每可构成数多种

---

① 陈寅恪:《论韩愈》,见陈美延编:《陈寅恪集·金明馆丛稿初编》,生活·读书·新知三联书店2001年版,第319~323页。

统系。以统系化之方法治古代思想，适足以愈治而愈棼耳。①

这里虽然讲的是中国，实则西方也有类似情况。如欧美学者的社会学史，一般是将斯宾塞的《社会学》作为发端。其实这也是后来社会学家的倒述。严格说来，斯宾塞那本标名《社会学》的著作，更近似于今人所谓社会科学。而在几乎所有欧美人撰写的社会学史中找不到位置的甄克斯，在20世纪初年的中国人眼中，却是西方代表性的社会学家，影响了众多中国人对社会和社会学的认识。

当然，最为复杂的还是变动不居的阶段。一个本来就没有真正统一定义（至多是约定俗成）的外来概念进入中国，常常要经历相当长的接受过程，而且接受者各自以其原有的知识进行判断和理解。其间不同时期有不同的表述，同一时期的不同个人也会表述各异。而同一表述之下，有时各人的意思大相径庭。一个学科同样如此。西式近代分科因民族国家的传统渊源而千差万别，进入中国后，对应于中国固有学问的何种门类，开始往往五花八门，后来虽然逐渐统一，其实还是各说各话。等到中国的固有分类被外来替代（实则很难对应），或者说按照西式分类的观念将中国的固有学问加以比附，却又出现了用西式分类看待中国固有学术是否合适的问题。如哲学，一度对应到易学、理学或诸子，后来傅斯年却提出古代中国无所谓哲学，连思想一词也要慎用，因为概念不仅仅是符号，由此可以引起极大的误解。用今天通行的美术概念去理解梁启超在戊戌前所主张的工人读制造美术书，② 只能是百思不得其解。而张荫麟等人对胡适、冯友兰等人中国哲学史研究的批评，主要也是针对后者用西洋现代系统化的哲学观念去理解或解释中国古代的精神世界，难免格义附会，似是而非，差之毫厘，谬以千里。直至今日，不少中国学人仍然在为诸如此类的分歧差异而备感困惑和困扰，而那些没有感到困惑与困扰者，并不见得比他人更加清醒，或许刚好相反，从现有的知识来理解前人，已经将现实视为天经地义，从而失去了怀疑的自觉。如有的评论者指那些认为中国无哲学的论

---

① 张荫麟：《评冯友兰〈儒家对于婚丧祭礼之理论〉》，载《大公报·文学副刊》1928年7月9日。

② 参见梁启超《读日本书目志书后》，见《饮冰室合集·文集》之二，中华书局1989年版，第52～54页。

点是以西方为标准，殊不知中国非有哲学不可，同样是一把西学的尺度。后来熊十力即批评西方人认为中国无哲学，不无矮化贬低中国学术之意。了解近代学人何以会有上述观念看法，以及他们彼此讨论的具体语境，有助于理解问题本身。

中国古代已有现代西方的各种学术分科，除习惯于附会者外，当然有些匪夷所思。其实，连中国固有学术是否存在分类，学界尚有争议。民国时宋育仁从学制改良和国学教育的角度，断言"经史子集乃系书之分类，不得为学之分科；性理考据词章为国学必要经历之程，而非人才教育专门学科所立"。"北京大学立经学专科，外国学校有历史分科，讲求国学者，因此遂以经史子集四部之名分配为教科。孔经为欧美所无，而彼中大学五科有道科，以其教经为主课；日本大学立哲学，以孔经立为哲学教科。夫四部乃分布书类之名，非支配学科之目。"① 不过，古人治学，虽然不讲分科，而重综合，不等于学术没有分别。经学、史学的名目由来已久，诸子学也有数百年历史，至于集部，实际是文学，只是古人的文章之学，与今日的文学概念不同。图书分类，也不等同于学术分科。晚清那一代新进学人，努力将中国固有学问与西学对应，很少怀疑这种对应是否合适，因此附会之说不在少数。到了民国时期，不少人意识到简单对应的牵强，但已不容易摆脱分科概念的控制。时至今日，分科教育和分科治学的现状，早已将古代中国的学问肢解得七零八落，而且彼此之间壁垒森严了。

考古的概念和考古学的分科，不仅在转型过程中困扰着近代中国学人，即使在此之后，认识与理解仍然因人而异，令学人有些莫名所以。直到 20 世纪 90 年代，中国考古学界的新锐学人还在为中外考古学的发展趋向明显两歧而大惑不解。一般而言，欧美考古学的主导趋向是离开文献，或者说是要补文献的不足。章太炎对此有过整体性的评论，他指责"今人以为史迹渺茫，求之于史，不如求之于器"的做法，是"拾欧洲考古学者之唾余也。凡荒僻小国，素无史乘，欧洲人欲求之，不得不乞灵于古器。如史乘明白者，何必寻此迂道哉"？中国"明明有史，且记述详备"，

---

① 芸子：《国学学制改进联合会宣言书》，载《国学月刊》第十七期，1923 年；宋芸子：《国学研究社讲习专门学科》，载《国学月刊》第十七期，1923 年。

可以器物补史乘之未备，而不宜以器物疑史乘，或作为订史的主要凭据。① 所以中国考古学在很大程度上要承担印证文献记录的使命。加之中国本有金石器物学传统，与考古学不无近似，因此，在相当长的时期内，考古一词更多的是在考证古史的意义上理解和使用。所谓古史，固然也指上古历史，更主要的是历代典籍对先民历史的记载。这也就是具有留学背景的近代学人所批评的，中国旧式学人的研究重心在于古书而不是古史。

由于这一取向较易与金石学传统沟通联系，民国时期金石学者一直在考古学界扮演重要角色。20世纪30年代在北平成立的考古学社，主导的取向就不一定是掘地。而20世纪20年代在古史辨论战中，李宗侗等一些学人主张由考古发现来解决问题，正是寄希望于掘地。进言之，即使掘地，学人最有兴趣的仍然是发现埋藏在地下的文献。王国维著名的二重证据法，说到底所谓地下还是文献，而不是用实物证文献，更不是用实物重建历史。直到20世纪80年代重建考古学会，担任顾问与担任理事的学人取向依然有所不同。这种固有学术传统的制约作用不仅发生在中国学人身上，深受中国学术熏染的域外学人也会近朱者赤。日本考古学大家梅原末治晚年甚至宣称：东亚考古学应当是以器物为对象的学问，几乎认同金石学的理念。更多地接受欧美现代考古学影响的李济批评梅原末治开倒车，实则毋宁说梅原的转向是由于对东亚的历史文化和学术有了更加深刻的体验，因而改变了单纯以欧美考古学为准的的观念。②

分科治学之下，各种辅助学科对于历史研究的影响渐深，统一的历史被分割为各种各样的专门史，用分科的眼光看待前人前事，很难得其所哉。姑不论文学古今有别，哲学似有似无，政治形同实异。即使域外为道理，一味盲从，也难免偏蔽。民国时期社会经济史盛行，有学人就认为："吾国史政治之影响究大于经济，近人研史或从经济入手，非研史之正轨也。"③ 近代学人批评中国古代无史学，只有帝王家谱。可是王朝的兴衰，往往关乎民族的存亡，却是不争的事实。在今人眼中，货币无疑属于经济

---

① 参见徐一士《一士类稿·太炎弟子论述师说》，见荣孟源、章伯锋主编：《近代稗海》（第二辑），四川人民出版社1985年版，第105～108页。

② 参见斋藤忠《考古学史の人びと》，东京第一书店昭和六十年（1985）版；角田文卫《考古学京都学派》（增补），东京雄山阁1997年版。

③ 金毓黻著，《金毓黻文集》编辑整理组校点：《静晤室日记》（第六册），辽沈书社1993年版，第4786页。

史、金融史、财政史的范畴，而历史上在不同人的眼中，银钱的意涵不可同日而语。用后来专门的观念，可以得出符合学科规范的结论，而于认识历史上的实事，反而可能牵扯混淆。

近代中国的知识与制度转型的复杂性，因为东学背景而更加难以把握。日本长期以来一直受中国文化的影响，直到明治维新大见成效，特别是甲午战争、戊戌维新和新政之后，乾坤倒转。此后中国的精神世界大受日本的影响，用于正式学科的许多名词，都是来自日本明治后的"新汉语"。此事已经引起海内外学人的长期关注。所谓明治后的"新汉语"，并不一定是日本人的发明，尽管前人也察觉到其中有借用，有独创，有拼合，但最值得注意的却是，这些新汉语中相当一部分本来源自中国。例如"国民"，十余年前日本学人已经注意到，1880年王韬等人著述中就出现了现代意义上的"国民"，与古代中国的国民含义大不相同。近来又有学人发现，最早的中文期刊《察世俗每月统记传》中，已经出现了具有现代意义的"国民"一词。当然，这些新名词大都并非单纯国人的贡献，往往是来华外国人士为了翻译上的用途，而和他们身后的中国助手一起逐渐发明出来。虽然在中国人的圈子当中并不流行，所以后来要从日本"逆输入"，但如果以为要到19世纪末20世纪初才从日本引进，则不仅有时间先后之别，对于过程的理解也会大受影响。明治初期的日本人士，用一般日语很难因应西学的复杂，不得不借助表现力强而且简略的汉文古典。由此创造出数以千计的新汉语，既不能与西文原意吻合，又与中国的原典有异，在促使东亚进入世界体系、使得日本掌控了东亚精神世界话语权的同时，产生了误读错解中西历史社会文化的不小弊端。而知识的分科系统，无论在教育还是学术层面，近代中国多以日本为蓝本，有时争议的各方，引经据典的大都是东学的不同来源。其利弊得失，很有重新全面检讨的必要。

诸如此类变化过程的复杂性，在制度方面同样有明显的体现。作为人与社会的行为规范，制度具有特独的文化内涵，如全以西人现代观念对待，难免陷入科学与迷信、先进与落后、文明与野蛮的对应。这种建立在进化论基础上的社会发展观，不可避免地导向西方中心论。银行取代钱庄票号，便是一个相当典型的例证。认定前者在制度上优于后者，显然是以今日的眼光去回顾衡量的结果。这种似乎合理的观点，并不能解释何以在长达半个世纪内银行非但不能取代钱庄票号，甚至在与后者竞争时还处于下风。至少在当时中国人的实际生活中，银行似乎不如钱庄票号来得方便，也不比后者更具诚信。后来银行之所以能够占据上风并且最终取代钱庄票号，与其说是因为银行自身具有优势，不如说是随着西方列强的全球扩张和世界化进程，中国社会日益被拖入其中，整体环境产生了有利于银行的极大变化，而钱庄票号又不能抵御各级政府和官僚各式各样的插手干预，被后者财政信用的不断流失所拖累，直到金融危机爆发，终于陷入万劫不复的境地。后来的民族工商业乃至新式金融业，也难逃同样的命运。

另一项中西差异明显的制度是医疗。在进化论观念的主导下，国人一度试图在先进与落后的框架下安置所有的中国与西方，中学、中医乃至国画，都被看成是旧与错的象征。而据现代的研究，中国的稳婆与西方的助产士，二者在接生过程中所担当的作用相去甚远，前者的文化心理安抚功能在很大程度上弥补了医疗手段的不充分，使得产妇分娩时能够减少痛苦，并且在一定程度上抵消了后者科技水准的优势。且不论医学所包含的文化因素难以用西医的科学标准裁量，一视同仁的西医和因人而异的中医，究竟哪一种更加合乎较近代科学的简单化复杂得多的现代科学，也不无重新认识的余地。

晚清以来的教育变革同样经历曲折，历届政府一直大力推行的国民教育，在实际运行中遭遇重大障碍，而备受争议的所谓私塾，则到20世纪40年代仍然具有相当大的规模。清季对新式学堂的非议很容易被斥为守旧，而民国时期倡行乡村教育的知识人对于国民学校的批评，就不再是一个简单的新旧判语所能了断。其中所包含的对于外来制度与国情现实的反省，值得后人深思。

有些制度变更，看似完全由西方移植引进，其实并不那么简单。三权分立的原则以及相关的制度建设，包括选举的实施、机构的建置、程序的展开甚至基本的理念，都不是原版复制，引进之时固然有所选择取舍，引进之后还要加以调整，尤其是在许多方面实际上利用了中国已有的基础，或是不能不受固有条件的制约，因而在落实到中土的时候，发生了种种变异。戊戌以来，民主的追求就是中国政治生活中的头等大事，相关的制度在形式上也陆续建立，可是西方民主制的理念源于人性恶的原罪意识，而权力又是万恶之源，性恶之人掌握权力，更加无恶不作，所以天下无所谓好的政治，只是坏的程度多少深浅而已，因此必须分权制衡，以防止掌权者为恶。中国的传统却是圣王观，内圣可致外王。只要找到内圣，就应当赋予其充分的权力，使之可以放手行其外王之道。因为内圣致外王时自律、约束太多，反而限制其发挥。而后来的各级行政机构多由科房局所演变而来，分立的三权，也往往被行政长官视为下属。这些都使得制度的移植和建设充满变数，不是主观意愿所能控制的。

典章制度研究本来就是中国史学的要项，只是近代史研究中往往有所忽视。涉及者主要依据章程条文，加以敷衍。而"写在纸上的东西不一定就是现实的东西。研究制度史不能只看条文，必须考察条文在实际生活中的作用"①。也就是说，应当注意章程条文与社会常情及变态的互动关系，这种考察制度渊源与实际运作及其反应的做法，适为近代制度沿革研究的上佳途径。

一般而言，概念往往后出，研究中很难完全避免用后出外来的概念，因为经过近代的知识转型，不使用这些概念，将不可避免地导致失语。不过，在迫不得已的情况下使用后出外来概念，并不等于全盘接受其所有语义，甚至本末倒置，完全按照其语义的规定来理解事物。反之，对于这些概念的局限或扭曲原义本相的潜在危险，必须具有充分的自觉，否则势必南辕北辙。如按照现代法治社会的观念来看待清代的律法及其实践，将司法与行政分离，已经离题太远，再强分刑法与民法，更加不着边际。在官的方面，判案就是政务的要项。这与亲民之官担负保一方平安的职责密切相关。清季改制，军政长官不愿放弃司法行政权，原因之一，就是军情紧急之时就地正法的必要。试图在司法层面理解古代中国的社会常态，恐怕也有不小的距离，伦理社会的诸多问题乃至纠纷，都不会提到法律的层面来解决。直到20世纪40年代，中国人大都还认为坏人才打官司。而用案卷来透视社会，如果不能与其他资料比勘参证，尽力还原事实，则案子固然已经是变态异事，案卷所录与实事本相也相去甚远。反之，虽然传统中国并非法治社会，多数争端纠纷一般不会上升到法律层面，但并不意味着常态的社会生活与律法无关。熟知律法的民间人士，除了担任刑名师爷等幕友外，主要不是在打官司的过程中扮演讼师，而是在一般社会生活的各个层面，担任与律法有关的中间或见证人。

近年来，知识史的研究越来越引起国内外学人的关注，研究的方向领

---

① 卞僧慧：《怀念陈寅恪先生》，见蒋天枢：《陈寅恪先生编年事辑》（增订本），上海古籍出版社1997年版，第97页。

域共通，而取径各异，见仁见智之下，也有一些值得共同注意的问题，其中之一，便是如何防止以今日之见揣度前人。要避免"倒放电影"和做到"去熟悉化"，对于今人而言其实是件极为困难的事，仅仅靠自觉远远不够。因为习惯已成自然，错解往往是在不经意之间。无知无畏者不必论，即使不涉及价值判断，且有高度自觉，也难免为后来外在的观念所左右。近代学术大家钱穆研治历代政治制度极有心得，而且明确区分时代意见与历史意见，可是仍然一开始就使用中央与地方的架构，梳理历代政治制度。实则这样的对应观念并非历代制度本身所有，而是明治时期日本的新概念。来华日本人士以此理解清朝体制，进而影响国人。尤其是织田万所著《清国行政法》，对中国朝野影响巨大。尽管如此，清季改制之际，就连接受这些概念的官绅，一旦面对内外相维的清代原有设制，直省究竟是否地方，还是成为偌大的难题，令举国上下缠绕不清，头痛不已，找不出适当的破解之道。进入民国，在相当长的时间里，省的地位属性，一直困扰着行政体制的设置及运作。岁月流逝，原来的困惑看似已经不成问题，实际上不仅依然制约着现实社会的相关行事（如地方行政与税制层级划分），而且导致与中国固有体制的隔膜，使得相关研究进入南辕北辙的轨道。用功越深，离题越远。

　　知识与制度体系转型的深化，使得上述情形不断得到巩固和强化。清季以来，西式学堂取代旧式学校，不仅要分科教学，而且以教科书为蓝本，在模仿日本编制教科书的过程中，各种知识陆续按照日本化的西式系统初步被重新条理。担心这种情形可能存在某种危险倾向的学人，曾经从不同的角度提出警示，只是在中西乾坤颠倒的大势所趋之下，他们的担忧和呼吁，很容易被视为守旧卫道而遭到攻击排斥。与此相应，各种报刊出现分门别类的栏目，中外学问需要统一安放，附会中西学术成为不少有识之士孜孜追求的目标。民国以后，整理国故兴起，精神世界已经被西化的中国学人进一步认为中国固有的知识缺少条理系统，因此要借助西方的系统将中国学问再度条理化。从胡适的《中国哲学史大纲》建立新的范式，中国的知识系统不仅在教科书的层面，而且在学术层面也逐渐被外化。随着重新条理一过的知识不断进入教科书和各种普及读物，主观演化成了事实，后来的认识就反过来成为再认识的前提。这样的过程周而复始地进行，今人的认识越来越适应现有的知识，而脱离本来的事实。这也就是陈寅恪所指摘的，越有条理系统，去事实真相越远。

与蔡元培等人推崇胡适以西方系统条理本国材料为开启整理国故的必由之路不同，1923年，清季附会东西洋学说的要角梁启超针对国故学复活的原因指出：

> 盖由吾侪受外来学术之影响，采彼都治学方法以理吾故物。于是乎昔人绝未注意之资料，映吾眼而忽莹；昔人认为不可理之系统，经吾手而忽整；乃至昔人不甚了解之语句，旋吾脑而忽畅。质言之，则吾侪所恃之利器，实"洋货"也。坐是之故，吾侪每喜以欧美现代名物训释古书，甚或以欧美现代思想衡量古人。

尽管梁启超认为以今语释古籍原不足为病，还是强调不应以己意增减古人之妍丑，尤其不容以名实不相副之解释致读者起幻蔽。而且梁启超现身说法，承认此意"吾能言之而不能躬践之，吾少作犯此屡矣。今虽力自振拔，而结习殊不易尽"，告诫"吾同学勿吾效也"。① 可是，清季开始的教育变革到这时产生了极其重要的效应，正是大批新式学堂培养起来的青年，成为外化的学术最终升上主流位置的决定性因素。守成的学人在失去政治依托之后，又被剥夺了学术的话语权。今人对近代学术历史的认识，往往是通过主流派后来写成的历史，有意无意间将后者的看法当成了史实本身。

制度体系的变异进一步强化了知识体系的西化。生长于今日的环境，所得知识又是由学校的教科书教育灌输而来，现行的知识与制度体系已经成为今人思维与行为的理所当然。换言之，今人基本是按照西式分科和西式系统条理过的知识进行思维，依据西式的制度体系规范行为，因而其思维行为与国际可以接轨，反而与此前的中国人不易沟通。这显然是用进化论的观念将人类文明和文化统一排列后得出的结果。可是，中国并不因此就能够成为理想中的西方，这种沟通一方面以牺牲文化传统为代价，另一方面，则以对西方认识的笼统模糊和似是而非为凭借，因而往往与西方形同实异，或是将不同的西方各取所需，杂糅混淆。这既体现了传统对现状的制约，又反映了国人对域外的陌生。

---

① 参见梁启超《先秦政治思想史》，见《饮冰室合集·专集》之五十，中华书局1989年版，第13页。

民主、科学、革命等概念，都是20世纪主导国人思维行为的重要语汇，它们不仅仅是观念，而且形成一整套的政治、法律、社会制度和行为方式。国人对这些约定俗成的概念的认识和解释，并不一致，与其来源的含义更是相去甚远。在内圣外王观念的制导下，近代中国追寻民主相当长的一段时期是在寻求可以成为民之主的内圣。这个概念本身开始的含义就是民之主，后来则演变成民主制推举出来的首脑。科学是另一个让国人半糊涂半明白的概念。什么是科学，在不同的西方有着不同的内涵外延，如果以必须由实验验证为标准，则数学也不宜称之为科学。至于社会科学，尤其是人文学科能否称之为科学，争议更大。而科学本来的历史意义之一，就是分科治学。在这方面，近代中国受东学即日本的影响极大，背后则是德国学术的观念。概念本身的差异，使得中国很容易泛科学化，从而令科学的意义反而不易把握。今人使用这些概念，常常追究是否准确传达西文的原意，其实作为翻译语汇，误读错解是常态，用比较研究的办法探究其如何被创造、应用、传播和变异，才能接近因时因地因人而异的本意。

研究近代中国的知识与制度体系转型，还有更深一层的含义。晚清尤其是五四以来，以西洋系统条理本土材料，已成大势所趋。今人所有的知识，几乎都是被条理过的。近代学人已有比附西学的偏向，今人治学，更加喜欢追仿外国。这虽然是学风不振所致，其知识架构已被西化，则是深层原因。而外人治学，虽然有现代学术的整体优势，治中国学问，还是要扬长避短，其问题意识，也主要是来自本国，并非针对中国。国人不察，舍己从人，既不能发挥所长，又容易误读错解方法和问题。长此以往，国人不可避免地只能跟随在欧美后面，亦步亦趋。学得越像，反而离中国历史文化越远。如果不能及时正本清源，找出理解中国固有的思维行为的门径，则虽有自己就是中国人的自信，对于中国的认识，反倒会出现依赖外国，却不能真正了解中国的尴尬。

三、做法与释疑

知识与制度体系转型研究，理想的境界是能够同时提供理解传统、认识过程、了解现在和把握未来的钥匙。其中理解传统和认识过程至关重要，是了解现在和把握未来的基础。知识与制度体系转型，虽然导致中国今昔截然不同，在某种程度上甚至可以说造成了传统的断裂，但不一定意味着今日的一切比过去来得正确、进步、高明，也不是说传统在今日不再发生作用。中国文化从古至今一以贯之，清季民国的知识与制度体系转型，发生在这一文化系统持续活动的过程之中，中国固有的知识与制度，是国人认识和接受外来知识与制度并且加以内化的凭借。因此，近代中国人虽已开始接受西方的观念和制度，所凭借并非西化之后，所理解的与当时的外国人和今天的中国人均有所不同。固有文化不仅制约着知识与制度体系变动的进程和趋向，而且影响着转型后的形态。不了解中国的固有文化，就很难确切把握转型中的种种情形以及转型后的种种面相，也就无从进入近代中国人面对知识与制度转型时的精神世界，难以理解相应的各种行为。

作为中西新旧变相的传统与现代，往往相互缠绕，并非如当事人及后来者所以为的截然分立。好讲科学方法，是清季民国趋新学人的共相，至于什么是科学方法，各人的理解相去甚远。而且所讲科学方法又往往附会于传统。被指为树立现代学术范式的胡适，在相当长时期内主要是讲清代学者的治学方法。梁启超、傅斯年等人也一度认为清代学者的治学方法最接近科学。不过，梁启超长期以归纳法为科学方法的主要形式，后来却意识到，历史研究并不适用归纳。在变化之前，梁启超一度站在汉学家的立场，主张考史，引起钱穆的不满，撰写同名著作，辨析清代汉宋并非壁垒森严，甚至尽力抹平汉宋之分。可是他论及民国学术，还是不得不承认：

> 此数十年来，中国学术界，不断有一争议，若追溯渊源，亦可谓仍是汉宋之争之变相。一方面高抬考据，轻视义理。其最先口号，厥为以科学方法整理国故，继之有窄而深的研究之提倡。此派重视专门，并主张为学术而学术。反之者，提倡通学，遂有通才与专家之争。又主明体达用，谓学术将以济世。因此菲薄考据，谓学术最高标帜，乃当属于义理之探究。
>
> 此两派，虽不见有坚明之壁垒与分野，而显然有此争议，则事实不可掩。①

---

① 钱穆：《〈新亚学报〉发刊辞》，载《新亚学报》第1卷第1期，1955年8月。

另外，近代学人所指称的清代学者的治学方法，很大程度上是他们用后来的科学观念观察理解的认识，未必与清代学术的本相吻合。从胡适推许清代学者的治学方法，到今日学界滥言乾嘉考据，可见对于由音韵训诂的审音入手的乾嘉学术，即使在专业领域也已经误会淆乱到颠倒黑白的程度。今人所讲清代学术的汉宋古今，即历来学人的认识层垒叠加的产物，视为清学史的演进变异则可，视为清学发生演化的本事，则不免似是而非。以汉宋分争为主线脉络，甚至全用汉宋眼光理解清人的学术，多为阮元以下不断系统化的看法，而非惠栋以来复杂的实情。而且后来不断变换强化的解读，与阮元、江藩、方东树等人的本意也相去甚远。前人未必有汉宋对立、此是彼非、非此即彼的观念，即使有所分别，也与后人所说形同实异。古今之争更是康有为以后才上升为全面性问题。清人多将古今兼治，熔为一炉，后来制定新式学堂章程，读经内容也并未排斥今文。因此讲今文不止常州一派，而常州学人所说，也并非一味从今古文立论。如果不是康有为托古改制，以及章太炎有心与康氏立异作对，今古文未必成为问题。而康有为转向今文，初衷或许只是迎合公羊学盛行的时尚，以求科考功名，为其立业奠定基础。同样，近代学人好讲的浙东学派，固然为清代学人论及，可是不同时期不同学人所说的渊源流变和范围内容各异，迄今为止，关于浙东学派的研究，主要不是寻绎发生演化的历史，而是不断编织言人人殊的谱系。即使逐渐形成共识，也不表示符合事实。正如前贤所指出的，诸如此类的举动实为创造而非研究历史。而历史并不因此发生丝毫增减，反而无情地成为检验研究者见识是非高下的永恒尺度。每一代人心中的历史将永远反复受到验证。

近年来，海内外学人对于近代中国的知识与制度体系转型的研究兴趣渐浓，做法互有异同。高明者的理念取径从努力的方向看有一致之处，都将概念、学说、思想视为整体，以传播与接受并重，并且注意由西而东、从外入里地输入引进、模仿移植、取舍调整的全过程和各方面。窃以为，这正是通过事实影响进入平行比较，从而进行比较研究的上佳课题，① 对于学人的智慧与功力，也将是极大的考验与挑战。

---

① 关于这一点，详参桑兵《近代中外比较研究史管窥——陈寅恪〈与刘叔雅论国文试题书〉解析》，载《中国社会科学》2003年第1期；《梁启超的东学、西学与新学——评狭间直树〈梁启超·明治日本·西方〉》，载《历史研究》2002年第6期。

由于近代中国的知识与制度体系转型持续时间长，牵涉范围广，相关资料多，问题又极为复杂，非有长期专深系统的探究，不易体会把握。作为集众的研究，不做一般通史的泛论，也力求避免彼此隔断的窄而深，旨在分科治学的时代，超越分科、专门、古今、中外等界域，借鉴中古制度史研究的有效良法，避免先入为主的成见，将知识与制度研究合并，按照历史发展的时序，同时考察观念与行为的变化及其相互影响制约，探究概念引进、思想传播、体制建立等层面的外来影响与本位知识、制度体系的冲突融合呈现对应、移植、替代、调适、更新的不同情形，梳理西学、东学影响下中学由旧学转向新学的轨迹大势，以及各级各类政治法律、社会经济、教育文化等制度体系的变革与变异过程，深入认识中华民族崭新智能生成与运作机制形成的进程、状态和局限，使得概念、思想、学科、体制各阶段各层面各角度的内外复杂关系完整体现，力求沟通古今中外，更加全面深入地把握知识与制度转型的渊源流变和各个层面的内在联系。在实证研究的基础上，形成一套相互沟通的理念、行之有效的方法、具有统系且不涉附会的解释系统和得其所哉的表述话语，为超越分科局限的知识与制度转型研究提供行之有效的新取径和新做法。

遵从大处着眼、小处着手的途辙，本书将宏观作为探究的工具而不是表述的依托，读者高明，自然能够区分这些具体表述背后各自的"宏大框架"的当否高下。参与本书的各位作者，对此大义的领悟各有所长，或许不能尽相吻合；而他们的成果一旦独立，读者从中所领悟的也会因人而异，呈现出"横看成岭侧成峰"的景象。这并不改变研究的初衷，作为开端，自有其承上启下的意义。呈现阶段性的研究所得，与其说要提供样板，毋宁说是探索途径，显示一些方向性的轮廓，希望由此引起海内外同好的兴趣，加入到这一潜力无限的探索中来，循此方向，贡献各自的智慧和功力，在提供具体研究成果的同时，使得研究路径和方法日趋完善。项目完成，成果结集出版，并不意味着相关研究的结束，而是向海内外学人展现一片广阔的研究前景的开始。同时，同仁们努力追求的目标，不仅仅是丰富思维的内容，而且是要提高思维的能力。

近代中国的知识与制度转型研究，进行有年，收效显然，困惑仍多。探索前行，应是恰当写照。概言之，此项研究，重在怎样做，而非做什么，也就是说，主要并非所谓开拓前人目光不及的专门领域，尤其不欲填补什么空白，而是力图用不同的观念、取径和办法，重新审视探究历史本事与前人的历史认识之间的联系及区别，以求理解前人的改变是如何发生，如何演化，以便探究今日国人的思维行为、观念制度的所以然。若先有主观，则难免看朱成碧，所谓论证，无非强古人以就我。而以后来观念说明前事，历代皆有，不得不然。此一先入为主，不可避免地存在，所以学人早已提出"以汉还汉"之类的目标。只是如何还得到位，既要条理清楚，又不曲解古意，前贤做法各异，还原程度不一，还须仔细琢磨体会。

治史当求真，而真相须由记录留存。即使当事人，因立场、关系等因素，所记也会因人而异。况且，记录不过片段，概念往往后出，当时人事的语境，经过后来史家等的再论述，不知不觉间变化转换，能指所指，形同实异。继起者不能分别历史叙述中本事与认识的联系及区别，每每因为便于理解把握而好将后出的集合概念当作条理散乱史事的工具，又没有充分自觉，导致望文生义，格义附会。时贤批评以关键词研究历史相当危险，主张少用归纳而力求贯通，或认为越少用外来后出框架越有成效，确有见地。不从先入为主的定义出发，最大程度地限制既有的成见，努力回到前人的语境理解其本意，寻绎观念事物从无到有的生成或演化，理解把握约定俗成之下的千差万别，应是恰当途径。

今日学人的自身知识大都由现代教育而来，受此影响制约，感受理解，与上述取径不免南辕北辙。用以自学，不免自误，进而裁量，还会害人。近代中国面临前所未有的大变局，意识行为以及与之相应的知识和制度规范，乾坤大挪移。努力引领时流的梁启超和趋新之外还要守成的章太炎、刘师培、王国维等，都曾不但用西洋镜观察神州故物，而且主动附会，重构历史。可见用外来"科学"条理固有学问，早在上一次世纪之交已经开始。只是当胡适等人理直气壮地用西洋统系条理固有材料欲图整理所有国故时，先驱者逐渐察觉过去的鲁莽，不同程度地自我反省。可惜后来者不易体会，历史不得不再次循环往复。所遗留的问题，至今仍然不断迫使人们反思。经过清季千古未有的大变局和五四开天辟地的新文化运动，有多少已经天经地义之事需要重新检讨，或者说从更贴切地理解今人的意识行为的角度看，有必要进一步再认识。

历史研究，无疑都是后人看前事，用后来观念观照解释前事，无可奈何，难以避免。但要防止先入为主的成见，尽量约束主观，以免强古人以就我。如何把握1931年清华大学20周年纪念时陈寅恪所提出的准则，即

"具有统系与不涉傅会"①,至关重要,难度极高。这不仅因为后人所处时代、环境及其所得知识,与历史人物迥异,而且由于这些知识经过历来学人的不断变换强化,很难分清后来认识与历史本事的分界究竟何在。陈寅恪曾说:

> 以往研究文化史有二失:(一)旧派失之滞。旧派所作"中国文化史",……不过抄抄而已,其缺点是只有死材料而没有解释,读后不能使为了解人民精神生活与社会制度的关系。(二)新派失之诬。新派留学生,所谓"以科学方法整理国故"者。新派书有解释,看上去似很有条理,然甚危险。他们以外国的社会科学理论解释中国的材料。此种理论,不过是假设的理论。而其所以成立的原因,是由研究西洋历史、政治、社会的材料,归纳而得的结论。结论如果正确,对于我们的材料,也有适用之处。因为人类活动本有其共同之处,所以"以科学方法整理国故"是很有可能性的。不过也有时不适用,因中国的材料有时在其范围之外。所以讲大概似乎对,讲到精细处则不够准确,而讲历史重在准确,功夫所至,不嫌琐细。②

近代以来,中西新旧,乾坤颠倒,体用关系,用夷变夏,已成大势所趋。1948年杨树达作《论语疏证》,为陈寅恪所推许,并代为总结其方法:

> 先生治经之法,殆与宋贤治史之法冥会,而与天竺诂经之法,形似而实不同也。夫圣人之言,必有为而发,若不取事实以证之,则成无的之矢矣。圣言简奥,若不采意旨相同之语以参之,则为不解之谜矣。既广搜群籍,以参证圣言,其言之矛盾疑滞者,若不考订解释,折衷一是,则圣人之言行,终不可明矣。今先生汇集古籍中事实语言之于《论语》有关者,并间下己意,考订是非,解释疑滞,此司马君实李仁甫长编考异之法,乃自来诂释论语者所未有,诚可为治经者

---

① 陈寅恪:《吾国学术之现状及清华之职责》,见陈美延编:《陈寅恪集·金明馆丛稿二编》,生活·读书·新知三联书店2001年版,第361页。
② 卞僧慧纂,卞学洛整理:《陈寅恪先生年谱长编》(初稿),中华书局2010年版,第146页。

辟一新途径，树一新楷模也。天竺佛藏，其论藏别为一类外，如譬喻之经，诸宗之律，虽广引圣凡行事，以证释佛说，然其文大抵为神话物语，与此土诂经之法大异。……南北朝佛教大行于中国，士大夫治学之法，亦有受其薰习者。寅恪尝谓裴松之三国志注，刘孝标世说新书注，郦道元水经注，杨衒之洛阳伽蓝记等，颇似当日佛典中之合本子注。然此诸书皆属乙部，至经部之著作，其体例则未见有受释氏之影响者。惟皇侃论语义疏引论释以解公冶长章，殊类天竺譬喻经之体。殆六朝儒学之士，渐染于佛教者至深，亦尝袭用其法，以诂孔氏之书耶？但此为旧注中所仅见，可知古人不取此法以诂经也。盖孔子说世间法，故儒家经典，必用史学考据，即实事求是之法治之。彼佛教譬喻诸经之体例，则形虽似，而实不同，固不能取其法，以释儒家经典也。①

以事实证言论，以文本相参证，继以考订解释，可以明圣人之言行。此即宋代司马光等人的长编考异之法，也是史学的根本方法。其要在于依照时空顺序，通过比较不同的材料，以求近真和联系，从而把握包括精神观念在内的各种形式的史事的发生演化。在此之上，应当依据材料和问题等具体情形，相应变通，衍生出具体问题具体分析的千变万化，体现史无定法的奥妙。

与陈寅恪沟通较深的傅斯年撰写《性命古训辨证》，讲性命二字的古训，用法、德学者常用的"以语言学观念解释一个思想史的问题"的方法，强调："思想不能离语言，故思想必为语言所支配，一思想之来源与演变，固受甚多人文事件之影响，亦甚受语法之影响。思想愈抽象者，此情形愈明显。"而语学的观点和历史的观点同样重要：

  用语学的观点所以识性命诸字之原，用历史的观点所以疏性论历来之变。思想非静止之物，静止则无思想已耳。故虽后学之仪范典型，弟子之承奉师说，其无微变者鲜矣，况公然标异者乎？前如程、朱，后如戴、阮，皆以古儒家义为一固定不移之物，不知分解其变

---

① 陈寅恪：《杨树达〈论语疏证〉序》，见陈美延编：《陈寅恪集·金明馆丛稿二编》，生活·读书·新知三联书店2001年版，第262～263页。

动,乃昌言曰"求其是"。庸讵知所谓是者,相对之词非绝对之词,一时之准非永久之准乎?在此事上,朱子犹胜于戴、阮,朱子论性颇能寻其演变,戴氏则但有一是非矣(朱子著书中,不足征其历史的观点,然据《语类》所记,知其差能用历史方法。清代朴学家中惠栋、钱大昕诸氏较有历史观点,而钱氏尤长于此。若戴氏一派,最不知别时代之差,"求其是"三字误彼等不少。盖"求其古"尚可借以探流变,"求其是"则师心自用者多矣)。①

求其古与求其是,原为王鸣盛勾勒惠栋与戴震的治学特点,并有所评判:"方今学者,断推两先生。惠君之治经求其古,戴君求其是,究之,舍古亦无以为是。"② 钱穆论道:"谓'舍古亦无以为是'者,上之即亭林'舍经学无理学'之说,后之即东原求义理不得凿空于古经外之论也。然则惠、戴论学,求其归极,均之于六经,要非异趋矣。其异者,则徽学原于述朱而为格物,其精在三礼,所治天文、律算、水地、音韵、名物诸端,其用心常在会诸经而求其通;吴学则希心复古,以辨后起之伪说,其所治如《周易》,如《尚书》,其用心常在溯之古而得其原。故吴学进于专家,而徽学达于征实。王氏所谓'惠求其古,戴求其是'者,即指是等而言也。"③ 或以为求其是还有是正之意,固然,但前提仍是知其本意。

将近现代学术大家如陈寅恪、傅斯年、杨树达、吕思勉、钱穆、梁方仲、严耕望等成效卓著的圣贤言行、经典古训、中古制度研究与域外比较文化研究的理念方法相结合,运用于资料更为丰富、情形更为复杂的近代知识与制度转型进程。以西学、东学、中学为支点,沟通古今中外,不以变化为进化,不以现在为现代,打破分科的藩篱,不受后来分门别类的学科局限,从多学科的角度,用不分科的取法,将观念与制度融为一体,努力回到历史现场,充分展现历史的复杂性,以及历史人物在此进程中所经历和体验的各种困惑,避免用外来后出的观念误读错解,或是编织后来条理清晰的系统。将观念还原为事实,以事实演进显示观念的形成及衍化。

---

① 傅斯年:《性命古训辨证》,见欧阳哲生编:《傅斯年全集》(第二卷),湖南教育出版社2003年版,第508页。
② 洪榜:《戴先生行状》,见赵玉新点校:《戴震文集》附录,中华书局1980年版,第255页。
③ 钱穆:《中国近三百年学术史》,商务印书馆1997年版,第357页。

尤其要注意中西新旧各种因素的复杂纠葛，防止简单比附，把握观念变化与制度变动的关系，全面探究近代知识与制度转型的全过程和各层面，依时序揭示和再现知识与制度不同时段不同层面的渊源流变等时空演化进程，使得知识与制度变动认识的历史顺序和逻辑顺序有机结合，从而达成认识与实事的协调一致。

回到无的境界，寻绎有的发生及其演化，与后现代的解构形似而实不同。其最大区别，目的不在解构现有，而是重现历史错综复杂的实际进程。警觉前人叙述框架存在的问题，不以其框架为事实或认识事实的前提，亦不以为批评对象，站在前人叙述的对面立论，而以历史事实为研究对象。现代中国人的思维、言说方式和行为规范以及与此相应的社会制度，大体形成于晚清民国时期，这一过程深受东西方发达国家的影响，以至于后者很大程度上对中国人的精神和行为，长期起着掌控作用，并造成对于中国社会和历史文化多方面的误读错解。前贤曾断言中国人必为世界之富商，而难以学问、美术等造诣胜人。为此，应以西学、东学、中学为支点，打破分科治学的局限，不以变化为进化，不以现在为现代，从多学科的角度，用不分科的观念方法，全面探究近代以来中国的概念、思想、学科、制度转型的全过程和各层面，沟通古今中外，解析西学与东学对于认识中国历史文化的格义附会，重建中国自己的话语系统和条理脉络，深入认识中华民族新的智能生成运作机制形成的进程、状态和局限，认识世界一体化进程中东亚文明的别样性及其对人类发展提供多样选择的价值，争取和保持对于世界文明发展日显重要的中国历史文化解释的主动和主导地位。

在分科治学的时代，超越分科、专门、古今、中外等界域，不以实用为准的，而以将人类知识作为整体来把握和运用为目标，聚合与培养超越分科与专门的志向高远之士，为国际多元文化时代的到来做人才和学理的准备，以重新理解中国、东亚乃至世界的社会、历史和文化的本意为凭借，超越17世纪以来欧洲对人类思维行为的垄断性控制，探索不同的思维和行为方式，使中国的民族精神为人类社会的发展提供新的思维取向和行为规则，建构全新的世界秩序和发展模式。

近代中日关系研究的史料与史学

近代中日关系的研究，绝非中国与日本历史的交际边缘。如果没有对于两国长期历史的发展演化及其相互关系乃至近代以来东亚格局整体性的深入认识，单就中日双边关系立论，研究不易到位。毋庸讳言，一般而论，中国的日本研究远不及日本的中国研究，前者很难进入日本的日本研究界的学术视野，而后者却常常为中国的中国研究者所称道甚至奉为皋臬。受此制约，相对于日本的日中关系研究，中国的中日关系研究在视野开展、取材广泛、论证翔实等方面，也明显处于下风。而深入认识历史，是把握当代国际关系的基础，缺乏历史认识的国际关系论，充其量不过是浮议泛论，只能成为娱乐大众的谈资。

然而，承认上述事实，并不意味着日本的中国研究已经竭尽所能。不仅如此，从西学、东学、中学的相互影响和近代东亚一体化的角度看，甚至日本的日本研究也有可以大幅度拓展的空间。与此相关，中日关系或日中关系研究，急需贯通各个时段层面，使得研究水准更上层楼。而贯通之道，不是闭门造车地编制看似包罗万象实则破绽百出的宏观通论，或以负贩域外陈货为新知的穿凿附会的系统架构，而是将所有史料史事融通无碍，使之适得其所，以致不断近真并得其头绪。

一、问题与取向

如果以王芸生《六十年来中国与日本》为标志性作品，近代中日关系的研究已经历时 80 年，其间波澜起伏，进展不小，成果颇丰，但也存在许多不尽如人意的局限和问题。以报人应急的业余之作历经 80 年仍然堪称代表作而论，虽然书中包含不少独家材料，又经过一定幅度的修订，但仍然反映这一领域还有很大的拓展空间。而要充分释放这些空间，必须在研究视野、观念、取径和做法上大幅度改进，才能有效地摆脱目前的被动落后局面。实现这一目标，当然牵扯广泛，择要而言，有如下各项：

一，应当从整个中日关系发展的历史长河来考察近代中日关系的走向及其变动，不要只就近代甚至抗日战争时期的中日关系立论。如果以抗日战争作为近代中日关系的结局反观此前两国关系的发展变化，很容易将结果看成唯一可能的必然甚至宿命，其间的种种变数在命定的意识之下显然会降低各种可能性的作用及意义。要沿着历史发展的顺序看下来，探究相关史事发生演化的渊源流变，不要仅仅用后来的观念去看，先入为主，以致看朱成碧。这样的转变并非否定历史或是用假设来代替事实，相反，历史上的各种可能性提示今人反省在事情展开的各个关节点应当如何思考行事，才能够有效地避免悲剧的重演。

中国与日本为一衣带水的近邻，由于地理位置接近，长期存在密切关系，研究近代中日关系史，如果上不出嘉道幕末，很难理解得当。一般而言，尽管存在分合兴衰，但中国在东亚，无论社会文化还是政治经济，仍长期处于主导地位。近代以后，即使日本通过明治维新逐渐强盛起来，又有欧美列强的侵入，在相当长的时期内，中国仍然掌控着东亚的格局，后起的日本要想改变现状，必须冒险一搏。甲午之战日本侥幸取胜，固有势所必然的机缘，同时也可以说是涉险过关，度过一劫，由此成为中日两国之间态势乾坤颠倒的转捩点。在此之前，日本对于清国始终心存畏惧。显像之一，战前北洋舰队两次访日，都对日本朝野产生了极大压力，并且刺激起强烈反弹。

甲午战后，清朝举国上下，非但没有表现出强烈的反日情绪，反而出现越来越强劲的要求学习日本变法维新的呼声。此后直到"二十一条"，中国朝野各方，对于鼓吹同文同种的日本都保持着紧密的联系，并且抱有无限的希望。作为过来人的梁启超后来痛心疾首地谈及其间自己对日观感态度的变化：

> 余在护国之役略前，脑海中绝无反日之种子，不但不反日而已，但觉日人之可爱可钦。护国一役以后，始惊讶发现日人之可畏可怖而可恨。"憎日""恶日"与"戒备日"之念，由微末种子培长滋大而布满全脑。戊戌亡命日本时，亲见一新邦之兴起，如呼吸凌晨之晓风，脑清身爽。亲见彼邦朝野卿士大夫以至百工，人人乐观活跃，勤奋励进之朝气，居然使千古无闻之小国，献身于新世纪文明之舞台。回视祖国满清政府之老大腐朽，疲癃残疾，脏肮躐踏，相形之下，愈觉日人之可爱可敬。……当时日人甚爱我助我，尝谓彼亦诚心希望中

国之复兴，与日本并立为强国，为黄帝后裔两柱石，余亦深信彼等之语不虚也。故愈觉日人之可亲。但有贺长雄既怂恿袁氏盗国称帝，始觉日人之可恶，然而尚未十分深恶也。二十一条之提出，始深恶日人之幸灾乐祸，损人利己，卖友打劫。然而知日本之"凶"，而尚未知日本之"毒"也。感觉日人之可恨可恶，而未知日人之可怖也。……由港至越，日本动员其官、军、商、居留民、间谍、浪人全力以助余，虽孝子慈孙之事其父祖，不能过也。夫日人果何爱于余，何求于余，而奉我如此乎？在越南道中思之，不觉毛骨俱悚，不寒而战。遂转觉每个日人，皆阴森可怖！吾乃知拟日人以猛虎贪狼，犹未尽也，乃神秘之魔鬼也。我此后遂生一恍惚暗影，他日欲亡我国，灭我种者，恐不为白色鬼，或竟为矮人也。①

在学习东学、效仿明治和结交日本等方面，梁启超都堪称近代中国人的代表，此言大体可以视为那一时期中日关系变化起伏的缩影，也是梁启超心中认识日本的警世箴言。将清季新政时期称为中日关系的黄金十年，会引发不少争议，但放在这样的背景下观察理解，或许可以透过表象，拿捏得当。

二，应在深入认识中日两国各自历史的基础上研究中日关系。所谓外交是内政的延伸，对于内政的认识肤浅，很难深入理解双边关系。不仅如此，内政并非应时的政策而已，尤其重要的是制度文物，后者可谓决定各国国性以及政府人民思维行为的根本所在，若对此了解不深，则考察双方处理双边关系时各自千差万别的思维行事，认识往往流于表面文章，甚至难免出现误判。

中国历史上与不少周边乃至并不相邻的其他政权存在不同于后来条约关系的特殊关系，历代王朝自认为天朝上国，将这些政权的辖治视为藩属。这种特殊关系，就是所谓宗藩关系。宗藩关系的重要形式，从藩属的角度看，包括朝和贡两部分。外国学者习惯地沿袭这样的视角，将宗藩关系称为朝贡体制，也还将就。国内学人不加辨析，在描述历史上的中外关系时，也使用朝贡体制的说法，仿佛置身外藩，就显得有几分怪异。据说

---

① 吴其昌：《梁任公先生别录拾遗》，见夏晓虹编：《追忆梁启超》，中国广播电视出版社1997年版，第142～143页。

理据之一是这样的观念已经得到国际公认。可是即使得到公认，也只能作为一定的准绳，归根结底，还是要以事实为依据，绝非国际公认就无须验证。此事还显示出，近代中国研究一味寻求所谓国际视角，千方百计地与世界对话，本质上还是以西为尊的变相。其实，国际公认并不等于公理，甚至不能成为尺度准绳。

东亚从以中国为主导的宗藩体制转向近代以国际法为依据的条约体制，今人不仅将此视为近代化的表现，而且用诸如此类后出外来的观念重新审视从前的观念行事。其实所谓国际法，本来不过是欧洲用于处理内部关系的准则，随着殖民扩张的脚步，被赋予万国公法的外衣，贴上公理的标签，成为具有普遍性的行为准则。尽管后来经过不断的修订，加入了一些新的元素，逐渐有所调整改进，现在被普遍化或一般不得不接受，基本还是体现了人类社会至今仍然处于欧洲中心笼罩之下的现实，且不能证明生成于欧洲社会历史文化的准则观念就是适合世界各国的最佳准则，更不宜用来解读衡量此前东亚通行的观念行事，以后来的价值观念强古人以就我。如果对于中国固有的天下观缺乏认识，或是用后来的观念加以解读，就很难领悟其中的道理以及建立在不同文物制度和观念形态之上的思维行为。

明治维新以来，日本面对不同的国家，善于利用国际规则和东亚的原有行事方式交往。与欧美列强打交道，尽可能遵行国际法的准则，颇能赢得列强的好感；而在与东亚各国交涉时，则往往恃力逞强，并且有意利用不同规则的差异实现本国利益的最大化。这样的行事方式，为日本侵略邻国营造出必要的环境因素。相比之下，自有一套通行已久的行事规则的中国，在相当长的时期内无法完全接受适应所谓国际法，明显处于不利地位。而当中国人努力学习用国际法对待日本之时，却每每遭遇了强权，而不见了公理。据说李鸿章幕下就有好几位精通国际法的官员，与日本谈判之际，令后者大为头痛，无法应对，只好索性抛开国际法的外衣，转而赤裸裸地倚仗武力强势。今日日本在东亚和国际上的形象反差，某种程度上可以说是历史的重演。日本式逻辑的荒谬，直到战后审判战犯之际，才让欧美各国有所领略。

1929年12月15日，胡适与英国人类学家塞利格曼教授（C. G. Seligman）午餐时谈及中日两国人的区别，胡适认为日本民族有三长：爱美，好洁，轻死。而塞利格曼夫人则提示还有一个区别，"我们同日本人谈，日本人总要夸张日本的好处，惟恐人说日本的坏处。中国学者便不然"。在胡适看来，"其实日本有好处可夸，何必不夸。我们若有好处可夸，又何必自贬？日本人以称道自己好处为爱国，我们以指摘自己不好之处为爱国，正各行其是也"①。

　　胡适的答案，其实并不只是反映了当时中日两国的差异。迄今为止，尽管中日两国的情况都发生了很大的变化，这样反差明显的情形仍然不难见到。进一步深究，明治维新后，由于所谓单一民族、明治政府的高效以及皇民化等复杂因素，随着日本在包括军事行动在内的各方面的成功，日本国民对国家以及政府越来越认同，以至于盲从，而对政府的制约力则不断降低。相比之下，日本政府对待本国国民与对待亚洲其他国家的人民，态度差若天渊。不断成功所导致的日本人自信心的过度膨胀，以致于不仅丧失了自我批判力，甚至竭力抑制别国人在自己国家对日本的批评。所以战前日本国会曾经决议不准中国人自称中华，将中国人的所有对日批评都视为反日宣传而加以禁止，要求中国政府压制反日舆论，惩办发表不利于日本的言论的报刊和报人。

　　同样的思维逻辑，使得战后日本国民对于侵略战争普遍缺乏必要的反省。即使承认战争曾经带给其他国家灾难，也不过是由一些坏的日本人造成的，与己无关，更加不是大和民族的原罪。反之，中国的辛亥革命推翻帝制，虽然进入政体看似先进的共和时代，可是国民对于政府的认同度始终不高，导致内部纷争不断，使得日本有机可乘，甚至借口中国人不能自治，改变以援助实现间接控制的方式，企图强行取代，直接进行殖民统治。

　　三，要根据各种相关资料，从不同视角看问题，不宜仅就一面的记录和说辞立论。研究中外关系，切忌仅用单方面的文献和视角，而要将各种相关记载比勘互证。首先，要从中日双方的视角和记载进行考察，不要只从单一国度的立场文献着眼。但凡涉及双边关系，各自的记述及其含义，轻重取舍，必然千差万别，片面立论，势必不能四面看山似地察知实情、领悟本意，而造成许多隔膜错解。进而还要顾及其他各方，尤其要从多边的国际关系着眼，注意各种相关性及其变数。在世界一体化的趋势下，近代各国的双边关系大都受制于多边关系，晚清清政府内部的联俄与联日派

---

① 曹伯言整理：《胡适日记全编》(1928—1930)，安徽教育出版社2001年版，第574页。

分，便是各国势力交错之下以夷制夷的变种。而近代中日矛盾的日趋激化，固然主要由于日本军国主义的侵略扩张，欧美列强自巴黎和会以来的外交及东亚政策有意挑动东亚内部的争端以便坐收渔利，也起着至关重要的作用。

在军事领域，抗日战争期间敌后战场和正面战场的研究，同样涉及双边乃至多边关系，因而也要将中日双方的各种资料比勘互证，不能单用一方面的资料立论。即使中方资料，也要权衡国共以及其他方面的记录，甚至国共双方内部也各有不同的信息来源和渠道。关于同一事件、问题、人物等的研究，如果不能尽可能多地将各方面的所有资料综合考察，安置得当，证据的罗生门就很容易转化为研究的各执一偏，各说各话，事实真相反愈发扑朔迷离。虽然近代史料繁多，可以轻易举证立论，并且自圆其说，可是由于无法将所有材料贯通无碍，解读史料，重现史事，既不能逐步近真，也不能得其头绪，即使反复称说，仍然不能切实推进相关研究。更为重要的是，一面之词或随心所欲的立论，非但不能取信于人，反而因为破绽百出导致整体可信度的严重流失，结果有理却形同强辩。

史料是后人接近历史本相的依据，但是运用史料必须经过内证外证等一系列验证过程，不经任何验证，即将史料所载直接等同于史事，恰好应了"尽信书不如无书"的老生常谈。近代以来，中日两国的政治、经济、军事关系至为复杂，为了应对多变的局势，双方在不同场合不同程度地处理过相关资料，或是用有利于己方的准则取舍材料。战后日本政府为了掩盖侵略战争的罪行，曾经有目的、有计划地掩藏甚至销毁一些战争罪证，20世纪90年代披露的关于战时强制连行中国劳工到日本并进行残酷迫害，尤其是血腥镇压忍无可忍的中国劳工暴动的资料，即其显例。这样的情况表明，日本政府的确有设法湮没证据以自我脱罪的动机和行为，而且所采取的行动很可能并不限于镇压强制劳工暴动一点。如今日本政府以没有资料为借口，矢口否认许多战争罪责，却丝毫不提战后有意销毁证据的前科，国际社会应该比照做过伪证者缺乏诚信的惯例，严格审查检验其所作所为。

战后日本因为广岛、长崎曾经遭受原子弹爆炸而祈祷和平，每年一度的纪念活动场面令人万分感慨，尤其是对青少年烙印深刻。可是这样的和平愿景仅仅限于受到战争伤害的日本国民，却不及于战争期间日本的施暴对他国国民造成巨大灾难的受害者。如今在日本各处战争纪念地的参观留言簿上，日本和他国国民的感想仍然大相径庭。不仅如此，一些带有偏见甚至别有用心者还用某些不具可比性的标准来否定灾难发生的历史事实。由于日本实行严格的国民身份和居住管理制度，广岛、长崎原子弹爆炸的每一位受害人，均有清晰记录，可以准确还原。这固然体现出日本政府管理社会的有效，但是，若将这样的标准拿来衡量战时其他国家的情形，就不仅是强人所难，而且有故意混淆视听之嫌。如关于南京大屠杀的死亡人数及其身份，一些日本学者拟定的标准，多少可见广岛、长崎的影子。然而，当时的南京，军队和流民为数众多，与本地居民混杂在一起，要想逐一确定身份，几无可能。即使南京城内的实际居民，也缺乏详尽准确的管理。而出现这样的状况，中国政府固然有管理不善之责，日本政府及来华日侨也难辞其咎。

中国原来的城乡社会，并没有清晰界限，流动性很大，又没有严格的户籍管理制度。战前日本来华人士利用这一空隙，四处活动，几如水银泻地，无孔不入。国民政府统一后，加强集权统治，要求境内的各国侨民及其所办各项事业如报刊等进行登记注册，以便加强管理监控。对此，其他各国侨民基本照办，而日本却坚决抵制，使得此项制度难以推行，这也是造成中国城市战时人口失控的原因之一。凡此种种，使得南京等地要想像广岛、长崎那样准确还原被害者的人数、身份，至少目前条件下难以做到。如果罔顾相关事实，则今日的日本岂非仍有利用当年侵略战争的创伤来为自己辩解之嫌？而中方学人不加思量，在人数上随之起舞，恰好落入预设的陷阱，实为不智。

另一方面，抗战全面爆发之际，面对日本的强大压力，国民政府自知难以单独抵御，千方百计将以欧美为首的国际势力拖入战争的漩涡，以求形成国际阵线，共同对敌。为了争取国际舆论的同情，国民政府有目的、有计划地展开宣传攻势，除了战时一般状况下将敌方妖魔化的普遍做法外，一些机构还制造了一些极具视觉和心灵冲击效果的宣传品，并且产生了广泛影响。研究者对此应当仔细辨析，若是随手拈来，非但起不到预期的作用，反而会成为对方的口实，使得其他可靠证据的可信度也大打折扣。

仅就中日关系立论，甲午之战后来被认为是中国一步步跌入半殖民统治深渊而日本走上军国主义道路的重要转折点，可是从后来朝韩的立场看，甲午之战却是老大中国与新起日本两国争夺东亚控制的区域霸权，无论各自的胜负如何，并没有改变其他东亚国家的地位，因而不过是新老帝国的争霸战。像这样完全用后来殖民体系的观念看待原来东亚的宗藩体制，未免误读错解了设制的本意及其运作的实情，令古人抱屈于九泉之下。诸如此类的格义附会虽然是近代以来学界的普遍情形，还是应当全面检讨。当然，从东亚各国的多边关系着眼，甲午之战前后中日关系或隐或显的变动，的确绝不仅仅意味着两国地位的升降浮沉而已。随着视角的调整与扩大，从不同古人的现场重新解读史事，才能避免格义附会和执于一偏。

四，不宜简单地将中日两国看作相互对立的统一单位，应注意中日双方均非铁板一块，各自存在众多利益诉求各异的派系方面。晚清朝野上下对日态度各异，政府内部也分成不同派系。民国北京政府时期，政治分裂，南北各方均与日本保持着不同程度的关系，政府外部还有逊清皇室和其他政治势力。政坛军界，更是山头众多。国民政府统一后，内部仍然派系林立。受此影响，各自的对日关系及其态度，复杂多变。有时彼此以对外关系为指责对方或其他方面的口实，而自己一方却暗中也在从事所公开指责的密谋。例如，20世纪30年代两广方面公开主张抗日反蒋，蒋介石则指其联倭反蒋。考察各方史事，两广的确与日本有着千丝万缕的联系，高举抗日旗号，很大程度上是要令掌握国家政权的蒋介石在政治上陷入被动。

同样，日本方面亦存在多种派系，政界党派分立，轮流执政，军界各军兵种之间彼此矛盾，对华态度政策也有所分歧。朝野上下的态度行事更是多有差异。即使都是侵华日军，关东军、华北派遣军以及华中方面，均各有所图，纷纷企图插手其他的管辖范围。扶植"满洲国"的坂垣征四郎、石原莞尔等人，深受内藤湖南思想言论的影响，对中日两国的现状均致不满，试图以"满洲国"为模范，建设新国家，因而新京等殖民地往往成为日本首先实验新设施、开展新建设的地方。对于日本内部各派势力的差异，中国学人往往好以左中右派划分，存在以我划线的偏蔽，不能理解各派之间错综复杂的关系。例如，关于大陆浪人，被指为左翼的宫崎寅藏与被称为右派的犬养毅、头山满之间，实际上关系相当密切。而日本皇室成员中却有对于战争行为的不同声音。类似的情形，在战后日本的中国研究学界仍然依稀可见。

五，不要受分科治学的局限，仅从某一特定角度考察中日关系，应就中日关系的整体着眼，胸有成竹，才能游刃有余，不仅拿捏得当，而且力透纸背、入木三分。受后来分科观念的影响，同一问题在不同的分科领域当中取径观念有时大相径庭，使得认识历史问题的本义反过来屈从于分科的观念，导致本末倒置的怪象。如明治初期借由西学而产生的新观念系统逐渐生成，对于东亚后来精神世界的发展变化具有长期的根本制约作用。甲午之战固然是近代中日两国竞争发展的重要分界，但其实早在19世纪80年代，日本就发明了一套对应西学的概念，在语言支配思维定律的制导之下，已经预设了后来掌控东亚话语权的格局。这不仅导致清季新政和宪政时期中国全面学习日本或通过日本学习西方，甚至一度在清政府的决策层中出现非东学莫属的情形，而且一直影响着近代以来中国人的精神世界。此后中国人实际是发汉音、说日语、用西思。用汉语念出来的明治新汉语，本来是对应西文，却又借助中国古典，结果在东、西、中三方的系统中引起许多的格义附会。

尽管后来看似留美学生的影响日益扩大，留欧学生在学术思想的深度方面更胜一筹，可是日本对中国知识界、思想界的辐射作用长期持续。相当于日本大正时代的民国北京政府时期，包括北京大学教授在内的中国知识人，参考、借鉴甚至模仿东学著述，仍是相当普遍的情形。五四时期的东西文化论战，与西相对的是东而不是中，便是东西两洋分立的表征。只是其时日本对华野心日渐暴露，加上"二十一条"的刺激，国人一般不愿称引所参考的日文著述，这也是坊间出现甚多国人著述抄袭日本学人著作传闻的重要起因。

受此制约，国人一方面得以重建重估本国固有的文化价值，另一方面则深陷日本式的对应西学解读中学的缠绕和困扰。迁延演变至今，这些概念已经成为人们不言而喻的认识前提或工具，在用作古今沟通以及今人彼此交流的凭借的同时，产生了不少看似异口同声、实则各说各话的现象。正本清源诚非易事，拨乱反正似无可能，而因陋就简，则犹如戴上有色眼镜，了解过去，认识现在，展望未来，均不免变形变色，无法为世界展现中国思想文化的本意本相。在分科治学的架构下，这样的问题很难从不同的角度分别把握，必须综合考察，才能认识清楚。

中国的日本研究水平有限，自有其历史原因。中国长期处于东亚的中心主导地位，与一直用心学习仿效中土的日本，彼此认识对方或他方的心思态度自然有所差异。虽然中国始终与外部保持联系，并且一直尽量吸收外来文化，却是以我为主的同化。这种情形使得近代以来中日在面对西方以及彼此交涉时态势不同，中方常常处于相对被动的不利地位。随着明治维新后日本的屡战屡胜，国力日益强盛，对于中国的觊觎越来越明目张胆，可是由于中国的朝野各方分别得到过日本各种势力的帮助，不少人对于日本抱有幻想，希望借助东瀛达成自己的政治目的。直到"二十一条"事件发生，人们才恍然大悟，原来日本的支持，不过是别有用心地挑动中国人内讧，以便坐收渔利。

这样的醒悟难免掺杂后见之明，却引起国人研究日本的广泛热情，长城内外，大江南北，研究日本的团体组织如雨后春笋，报刊开辟专门栏目，或是创刊专门的日本研究杂志，大学增设了日本语的学习和日本研究的科系。其所做研究的水准高低姑且不论，在激发国人对日关注以及鼓动反日情绪方面，的确发挥了巨大作用，以致后来日本国会通过决议，要求中国政府采取措施，对宣传反日进行压制。这些对日机关、团体及其研究宣传活动，也是历史的重要组成部分，应当进入今日学人的视野。

六、应注意日本因素对于中国影响的复杂性。在近代中国的有识之士看来，列强当中，唯有日、俄对于中国抱有领土要求，野心最大，因而为害最甚，最应当警惕。留日学生甚至早就有日本为中国宿敌之说。即使被视为亲日派的知日派，内心也深知中日之间必有一战，只是对于战争的结果表示悲观，才千方百计地避战，或是尽可能延缓正面冲突对抗，以便争取强国强军的时间。可是，综观近代历史，实际上为中国提供各方面的必要援助，又以日、俄两国为多。梁启超自从戊戌政变亡走日本，便与日本朝野上下建立了广泛联系，希望通过学习日本来学习西方，全面以日本为楷模，并且相信日本人士援助中国的真心。直到护国战争期间，才觉悟到日本各方支持中国的不同势力，都是为了实现控制中国的野心。其形形色色的援助与收留，背后均有深远的利益要求。

日军侵华，对于中国造成的经济损失究竟有多大，战时战后都极为引人关注。抗战期间已经有人论及此事，并且在极端艰难的战时条件下，努力收集各方面的资料。国民政府自光复之日起，就展开了财产损失的普查，可是调查统计的范围主要限于直接损失，如房屋设备物品的毁损、各种矿产等天然资源的掠夺以及文物的破坏劫掠等。照此标准，无论数目多大，今天看来都在可以承受的范围之内。在中方不断有人重提赔偿的旧话时，日方也有人试图以赔偿方式还清历史孽债，希望从此摆脱历史罪责的负担和困扰。

其实，抗战期间日本占领当局实行的资源掠夺，对于中国绝不仅仅意味着暂时性的巨大破坏，而是对各地的经济发展具有长期的根本性制约。例如广东，战前陈济棠主政时期，曾经聘用欧美专家制定长期和阶段性经济发展规划，并据以实施经济建设。由于条件限制，起步阶段必须依靠各种资源的开发输出，以换取建设资金。日本占领当局的破坏性掠夺，使得该省永远失去这样的条件和机会，直到数十年后的改革开放，才找到新的发展契机。如果只是统计直接损失，无异于轻描淡写沦陷区遭受殖民统治的社会惨痛。必须对战前、战时与战后的社会发展进行整体考察，才能深入认识战争对于中国造成的巨创是如何长期影响中国社会的发展进程的。

二、史料的整理与解读

鉴于以上所论，为了大幅度提升近代中日关系研究的水准，当务之急，应当努力增强研究者的素质，大力加强资料建设。对于中日关系史料的整理出版，应当尽可能在时段和层面做到全面系统。最为理想同时也最具可操作性的方式，是在全面调查掌握国内外所有资源的基础上，设计出覆盖完全的整体大框架，进而设置有机联系的合理分支结构，以求竭泽而渔地囊括所有时段、层面和类型，然后根据先易后难、先内后外的原则，循序渐进地推动整理出版工作的展开，最终达到既包罗万象，又具有条理系统的境界。就观念和当前的需求而论，应特别注意以下方面：

其一，日本人写作的汉文文献。这里并非指日本出版的中文书籍，而是幕末明治以来日本人士用汉文写作的著述。现在日本研究日本史的学人利用汉文多少存在一些障碍，研究中国史的日本学人则一般并不重视日本的汉文书。作为中国史研究，日本人撰写的汉文文献固然价值相对较低，可是作为日本研究尤其是中日关系研究，却有着不可替代的重要作用。如明治乃至大正时代，不少日本人用汉文记日记或写游记，尤其是来华游历之际。今日的日本学者，包括研究中国史的学者在内，利用这些资料存在不小的困难，即使翻译成日文，对于相关人事乃至文本字义，也每每发生误会。

不仅如此，一些著名的幕末明治思想家如中江兆民等人都有汉文著述，有的还有汉文文集，如岛田重礼的《篁村遗稿》，中村正直的《敬宇文集》等。岛田重礼作为汉学家,用汉文写作当在情理之中,其观念上或有落伍之嫌,不受重视可以理解。而中村正直是明治六大思想家之一,其日文著述以及所翻译的西书,受到日本明治思想史研究的充分重视,可是其线装本的汉文文集却很少有人利用。幕末明治时期,日本思想界兼采中、东、西学,且通过汉语古典理解西洋,忽略日本人写的汉文书,不免片面,不仅漏掉许多关乎大节的重要信息,而且难以深究相关的论说。例如关于日本的"支那哲学"如何发生,中日两国的研究者长期努力,依然不能找到确证,而存在于前述汉文文集中的关键证据,却一直被忽略。

明治时期即使不用汉文写作的日本人士,要想承接对应西学知识,也离不开程度较高的中文典籍和汉语词汇。在这方面,井上哲次郎编辑出版的《哲学字汇》,据有重要的历史地位。《哲学字汇》所收词汇,较弗列冥的《哲学字典》增加一倍有余,经过几度调整,逐渐形成并固定了一整套表达新知识的专门术语。尤其重要的是,诸多学科知识概念的发明者西周助虽然使用汉字,却并未刻意从中国典籍中寻求对应式的解读。而井上哲次郎等人从儒佛经典取名定义的解读取向,与西周助明显有别。《哲学字汇》并未详尽注出所依据的中国文献,除井上哲次郎的"绪言"指名的几种之外,注释中提及的相关经典包括《易经》《书经》《庄子》《中庸》《淮南子》《墨子》《礼记》《老子》《传习录》《俱舍论》《起信论》《圆觉经》《法华经》以及杜甫、柳宗元的诗文,涉及的词汇有形而上、转化、俱有、解脱、凝聚、轮回、伦理学、无限观等。其余广泛参考的儒、佛诸书,因各词条未加注释,无从查考。此书对于哲学的普世化以及东洋哲学或支那哲学的合理化无疑起着至关重要的作用,迄今为止,相关问题仍然在中外学术界争论不休,意见极为分歧。①

其二,应有效整合及利用保存在中国的日文文献以及日本人在华主办的各语种文献。今日中国学人研究中日关系,往往喜欢到日本去寻找日文文献,误以为日本文献理所当然地主要保存在日本。实则涉及中日关系的许多重要文献不一定都在日本,不一定都要到日本才能找到。这种灯下黑的情况,使得研究者严重忽视在中国各地各机构保存的日文文献。实际上,中国各地的图书馆、档案馆、博物馆之类的机构,不仅收藏了数量巨

---

① 《哲学字汇》《改订增补哲学字汇》和《英独佛和哲学字汇》,均为名著普及会1981年覆刻版,由飞田良文解说。

大的日文文献，而且有的方面较日本的收藏更加丰富完整。

例如，日本关于中国情况的各种调查报告，以往学界主要利用满铁的惯行调查，而晚清民国时期日本对中国的调查，由各个机构分别进行，除了满铁之外，日本领事馆、东亚同文会、兴亚院、军部特别班以及各大会社（有时以个人研究室的名目出现）、占领军当局都会展开调查活动，各有侧重，各具特色。日本领事馆按照各馆的地区分布，将中国整体划分为若干区域，其调查活动长时期、有系统、全方位地持续进行，并定期刊印调查报告，其内容包含人口、交通、出产、贸易、资源等多项详细信息，虽然每期份量有限，累积起来，数量庞大，内容丰富，覆盖完整。相比之下，东亚同文会虽然也由各分会划区分片负责，但是分会数量较少，各自负责的区域面积大，无法长时期全面系统详细地进行调查统计。当然，东亚同文会也有其特长，如关于南中国的调查较早，有的方面相当深入。该会清季对广东缫丝业的调查统计，甚至超出了中国官府的掌握。对于海南岛的调查也发端甚早。而军部特别班关于山西各县妇女缠足率的调查统计，其完整详尽程度堪称首屈一指。

值得注意的是，这些调查报告战前、战时大都属于"极密"文件，战后局势急剧混乱之际，部分散出，日本各大学和其他学术机构只有零星收藏，即便已经公开的外交史料馆、国会图书馆等处亦无完璧，反而中国的个别图书馆集中保存了相当数量的底本，虽然同样不全，却已是这方面有数的收藏。可惜中国所藏此类文献受到种种限制，开放度很低，难以利用，使得学人在灯下黑的惯性之外，还不得不舍近求远。这些因为各式各样的因素而形成的限制，固然有其可以理解的理由，但也造成了严重后果：其一，由于能够接触使用的各类文献不足，尤其是外文文献缺乏，又没有条件到世界各地寻访资料，相当长的时期内，中国学人在国际学术界明显处于不利地位。即使近年来条件大为改善，普遍而言，外文文献不足，以至于利用能力不强，已成整体提升研究水准的瓶颈。其二，无法利用相关资料，积极主动地揭穿日本方面故意湮没战争罪行证据所做的手脚。例如，国内一些档案馆藏有不少关于强制劳工的资料，若能及时披露，战后日本政府的掩饰便难以奏效。

此外，从1890年到1931年，日本人在中国至少创办过260种报刊通讯，包括中、日、英、俄、韩、蒙等多个语种，有日报、双日刊、半周刊、周刊、旬刊、半月刊、月刊、双月刊、季刊、年刊以及通讯等多种类型，分布于奉天、上海、青岛、天津、北京、大连、哈尔滨、济南、汉口、安东、长春、铁岭、厦门、福州、广州、汕头、重庆、思明、烟台、江西、香港等地。在日本本土，也出版过专门针对中国读者的中文报刊，如《华文大阪每日》。在日本占领的台湾，则同时出版了日文版和汉文版的《台湾日日新闻》。日本在华传媒的势力还特别体现于通讯社的组织与营运。民初北京政府时期，袁世凯当政及军阀混战期间，日本在华传媒的影响急剧上升，实际上控制了中国官方的资讯。识者指出："中国的内战给日本的通讯社和报纸一种机会，把持国内新闻凡十余年之久。"① 直到北伐成功，北京政府倒台，日本垄断中国新闻界的势力才随之崩溃。②

自晚清始，来华日本人及在华日本机构就在中国搜集书籍文献，除运回本国外，还在中国各地设立图书馆资料室，持续时间长且效果显著的如东方文化事业总会北京人文科学研究所图书馆、满铁图书馆、新京图书馆、天津日本图书馆等。作为支持海外扩张以及推进皇民化的重要一环，日本曾经有组织有计划地向包括"满洲国"、朝鲜、台湾地区在内的殖民地图书馆赠送日文图书。战后这些图书大都归入当地图书馆。此外，从20世纪20年代起，日本各学术机构就陆续与北京大学研究所国学门等机构建立起常规化的资料交换机制，而中国方面则加强对日问题的研究，成立了为数众多的对日研究团体机构，陆续收藏了丰富的日文书刊。

日本侵华期间，除了搜集中国的图书资料外，在华日本的官方和学术机构出于种种动机，还在占领区各地专门设立了军事性或半军事性的图书资料整理机构，进行各种形式的编制工作。昭和十五年（1940），设于上海的兴亚院华中联络部中支建设资料整备委员会，就组织兴亚院、满铁、中支振兴、华中矿业、华中铁道、华中水产等机构召集专家，利用中支建设资料整备事务所图书整理部的2600种中文杂志，选取其中350种杂志所载重要论文编制出版《支那文杂志内容索引目录》，该事务所所长清水董三所定"凡例"称：分类旨在实用，不拘科学分类。所谓实用，其实就是掌握中国各方面的详情，以便进行殖民统治和资源掠夺。并计划续编

---

① 赵恒敏：《外人在华的新闻事业》，中国太平洋国际学会1932年编印发行，第16页。
② 参见胡道静《外国在华报纸》《新闻史上的新时代》，世界书局1946年版，引自杨光辉、熊尚厚、吕良海、李仲民编：《中国近代报刊史料丛书·中国近代报刊发展概况》，新华出版社1986年版，第601页。

另外400种杂志的内容索引作为第二辑。这些以中文为内容的目录索引书，一般收藏机构依据书名、编辑等信息，也分在日文图书之列。

总之，中国各图书馆、档案馆、博物馆数量不等地收藏了各类日文书刊，虽然分开看每一单位均谈不上完整，但是全面整合，则相当丰富，而且有些方面甚至超过了日本一些重要机构的收藏。有鉴于此，应当适时调查各地馆藏的所有相关资源，进行整合编目，以便系统整理出版，为相关研究提供便利。

其三，与中国关系密切的日本人关于中国的著述。由于分科治学的制约，一些对近代中国影响重大的日本人士，迄今为止仅在不同的分科涉及其人其事之际略有触及，缺乏全面综合的研究，以致很难真正理解其言行。不仅中国方面如此，日本学界也存在类似情形。如晚清民初长期在华担任顾问的有贺长雄，日本编辑其文集，仅包括关于日本法政方面的内容，而关于中国方面的大量论著则付诸阙如。而中国方面的研究，则仅仅提及几篇与清季民初宪政尤其是袁世凯称帝问题的文字，望文生义的指摘，与理解本意差距不小。

东京美术学校教授大村西崖，是该校创始之人冈仓天心的弟子。冈仓天心与井上哲次郎是东京大学的同学兼舍友，与井上将哲学普世化并使东洋哲学、支那哲学合理化相类似，冈仓天心是明治日本创立所谓与西洋美术对应的东洋美术的最重要人物。此事后来看似轻而易举，自然而然，但在近代的东亚，在欧风美雨的强烈冲击之下，人们往往因为无法对应门类繁多的西学而根本怀疑固有文化的价值。这样的对应一方面可以面向西学重建对于固有文化的自信，一方面则有助于在东亚取得话语权。冈仓天心倡导东洋美术的目的之一，就是重构以日本为正统的东亚美术传统，压抑中国等其他东亚国家传统美术的地位。而后来中国的学人如陈师曾、蔡元培、顾颉刚等，正是在冈仓天心的传人大村西崖等人的影响下，重新确立了文人画以及古代雕塑的美术价值，才避免国画陷入国学、国医等国字号事物所遭遇的同样尴尬，并且亡羊补牢地开始保护硕果仅存的历代文物。当然，如此一来，也难免用了西洋的美术眼光重估固有的作品，并陷入日本式话语的笼罩支配。

诸如此类跨越两国的历史人物，要恰如其分地理解其言行，必须将两面的资料事实联系贯通，才能认识其思想理念。应深入了解他们在明治日本的各种学历阅历等活动交往，认识其人，尤其要关注其长期在华以及与中国有关的言论行事。中日双方若各执一偏，要想认识到位，相当困难。中方至少应将他们有关中国问题的所有文字编辑成书，与日方编辑的资料相互印证，才能避免由于学科有别、国家各异，以及视角不同而导致各说各话，切实推进相关研究。如此，见仁见智才不至于成为盲人摸象的遁词。尤其像大村西崖，日本的中国史和日本史研究均视而不见，美术史研究也鲜有论及，更不要说其对中国的影响，而中国学术界，也只有在陈师曾、顾颉刚等人的年谱传记之中，才略有涉及。

近代日本来华人数众多，军人、商人、学人、浪人、记者等，或走马观花地游览，或无孔不入地调查，足迹遍布大江南北的城乡各地，乃至深入西南西北边陲，采访会见各界名流闻人，或在大杂院里一住经年，撰写了大量游记、报告、散文、小说、访谈录以及学术专著。这些一定程度上具有情报价值的文献，虽然成为各种专题研究必不可少的参考，但是就中日关系研究的整体而论，究竟处于何种位置，具有什么价值，由于未经系统汇集梳理，未免给人以支离破碎之感。实际上，这类文献对于近代中国许多问题的研究，都有不可替代的价值。例如，清代以来商帮对于各地的经济贸易乃至社会组织社会生活的影响日益重要，可是商人的自用账本却很少留存示人，抗日战争以前来华的一些日本学人，由于各种机缘，有幸得窥庐山真面，并将其亲眼目睹记录下来，成为后来者接近历史的重要凭借。

一些来华日本人士背后多少有些政府背景，或者说，作为身在异国的日本人，不可能脱离本国政府的关系，用后来的观念眼光审视理解，如果不注意回到历史现场，便很容易解读过当。或者据大连博物馆所藏某日本人士的日记，指来华多年、后任职于满铁图书馆的松崎鹤雄恶意攫夺嘉业堂珍本图书，并指松崎鹤雄本人受日本侵华机关指使甚至代表侵华机关。而据相关当事人刘承幹以及与松崎鹤雄交好的邓之诚的日记所记，再参照松崎鹤雄与陈垣等人的来往函札，则显示从清季就来华师从湘中大儒王闿运学习中国学术文化的松崎鹤雄，对于中国甚有感情，与中国学人广泛结交，且能够尊重中国学人的人格。至于嘉业堂收藏的珍贵文献，松崎鹤雄其实是在特定的情势下利用各种关系试图保护，仅仅依据片面的记载，斥为攫夺，未免言过其实。战后松崎鹤雄被迫返回日本，临行恋恋不舍，怆然就道，还违反约束，怀揣一部中国古籍，其事不可取，其情可悯。回国后松崎鹤雄其实相当寂寞，虽然身边有柔父会的小群体，对于自己在华期间的交游作为，很难向同胞完全敞开心扉。对此，相关研究应该更进一步，追究各人与本事的关联，以及其何以如此记录，进而多层面地探究本相。

与之相似的还有曾任东京大学副教授、上智大学教授的鸟居龙藏，这位清季就到中国台湾和西南边疆进行民族调查的人类学家，抗日战争期间来到中国担任教职，燕京大学的中国学人其实是为了抵制日本占领当局派人来校主政，才特意请鸟居龙藏到燕京大学任教。局势更加恶化之后，燕京大学的师生陆续被捕入狱，鸟居龙藏虽然很难从根本上反对日本的侵华行径，却对占领当局的暴行不满，对中国同行的遭遇表示同情。战后鸟居龙藏仍然滞留中国，直到1951年才返回日本。虽然20世纪70年代日本编辑出版了鸟居龙藏的全集，可是关于其中日战争期间的在华经历，几乎是一片空白。其故乡德岛修建了鸟居龙藏纪念馆，可惜同样缺少这方面的内容。

其四，沦陷区的资料，语种包括中日文和其他西文，类型则有档案、报刊、日记、函电、文集等。在整个中日关系研究中，沦陷区的研究尤其显得薄弱，相对而言关注稍多的沦陷区文学研究，由于资料不够充分，有关论著，也难免错误百出。1981年出版的《1833—1949全国中文期刊联合目录》增订本，依据编辑者所定"编例"，"仅收录比较有参考价值的品种"。"至于纯属反动宣传、诲淫诲盗以及反动宗教会道门等毫无学术史料参考价值的期刊，不予收录。伪满、伪华北、汪伪等汉奸军政机关出版的期刊，除自然科学方面的期刊酌收外，其他的不予收录。"也就是说，编者当时看来，沦陷区军政机关的刊物毫无学术价值。可是以今日的眼光看，这些刊物的学术参考价值当然不言而喻。所以，从1985年底起，由国家图书馆和上海图书馆共同主持，全国56个省、市、大专院校图书馆参加，编辑了一本补充目录，共补收期刊16400余种。与1981年版的《1833—1949全国中文期刊联合目录（增订本）》相比，数量已经增加了80%有余。其"编辑说明"还特意强调，补录的部分包括原来认为毫无学术史料参考价值的"抗日战争时期敌伪刊物"。

抗日战争期间的沦陷区，除了日伪机关所办报刊通信外，一些具有日伪背景的团体组织或人员也举办了不少报刊，仅以涉及文史掌故类的为例，就有《中和》《大风》《古今》《天地》《风雨谈》《子曰》《朔风》《逸文》《学文》《艺文杂志》《文史》《雅言》等。这类刊物的出版，背后难免有适应政治军事形势的变化以及日本侵略政策调整的需要。为了建立稳固的殖民统治，日本占领当局除了继续使用武力高压手段外，吸引中国人士，培植文化汉奸，制造中日共荣的假象，成为当务之急。长期处于日伪统治之下的北京，作为近代中国的学术文化中心，曾经聚集了大批对社会具有广泛影响力的文化人士。战时不少人因为种种缘故，滞留沦陷区。日伪在北京的文化统治、文化组织与文化政策，国民党和国民政府在华北文教界的地下组织与活动，以及沦陷区各界人士对于各种政治势力的态度关联，尤其是他们的生活、工作、情绪、心境，等等，以往的研究很少触碰。文学史的研究涉及稍多，其余只有在牵扯个别人物的汉奸问题时，才会有所提及。

如此一来，不要说深入研究，就连一般性地了解相关史事，也很不容易。近年来关于华北沦陷区的问题逐渐引起了海外学术界的关注，研究者日渐增多，如果不能予以重视，很难掌握发言权，更不要说具备平等对话的能力。例如，伪北大问题，牵涉的学人以及牵扯的史事甚多，抗战光复时曾经因为处理办法或有过当而引发激烈冲突，成为不少在世之人的心中之痛。除了研究周作人、容庚等人时有所论及，整体的情形缺乏深入探究。此事涉及战后关于文化汉奸的处理审判，而中国历史上的汉奸问题，更是需要认真解读的一大难题。近年来虽然有所研究，错判事实甚多，断章取义之处也不少，且未能贯通所有问题和时段。对此人类历史上并非常见的文化现象，从其他文化系统的观念加以解读，毕竟隔靴搔痒，而在本文化研究失位的情况下，他者的解读势必占据主导，以致混淆视听。

扩而大之，抗日战争期间沦陷于日寇统治的地区不仅是华北。除了西部，中国广大区域在或长或短的时期内被日本占领，并建立过伪政权。由于战争迅速结束，各沦陷地区遗留下来大量日军和伪组织的档案，后来分别归入各地档案馆、图书馆、博物馆甚至公安局等系统。在沦陷区的研究相当薄弱的情况下，这些档案在相当长的时间里没有得到充分开放，因而接触使用者为数不多，有的甚至未经系统整理，具有很大的利用空间。其中固然不乏日本国内保存有诸多副本的印制文件，也有许多连日本也没有任何记录的原稿底本。

其五，应当以影印的形式，大规模出版没有版权障碍的日文文献，方便并且促使研究者直接使用日文文献，以便切实推进相关研究，从根本上改变中国的日本研究远不及日本的中国研究的状况，大幅度提升中日关系研究的水准。中日两国学术界研究中日关系史的显著差距之一，就是利用和理解对方文献的程度一般而言很难同日而语。其中当然有过去经济状况反差明显等客观条件限制的因素作用，但是中国学人的日语能力不足则是无可避讳的主观原因。能力有限，接触不够，自然解读不深。以近代中日关系文献的丰富程度而论，如果都要翻译，既不现实，亦无必要。更为重要的是，必须想方设法改变研究全靠翻译的非正常现象，大力促使所有相关学人使用原文文献。唯有如此，才有可能充分利用中日双方的各种资料，使得中国的中日关系研究全面提升。为此，保存于中国的图书、报刊、档案、函电、日记、图册、照像及其他未刊稿本，都应当全面系统地影印出版，方便研究者接触使用。随着利用条件的改善，自然会导致语言学习的需求增长，并推动研究者素质的提升。

此外，一些关于中日关系的大型文献汇编，因为读者有限，成本又高，在日本出版颇具难度，也可以争取在中国出版或再版。如近代日本人的来华游记，总共大约有500种，东京大学的小岛晋治教授编辑出版了明治时期10册，大正、昭和时期各20册，收录了其中的相当部分，但还有不少因故未能刊出。而近代中国人的日本游记，东京都立图书馆的实藤文库收藏加上其他中日各馆所藏，大约有350种，迄今为止出版的还不到一半。诸如此类的文献甚多，均为研究中日关系的重要凭借。只有打破资料壁垒，便于利用，促使研究者掌握相关技能，近代中日关系研究才能得到坚实的基础支撑。

在这方面，应当分别收藏家与研究者对于文献取舍眼界标准的差异，适时变通有关部门关于古籍整理出版的观念办法。依照黄侃、钱钟书等人对于版本的意见，以及傅斯年的史料越生越好的说法，应当采用影印的形式，尽可能保持原状，减少所谓增加学术含量的加工过程中很容易造成的诸多错误。要抓住未来10年左右的良机，通过大规模电子化或影印出版，多快好省地一举突破抢救性保护与研究急需的两难困境，最大限度地夯实研究基础，争取掌握中日关系研究的主动性和主导权。

其六，在以多种形式大规模编辑刊布相关资料的基础上，聚合中日两国的高水平学人，编辑大型《近代中日关系史事编年》，尽可能将涉及中日关系全过程各层面各领域的资料汇于一炉，相互比勘印证，力求近真并得其头绪，有效地改变近代中日关系研究在取材、时段、问题、方面等往往执于一偏的状况。通过系统梳理相关的材料史事，使得中日关系研究确立检验的标尺，改变将随心所欲当作见仁见智的状况。

三、并非多余的话

在人类历史上，由于地理接近、利害矛盾、文化冲突等因素的作用，使得一些国家彼此成为宿敌，长期进行你死我活的殊死争斗。英法、德法之间，都曾长时期经历以战争为极端形式的激烈冲突，试图用武力的方式彻底征服对方。经过反复较量，各自付出了沉重的代价，却仍然势均力敌，终于认识到无法凭借武力改变彼此关系，必须另谋生存之道，才能获得相对的稳定，最终通过相互妥协磨合，实现了和平共处。

在近代东亚，中日两国同样成为宿敌。在多种因素的作用下，经过长期对抗，力量对比发生了重要变化，局势早已今非昔比。但是迄今为止，两国仍然未能找到适当的共处双赢之道。是非曲直，历史已有定评，将来还会进一步证明。在国家利益至上的主导下，持续尖锐对立或许难免一战。而就双方的根本利益而言，冲突势必对两国的社会以及彼此的关系造成严重伤害，使得第三方坐收渔利。两国的有识之士，应当设法寻求从根本上协调利益、化解冲突的办法，化干戈为玉帛，使得世仇变成睦邻。

诚然，军事准备可以说是通过防止战争甚至战争的形式来实现和平。近代中国由于积弱不振，面对强权逞强之时，在战与和的问题上曾遭受长期困扰。退一万步说，即使处于不可调和的敌对状态，知己知彼也是百战不殆必不可少的条件。而且，真正做到知己知彼，便可以不战而屈人之兵。如此看待战与非战的关系，才能最终找到和睦相处的长治久安之道。

如今的时势，不同国家之间矛盾冲突的解决之道，绝非仅有武力一途。在各种形式的国际舞台上，较量角逐无时无刻地展开。缺乏高明的研究，势必严重制约学术、法理和舆论，使得自身在世界上处于不利地位。1931年陈寅恪于国立清华大学成立20周年之际，撰文论述"吾国学术之现状及清华之职责"，关于图书文物的收藏利用局限学术研究的状况痛加针砭，对于今日的中日关系研究以及应对中日关系的问题颇有借鉴意义，他说：

> 关于本国艺术史材料，其佳者多遭毁损，或流散于东西诸国，或秘藏于权豪之家，国人闻见尚且不能，更何从得而研究？其仅存于公

家博物馆者，则高其入览券之价，实等于半公开，又因经费不充，展列匪易，以致艺术珍品不分时代，不别宗派，纷然杂陈，恍惚置身于厂甸之商肆，安能供研究者之参考？但此缺点，经费稍裕，犹易改良。独至通国无一精善之印刷工厂，则虽保有国宝，而乏传真之工具，何以普及国人，资其研究？敢本国艺术史学若俟其发达，犹邈不可期。最后则图书馆事业，虽历年会议，建议之案至多，而所收之书仍少，今日国中几无论为何种专门研究，皆苦图书馆所藏之材料不足；盖今世治学以世界为范围，重在知彼，绝非闭户造车之比。况中西目录版本之学问，既不易讲求，购置搜罗之经费精神复多所限制。近年以来，奇书珍本虽多发见，其入于外国人手者固非国人之得所窥，其幸而见收于本国私家者，类皆视为奇货，秘不示人，或且待善价而沽之异国，彼辈既不能利用，或无眼利用，不唯孤负此种新材料，直为中国学术独立之罪人而已。

在陈寅恪看来，包括上述各节在内的学术独立，"实系吾民族精神上生死一大事者"①。70余年过去了，中国学术的状况大为改观，但是所论述的诸多情形，依然不同程度地存在。如果因为资料的种种限制而导致相关领域学术水准难以提升，进而造成在国际社会的尴尬地位，不要说是否应当追究妨碍中国学术独立的罪责，至少必须检讨反省由于历史原因加诸文献文物利用方面的各种限制作用和必要的利弊得失，不能以不急之务视之，抱着多一事不如少一事的态度。否则，看似小事一桩，却势必对国家民族造成无可挽回的深远伤害。

概言之，中国的中日关系研究，要想改变目前所处的不利地位，应当从取法和材料两方面大幅度提升现有水准。要从中日关系的长期历史考察近代中日关系的走向及其变动，不要只就近代甚至抗日战争时期的中日关系立论。应在深入认识中日两国历史的基础上研究中日关系。要将各种相关记载比勘互证，从不同视角看问题，不宜仅就一面的记录和说辞立论。应注意中日双方均非铁板一块，各自存在众多利益诉求各异的派系方面，不宜简单地分别视为统一单位。应就中日关系的整体着眼，不要受分科治

---

① 陈寅恪：《吾国学术之现状及清华之职责》，见陈美延编：《陈寅恪集·金明馆丛稿二编》，生活·读书·新知三联书店2001年版，第362～363页。

学的局限，仅仅从特定角度进行考察，注意日本因素对于中国影响的复杂性。资料方面，要在全面调查掌握国内外所有资源的基础上，设计出覆盖完全的整体框架和有机联系的分支结构，以求竭泽而渔地囊括所有时段、层面和类型，然后根据先易后难、先内后外的原则，循序渐进地推动《近代中日关系文献集成》的编辑出版，最终达到既包罗万象，又具有条理系统的境界。而当务之急，应着重编辑出版日本人写作的汉文文献、与中国关系密切的日本人关于中国的著述以及沦陷区各语种各类资料，有效地整合保存在中国的日文文献以及日本人在华主办的各语种文献，并大规模影印出版没有版权障碍的日文文献。

孙中山与传统文化

关于孙中山与传统文化的关系，中外学者近年来宏论甚多，但分歧也不小。在日本，主要集中于动机为利用还是信仰；① 在中国内地，则反映于过程的离异与回归是否存在。细读已有成果，比照孙中山的言论著述，觉得要了解其与传统文化的关系，并非易事。原因在于：一，所谓传统文化，并无清晰的定义与分界。二，孙中山未受过严格系统的国学训练，无师承门派，又以政治家、革命者的态度对待文化问题。三，于资料，孙中山很少引文的习惯，无法按时间顺序确知其在各阶段读过哪些传统文化的典籍，这些书籍又对其思想政略的形成发展起何种作用。此外，由于孙中山接受传统文化的途径不止读书一条，他还常常从与周围人的交谈讨论中汲收知识，问题更为复杂。上海孙中山故居的藏书是目前所知解谜的一大关键，可惜尚无缘得见。因此，只能就比较容易确证的孙中山接触传统文化的语言工具、接受的具体层面及其基本态度等三个问题，略陈管见，以为进一步论证的铺垫。

一、语言工具

就大文化而言，对于传统文化的学习继承，最重要的途径是教育。中国有大量以文字形式流传的典籍，表述和记载中国传统文化的主要符号是汉字，而未受教育者即使置身于同一文化环境中，与大文化的关系也相当疏离。了解孙中山与传统大文化的关系，首先应当考察其作为母语的汉语程度。这一问题早期并非没有疑问，例如，吴稚晖就曾怀疑孙中山是否识字。② 即使到今天，海内外研究者对其汉语水平持怀疑态度者也不乏其

---

① 参见［日］岛田虔次《关于孙中山宣扬儒教的动机论》，见中国孙中山研究学会编：《孙中山和他的时代——孙中山研究国际学术讨论会文集》（下册），中华书局1989年版，第1738～1749页。

② 参见中国国民党中央党史史料编纂委员会编印《吴稚晖先生全集》第5册第9卷，台湾文物供应社1969年版，第46～49页。

人。当然，一般说来，人们主要是以阅读和写作文言文等书面语的能力作为评判标准。

孙中山自称："幼读儒书，十二岁毕经业。"以后辗转于夏威夷、香港和香山，"复治中国经史之学"。然后改习西医，"于中学则独好三代两汉之文"。① 他9岁入村塾，先后随王姓塾师、赖桂山、程步瀛学习《三字经》《千字文》《幼学琼林》《古文评注》以及四书五经选读等。这是中国农民子弟一般所能受到的启蒙教育。据 Rawski 在《清代教育与民众识字率》一书中的描述，其具体过程大致是头一年学习"三百千"，即《三字经》《百家姓》《千字文》，学生可掌握两千左右的汉字，然后学习四书五经。由于完全采用死记硬背的方式，学生并不明白所读书籍的意思，更不用说四书五经所含的微言大义。而且，头一年习字时一般不讲解词意，加上四书五经文字难懂，学生往往认不出已学之字，更无法将这些字联组为有意思的词。《幼学琼林》之类的读物，正是为了解决这一矛盾而增设，以便帮助学生运用已学过的字来读书作文。经过两三年的学习，学生可以读写简单的文章。② 在传统教育体制中，这只是为正式进入儒学教育做准备。而孙中山的启蒙仅仅达到这一程度。他曾向塾师要求讲解所读书籍的内容，遭到拒绝，于是发誓今后要自己读出书中的道理来。③

旧式启蒙教育的弊端之一，是学生如果不能继续学习以达到读懂的程度，便容易忘记。孙中山虽然记忆力较强，也难逃此厄运。他说："我亦尝效村学生，随口唱过四书五经者，数年以后，已忘其大半。"④

1879年至1883年，孙中山远赴檀香山，回国后又到香港就学，所进均为英文学校。此后来往于檀香山、香港之间，直到1886年20岁时进入广州博济医院学医，才在课余请陈仲尧教授国文，每日坚持不断。一年后

---

① 参见《复翟理斯函》，见广东省社会科学院历史研究室、中国社会科学院近代史研究所中华民国史研究室、中山大学历史系孙中山研究室合编：《孙中山全集》（第一卷），中华书局1981年版，第47～48页。

② 参见 Evelyn Sakakida Rawski. *Education and Popular Literacy in Ch'ing China*, The University of Michigan Press, 1979.

③ 参见陈锡祺主编《孙中山年谱长编》（上册），中华书局1991年版，第18页。

④ 《在沪尚贤堂茶话会上的演说》，见广东省社会科学院历史研究室、中国社会科学院近代史研究所中华民国史研究室、中山大学历史系孙中山研究室合编：《孙中山全集》（第三卷），中华书局1984年版，第321页。

他转到香港西医书院,"陈亦同行,遂仍日就陈读"①。这是他第二个集中学习中文的时期。尽管在檀香山和1883年在香港拔萃书室读书期间,曾分别请杜南、区凤墀帮助补习国文,但时间很短,收效不大。所以,1895年11月6日《镜海丛报》所刊《是日邱言》称:孙"壮而还息乡邦,而不通汉人文,苦学年余,遂能读马、班书,撰述所学"。在此前后,孙中山还在香山"从乡中宿儒陆星甫、杨汉川潜修国学"②。

经过一段刻苦用功,孙中山的中文有了长足进步。到1892年毕业之际,汉文"所学亦已大进,人咸讶其进步之速"③。其早期撰写的几篇文字,如1890年的《上郑藻如书》,1891年的《教友少年会纪事》《农功》,1894年的《上李鸿章书》,虽然曾经陈少白等人修改润色,但基本由孙中山独力完成,可见其汉语程度不像有些人认为的那样差。此后的《拟创立农学会书》《致区凤墀函》《复翟理斯函》,所译《红十字会救伤第一法》等,也应是其本人手笔。

一定程度的中文和中学素养,是孙中山与中国士绅交往联系的重要依托。在早期香港的学友中,陈少白、尤列国学素养较好。组织农学会时,又与刘学询等官绅往来。特别是1898年后,孙中山与许多正途出身的维新士绅接触,如汪康年、文廷式、梁启超、章炳麟、汪有龄、周善培以及众多康门弟子,其中文廷式、章炳麟和梁启超在近代学术史上占有显著位置,章、梁还是大师级人物,没有一点儿国学根基,真是毋庸置喙。而孙中山与之交谈切磋之际,不仅能够大谈西学,而且间或可以列举经史以为佐证。

不过,孙中山所受传统中学的教育毕竟有限,未经名师指教,极无系统,主要靠自己勤奋好读,应付一般场合尚可,打通作为国学大道的经史则力有不逮。其所好三代两汉之文,恐怕只能包括四书五经及《史记》《汉书》,而且限于精神大意及文词文采。所谓盲左马班,时尚而已,与所说一些儒学语录不过是当时的流行语一样。现代学者博大精深如陈寅恪

---

① 冯自由:《革命逸史》(初集),中华书局1981年版,第14页。

② 陆灿:《孙中山公事略》,见广东省孙中山研究会主编:《孙中山研究》(第一辑),广东人民出版社1986年版,第334页。

③ 冯自由:《革命逸史》(初集),中华书局1981年版,第14页。

尚且自称"不敢观三代两汉之书"①，可见学术研究与一般了解差距之大。对于所称"好三代两汉之文"及学习方法，20年后孙中山本人有一段极好的说明："乃取西译之四书五经历史读之，居然通矣。"② 关于此事，邵元冲所记更为详尽："总理自言，幼时旅港肄业，所习多专于英文，嗣而治汉文，不得合用之本，见校中藏有华英文合璧四书，读而大爱好之，遂反复精读，即假以汉文之教本，且得因此而窥治中国儒教之哲理。又英译本释义显豁，无汉学注疏之繁琐晦涩，领解较易。总理既目识心通，由是而对中国文化，备致钦崇，极深研几，以造成毕生学术之基础。"③

这段话有两点值得注意，其一，孙中山以英汉对照本读四书五经，主以英文，辅以汉文，则理解上汉文反不及英文；其二，所以如此，是因为他不习惯于汉学注疏的烦琐晦涩，英译本反而易于理解。就方法而论，读三代两汉之文，不依赖注疏鲜有能通晓者；而英译本释义，等于按照译者的语言文化诠释重构。语言的互译受抽象概念与经验知识的双重影响，往往会发生错解或变形。世界上没有能够完全对应的两种语言，更不用说还有文化背景的差异（包括社会与个人），往往所指相同，各自的意思和理解却大相径庭。儒学对于欧洲走出中世纪的神学垄断、步入理性世界起了重要作用，为启蒙大师们交口赞誉。他们对儒学的理解，与中国人显然不尽相同。将四书五经全文英译的是英国汉学家理雅各（James Legge, 1815—1897），1843—1873年他担任英华书院院长期间，在王韬的帮助下完成译事，于1861年至1886年陆续出版。孙中山读的很可能就是这一译本。尽管这迄今仍被认为是范本，但孙中山以此为捷径，所理解之儒，既非先秦旧儒，亦非中古新儒，更非近代的孔家店，而是洋装欧化的舶来品。这使他对儒学的看法与一般新学者迥异。孙中山的汉文后来虽有进步，汉籍英读的方法始终未曾舍弃，据说读十三经时仍用英译本，以便撰写理论著述，或准备三民主义演讲。可见此法影响了孙中山的一生。

---

① 陈寅恪：《陈垣元西域人华化考序》，见《金明馆丛稿二编》，上海古籍出版社1982年版，第239页。
② 《在沪尚贤堂茶话会上的演说》，见中国社会科学院近代史研究所中华民国史研究室、中山大学历史系孙中山研究室、广东省社会科学院历史研究室合编：《孙中山全集》（第三卷），中华书局1984年版，第321页。
③ 邵元冲：《总理学记》，见尚明轩、王学庄、陈崧编：《孙中山生平事业追忆录》，人民出版社1986年版，第694页。

孙中山的英文又如何？据目前所见资料，其阅读、听说能力较强。他受过12年的英语教育，在同时代的中国人中，外语算是出类拔萃。其阅读书籍以英文为主，中英文著述的内容差异而外，书面语的理解力英文优于中文，当是重要原因。讲的方面，流亡海外时，除非与华侨交往或有翻译在场，一般以英语为交际手段，据说水平之好常使一些欧美人士感到惊讶。如他能进入博济医院，即因与该院主持人美国嘉约翰医生（Dr. John L. Kerr）在街上偶遇，用英语交谈，后者"深讶此青年所说英语之流利"，"以英文通达可为院用"①。不过，若以高标准衡量，并非没有瑕疵。1912年1月11日金陵关税务司卢力飞（R. De. Luca）与英国领事卫金生拜会过任临时大总统的孙中山后说："他讲的英文还不差，但不是完美无瑕。"②

　　语言学习中，写往往最难掌握，孙中山在这方面也是力不从心。使其海外扬名的英文著作《伦敦被难记》，据康德黎夫人日记，是由康德黎帮助他写成。③ 稍后计划撰写的另一著作，则由孙中山口述，由柯林斯记录整理。在《伦敦被难记》中，孙中山坦承："顾予于英文著述非所长，……而遣词达意尤得吾友匡助之力为多，使非然者，予万不敢贸然以著作自鸣也。"④ 此言决非谦辞。在答复《自由俄国》杂志编辑的索文函时，他再度表示："我必须承认，即没有一位朋友的帮助，我将不能用纯熟的英文写出任何东西。在文字工作上帮助我的人，近几天恰好不在首都。因此，对于论述法国和俄国在中国的文章，我无法向你提供一篇自己写的关于这个题目的评论。"⑤ 当时孙中山迫切需要扩大其国际影响，坐失良机，实在是迫于无奈。这种情况后来并无改善，1904年他在美国与王宠惠合

---

① 郑照：《孙中山先生逸事》，见尚明轩、王学庄、陈崧编：《孙中山生平事业追忆录》，人民出版社1986年版，第517页。
② 中国近代经济史资料丛刊编辑委员会主编：《中国海关与辛亥革命》，中华书局1983年版，第133页。
③ 参见陈锡祺主编《孙中山年谱长编》（上册），中华书局1991年版，第128页。
④ 《伦敦被难记》，见广东省社会科学院历史研究室、中国社会科学院近代史研究所中华民国史研究室、中山大学历史系孙中山研究室合编：《孙中山全集》（第一卷），中华书局1981年版，第49页。
⑤ 《复伏尔霍斯基函》，见广东省社会科学院历史研究室、中国社会科学院近代史研究所中华民国史研究室、中山大学历史系孙中山研究室合编：《孙中山全集》（第一卷），中华书局1981年版，第107页。

作撰写《支那问题真解》，要求出版者不仅仔细订正全文，而且特别对他自己写的最后 5 页要"以更正确的英文来改写一下"①。1914 年，当担任英文秘书的宋氏两姊妹因故离开时，用英文回信也成了孙中山的一大负担。② 可见，孙中山还不能像以英语为母语的人那样使用这门工具。那么，从英译本理解汉籍，更加不能不打些折扣。

日语对孙中山认识传统文化也有一定关系。二次革命失败流亡东京时，他系统读过日本人编的《汉文大系》，犬养毅等人又一再叮嘱他要坚持传统文化。不过，孙中山虽然在日本生活了 7 年多，日语水平却不高。到日本之初，他曾计划学习日语，并请宫崎寅藏代为寻找通汉文的仆人，自己也设法寻觅晓日语的华童，"皆不得也"。③ 此后，"虽居日本，雅不喜学日语。陈少白尝谓孙曰：'君宜学日语。'孙大声曰：'吾为学日语来耶？'"④ 1914 年日本警察当局在监视报告中称："孙文只知极简单单词外不通日语，而头山满英语、汉语均不通，即使见面仍不能直接交谈，且未发现头山与孙文间通过第三者联络谋划之事。"⑤ 孙中山与日本人的交往，或假手笔谈，如对宫崎寅藏等；或借助英语，如对平山周；或通过翻译，如陈少白、戴季陶等。当时的留学生和亡命客，多喜欢在书信文章中夹杂日语假名，而孙中山只使用过"さん"这个最常用的接尾词。⑥ 据久保田文次教授示教，孙中山能够简单地用日语会话，只是正式场合从不使用。揆诸情理，倒也可信。因为与之共处的日本人当中，确有不识字又不能靠翻译传通之人，除非孙会简单的日语，否则无法沟通。

---

① 《致麦克威廉斯函》，见广东省社会科学院历史研究室、中国社会科学院近代史研究所中华民国史研究室、中山大学历史系孙中山研究室合编：《孙中山全集》（第一卷），中华书局 1981 年版，第 256 页。

② 参见《致戴德律函》《致咸马里夫人函》，见中国社会科学院近代史研究所中华民国史研究室、中山大学历史系孙中山研究室、广东省社会科学院历史研究室合编：《孙中山全集》（第三卷），中华书局 1984 年版，第 145、148 页。

③ 参见《与宫崎寅藏等笔谈》，见广东省社会科学院历史研究室、中国社会科学院近代史研究所中华民国史研究室、中山大学历史系孙中山研究室合编：《孙中山全集》（第一卷），中华书局 1981 年版，第 178～179 页。

④ 《孙逸仙小史》，载《民立报》，1911 年 11 月 23 日。

⑤ 俞辛焞、王振锁编译：《孙中山在日活动密录》，南开大学出版社 1990 年版，第 610 页。

⑥ 参见《致萱野长知函》，见广东省社会科学院历史研究室、中国社会科学院近代史研究所中华民国史研究室、中山大学历史系孙中山研究室合编：《孙中山全集》（第一卷），中华书局 1981 年版，第 355、357 页。

综上所述，孙中山掌握语言工具的方式的确比较奇特，阅读方面英文强于中文，写作方面却是中文长于英文。接受与表述使用两套文字，又从英译本读经，这样，虽然对传统文化的理解契合处不少，但时装洋化的现象在所难免。弄懂弄通已不易，遑论继承正道？

二、偏好史地

传统文化一词，至少目前使用起来有些只可意会不可言传，内涵外延因人而异，界定含混，并无公认准则。由于儒学的影响巨大久远，几乎成为传统文化的代名词，中外学者谈到孙中山与传统文化的关系时，不少人就直指儒教或儒学。然而，儒教与传统文化二者并不对应，因为儒虽显中国传统文化特征，却不能涵盖后者。对此，陈寅恪早有高论。他在《冯友兰〈中国哲学史〉下册审查报告》中说："中国自秦以后，迄于今日，其思想之演变历程，至繁至久。要之，只为一大事因缘，即新儒学之产生，及其传衍而已。""自晋至今，言中国之思想，可以儒释道三教代表之。此虽通俗之谈，然稽之旧史之事实，验以今世之人情，则三教之说，要为不易之论。儒者在古代本为典章学术所寄托之专家。……遗传至晋以后，法律与礼经并称，儒家周官之学说悉采入法典。夫政治社会一切公私行动，莫不与法典相关，而法典为儒家学说具体之实现。故二千年来华夏民族所受儒家学说之影响，最深最巨者，实在制度法律公私生活之方面，而关于学说思想之方面，或转有不如佛道二教者。""凡新儒家之学说，几无不有道教，或与道教有关之佛教为之先导。"①

对此庞大课题，本文难以展开，所要强调的是，至少春秋战国以来，思想层面的所谓传统文化经历了百家、儒墨、法家、黄老、玄学、三教的兴替，孙中山本人在言论著述中，先秦诸子就提及过管子、商鞅、老子、墨子、鬼谷子等。各家内部派别林立，墨析为三，儒分为八，往往相反相对，而各家之间有时反而互相沟通。如"秦之法制实儒家一派学说之所附系，中庸之'车同轨，书同文，行同伦'为儒家理想之制度，而于秦

---

① 陈寅恪：《冯友兰〈中国哲学史〉下册审查报告》，见《金明馆丛稿二编》，上海古籍出版社1982年版，第250～251页。

始皇之身，而得以实现之也"①。即使同一派别，也有阶段之异。孔子之儒与子思、孟子之儒已有所不同，宋明理学变化更大。孙中山说："我辈之三民主义首渊源于孟子，更基于程伊川之说。"其实二者分别不小，而他只管取其所需。孙中山后来常常讲的阳明心学，与程朱理学又有所不同。从学术渊源考察，不知异同则不专精，不究脉络则难通博，称之为中国文化的集大成者，颇为牵强。孙中山自称三民主义"不过演绎中华三千年来所保有之治国平天下之理想而成之者也"②，即使排除矫情，也应从政治角度来理解。

孙中山好读书买书，与之相识的中外人士有口皆碑。他不但平常手不释卷，就连流亡颠沛、戎马倥偬、日理万机、身陷危境、重病卧榻之际也坚持不懈。给人印象最深的是，每当革命事业遭受挫折失败时，他便"取专门巨著而细读之，从容一如平时，一点无沮丧悲观的形象"③。仅此一事，即令追随者钦佩得五体投地，自觉形秽。好读者爱买书，孙中山从在檀岛读书时起，就养成买书的习惯。尽管他经常颠沛流离，还是不断地大批买书，特别是各种新书，有时即使借钱也要买。在广州大本营时期，每月买书需毫洋三百元（约合美金150元）。他一生东奔西走，随身行李主要是书籍。读书是孙中山吸收传统文化的重要途径。

要想弄清楚孙中山如何从阅读中接受传统文化的熏陶，则须进一步分析所读内容。首先，孙中山读书买书以英文为主。这一方面由于其阅读理解英文强于中文，更重要的是，他认为"读书要多读新出版的名著，这样才能渊博，才能吸收新知"④。而在孙中山的有生之年，有创意的中文新书尚不多见。像梁启超那种辗转贩卖的二手货，只能吸引国内的青年学子和蒙昧官绅，留学生已经啧有烦言，不时揭露其抄袭外人著述，在孙中山看来恐怕更少魅力。至于戊戌后新文化之风鼓荡引进的种种西学新学，

---

① 陈寅恪：《冯友兰〈中国哲学史〉下册审查报告》，见《金明馆丛稿二编》，上海古籍出版社1982年版，第251页。

② 《与日人某君的谈话》，见广东省社会科学院历史研究所、中国社会科学院近代史研究所中华民国史研究室、中山大学历史系孙中山研究室合编：《孙中山全集》（第九卷），中华书局1986年版，第532页。

③ 黄季陆：《国父的读书生活》，见尚明轩、王学庄、陈崧编：《孙中山生平事业追忆录》，人民出版社1986年版，第838页。

④ 黄季陆：《国父的读书生活》，尚明轩、王学庄、陈崧编：《孙中山生平事业追忆录》，人民出版社1986年版，第837页。

孙中山比较容易看出其中的浅薄错误，兴趣也不会太大。他最喜欢买的书有两类，一是"各国说到中国的书"，二是"最新讲到各种主义的书"①，因而"把最新欧美的社会学说，无不浏览"②。他对欧美国家，至少是英文世界的社会人文、自然科学的名著、新著相当熟悉，又善于使用年鉴等各种工具书，并与书店关系密切，可向外国直接订购，因而十分了解最新思想学术动态。与人交谈讨论时，正是这一点令对方吃惊和敬佩。黄季陆几次讲到关于《战后欧洲新宪法》《近代政治问题》两书的事，足以证明。黄在美洲新获，在归途中刚刚读完的这些新版书，孙中山不仅已经购得，而且看完上架。

从有关孙中山购买和携带书籍的记载看，所购绝大多数是欧美英文书，如广州大本营时期每月150元美金，即用于购买外国书报。明确提到其买中文书籍的记载，只有一次在上海棋盘街的一间旧书店选购了一批线装书。③ 流亡之际，随身所带也多为英文书。而中文书除用作宣传品外，自己备用者据说有一部局刻《资治通鉴》。④ 在讨论和撰述过程中须引用古籍时，孙中山求教于人多，指点与人少，和他对英文著作的熟悉适成鲜明对比。从邵元冲《总理学记》可见，在国学范围内，孙中山不仅具体征引汉文典籍时要咨询他人，就连看什么书，以及研究某一问题时需要参考什么书，也需他人提供意见。如中国制造舟车、发明火药的起源，周秦学术流别，郑和下西洋的史实及船舶构造等。而涉及西学范围时，这种现象鲜有发生。

其次，在中文书里，孙中山对史地的兴趣更大，经书诸子，用功较少，尤不嗜美术图画、丝竹音乐、中西诗歌等。⑤ 邵元冲说："总理毕生可谓不读无益之书者，凡中西典籍以及报章杂志，无不博读，然从未见总

---

① 吴敬恒：《总理行谊》，见尚明轩、王学庄、陈崧编：《孙中山生平事业追忆录》，人民出版社1986年版，第713页。

② 吴敬恒：《我亦一讲中山先生》，见尚明轩、王学庄、陈崧编：《孙中山生平事业追忆录》，人民出版社1986年版，第701页。

③ 参见马湘《跟随孙中山先生十余年的回忆》，见尚明轩、王学庄、陈崧编：《孙中山生平事业追忆录》，人民出版社1986年版，第121页。

④ 参见吴敬恒《总理行谊》，见尚明轩、王学庄、陈崧编：《孙中山生平事业追忆录》，人民出版社1986年版，第713页。

⑤ 参见张永福《孙先生起居注》，见尚明轩、王学庄、陈崧编：《孙中山生平事业追忆录》，人民出版社1986年版，第820页。

理一读小说杂部，及其他无关学术之书。"① 这从孙中山本人的言论著述中可以得到印证。据大陆出版的《孙中山全集》，他只是在三民主义演讲时提过一次《三国演义》，另外在他人转述的谈话中提及神仙说部。② 即使西方文学，也仅提到一次人所共知的鲁滨逊，一次《黑奴吁天录》。他虽有过一次与胡汉民、朱执信等谈诗的记载，对诗词显然不熟，所以将苏轼《题西林壁》中的"不识庐山真面目，只缘身在此山中"一句，当作成语。③

对于汉文古籍，孙中山对史地较熟。曾任临时大总统秘书、长期追随孙中山的耿伯钊说：孙中山"看的书种类很多，有英文书籍，也有线装的古书，主要的是学习历史、地理和政治经济。中山先生对中国历史很有研究，他特别注意两个朝代新旧交替的历史"④。这与孙中山的言行相符。早年补习汉文时，他便以能读马、班书为准的。所谓"好三代两汉之书"，后者具体即指《史记》《汉书》。据说他曾详读过廿四史，又随身携带《资治通鉴》，与人交谈讨论，常引史实为据。

孙中山好史，与世风相合。清代朴学本来经史并重，但治经易而治史难，"于是一世才智之士，能为考据之学者，群舍史学而趋于经学之一途"。清末民初，经学盛极而衰，史学则呈宋以来再度复兴之势，原因为"国人内感民族文化之衰颓，外受世界思潮之激荡"⑤。孙中山虽非学者，但对时局学风感同身受。他说："欲改革政治，必先知历史，欲明历史，

---

① 邵元冲：《总理学记》，见尚明轩、王学庄、陈崧编：《孙中山生平事业追忆录》，人民出版社1986年版，第697页。

② 参见《与冯自由的谈话》，见广东省社会科学院历史研究室、中国社会科学院近代史研究所中华民国史研究室、中山大学历史系孙中山研究室合编：《孙中山全集》（第一卷），中华书局1981年版，第586页。

③ 参见《在广东省教育会的演说》，见中山大学历史系孙中山研究室、广东省社会科学院历史研究所、中国社会科学院近代史研究所中华民国史研究室合编：《孙中山全集》（第五卷），中华书局1985年版，第491页。

④ 耿伯钊：《孙中山先生的生活片段》，见尚明轩、王学庄、陈崧编：《孙中山生平事业追忆录》，人民出版社1986年版，第218页。

⑤ 陈寅恪：《陈垣〈元西域人华化考〉序》，见《金明馆丛稿二编》，上海古籍出版社1982年版，第238、239页。

必通文字。"① 他发奋学习汉文，正是为了明史。

当然，作为革命者，对历史的兴趣又别具特色，孙中山尤其注重新旧朝代更替的历史，亦即"革命"的历史。谈论最多的是殷周更替、楚汉相争、隋唐之变、宋辽金和战、元明兴亡以及太平天国起义的历史。其着眼点在于：一，"人民揭竿而起，匹夫有天下，历史视为寻常"②，说明民主革命的合理性。二，驱逐异族，实行民族革命的正当性。三，民族英雄的精神业绩及圣贤的成功之道。四，义军领袖的政略得失。五，揭示中国既有政治制度的独特性，以补充其建政理论，如五权宪法。六，防止纷争割据的必要与方法。显然，其主要目的在于寻找除旧布新的要诀和鉴古知今的明镜，以充实验证其革命与治世方略。如他主张开放，便引述过著名的景教碑及唐代大批外国留学生来中土求学的史实，作为中国历来并不自我封闭的证据。

史地相较，孙中山"于中国舆地研治最精"③，这方面可以说具有专业的水准。早年手绘《支那现势地图》，参考古今中外地图制成，准确度堪称当世第一。与同时由近代中国最精地理学的邹代钧翻译绘制的详图相比，虽然详略不一，但邹代钧各图主要是译刻，较少参校，孙中山则以邹氏用作主要底本的俄国制中国各省图与德国、法国制中国南北省地文、地质图及英国制中国海图相互比较，辑绘而成。在撮取大要的总图之外，还准备制作精详的分图。此后，他依然乐此不疲，对收集研究地图保持极大兴趣，大本营时期参军邓彦华即为其专掌地图。孙中山将研究地图作为了解国情、制定方略的依据，但凡起义发难、交通布局、港口整理、国防建设等，无不于精研地图后决定。由此可见其科学务实精神。诚如他所说：

---

① 《在沪尚贤堂茶话会上的演说》，见中国社会科学院近代史研究所中华民国史研究室、中山大学历史系孙中山研究室、广东省社会科学院历史研究室合编：《孙中山全集》（第三卷），中华书局1984年版，第321页。

② 《与罗斯基等的谈话》，见广东省社会科学院历史研究室、中国社会科学院近代史研究所中华民国史研究室、中山大学历史系孙中山研究室合编：《孙中山全集》（第一卷），中华书局1981年版，第585页。

③ 邵元冲：《总理学记》，见尚明轩、王学庄、陈崧编：《孙中山生平事业追忆录》，人民出版社1986年版，第696页。

"然实学之要，首在通晓舆图，尤首在通晓本国之舆图。"①

传统文化不仅内容有别，层次也有异。长期以来，中国社会大小传统并存互渗，士大夫思想与民间习俗差若天渊。有时同一言行，在不同文化层面含义迥异。孙中山出身岭南农家，中学教育又不充分，加上西方科学精神的影响，以及他对社会学、经济学、政治学等社会科学的钻研，更注意从下层生活的实际体验中吸取经验，归纳提纯，以充实其理论体系。在早期，他常常引述古史和亲身经历为证，如以僻地荒村之民的自议自理自治与三代之治相比照，说明中国可以实行共和制度。后来甚至说："乡村政治乃中国政治中之最清洁者，愈高则愈龌龊。"② 以景教、佛教、天主教在中国的传播与民众行为相参证，论证中国人本性并不排外保守。对西方文明的学习吸收，也力主亲临考察，眼见为实。他告诫留学生："到外国去不要以能读死书求得一点智识为满足"，"除了专门科目而外，随时随地留心考察研究各国的人情、风俗习惯、社会状况、以及政治实情等等"③，认为"活的智识"更为有用。二次革命后、避居上海时及晚年准备三民主义演讲之际，孙中山曾大量阅读中外典籍，对国学也下了一番功夫，但著书演讲时，仍习惯于引述下层生活的实例。这不仅是求通俗易懂，也与早期论述风格相通。

下层社会长期受正统文化的影响，又有其独立的规范，并非儒教所能涵盖。鲁迅即认为，中国根柢全在道教。即论儒学，孔子所承为周公礼制，开始礼不下庶人，后虽下移民间，却演化为礼俗礼教。所谓神道设教，是大小传统相互调适的表现。而调适后的文化现象在大小传统间同源异形异义的情况相当普遍，如冥钱与明器即为一例。简单冠以儒教之名，泛称尚可，作为严格的学术概念，则欠准确。

---

① 《〈支那现势地图〉跋》，见广东省社会科学院历史研究室、中国社会科学院近代史研究所中华民国史研究室、中山大学历史系孙中山研究室合编：《孙中山全集》（第一卷），中华书局1981年版，第187页。

② 《在香港大学的演说》，见中山大学历史系孙中山研究室、广东省社会科学院历史研究所、中国社会科学院近代史研究所中华民国史研究室合编：《孙中山全集》（第七卷），中华书局1985年版，第116页。

③ 张道藩：《赴法国前晋谒国父的经过》，见尚明轩、王学庄、陈崧编：《孙中山生平事业追忆录》，人民出版社1980年版，第786页。

三、信而不泥

孙中山对待传统文化的态度，有两个显著特征。其一，一般不赞成笼统地反传统。戊戌以来，疑古反古思潮久盛不衰，到五四发展为彻底的反传统之风。与同时代的一般新派思想家不同，孙中山很少流露出根本否定传统文化的倾向。他早年在家乡打毁神像，被视为反传统的行动，动因却可能是受基督教教义的影响。对于俗尚鬼神，浪费大量资源，孙中山也有所批判。他不大相信中医，"平生有癖，不服中药"，却"喜聆中医妙论"。① 这当然是学历职业使然，同时也因为中医的神秘尚未揭晓。那时激进如鲁迅，宽仁如陈寅恪，对中医都予以疑弃。关于方块汉字，孙中山认为："每字一义，至为简洁，亦当保存，惟于科学研究须另有一种文字以为补助，则采用英文足矣。"② 这比汉字罗马化的倡导者要平和得多。他甚至明确表态："虽今日新学之士，间有倡废中国文字之议，而以作者观之，则中国文字决不当废也。"③ 对于新文化运动，孙中山赞成其纳新的一面，至于吐故，至少文化层面上未表赞同。他在三民主义演讲时大谈传统文化，很大程度上也是对新文化运动疑古、反传统和西化风潮的间接批评，不赞成简单地全盘反传统。

不做一般性的反传统，与孙中山的认知方式及个人经历密切相连。首先，孙中山不像近代多数革命者或改革者那样，将政治腐败、社会落后归咎于文化。尤其是新文化运动时期，对辛亥革命和民国政治的极度失望，令许多知识人产生焦躁愤激情绪。他们认为，单靠政治革命不能根本改造社会，只有从精神上割断与传统的一切联系，才能推动社会进步。孙中山则始终认为，专制政治是社会发展的主要障碍。他说："几世纪以前，中

---

① 参见《与葛廉夫的谈话》，见广东省社会科学院历史研究所、中国社会科学院近代史研究所中华民国史研究室、中山大学历史系孙中山研究室合编：《孙中山全集》（第十一卷），中华书局1986年版，第571页。

② 《在欧洲的演说》，见广东省社会科学院历史研究室、中国社会科学院近代史研究所中华民国史研究室、中山大学历史系孙中山研究室合编：《孙中山全集》（第一卷），中华书局1981年版，第560页。

③ 《建国方略》，见中山大学历史系孙中山研究室、广东省社会科学院历史研究所、中国社会科学院近代史研究所中华民国史研究室合编：《孙中山全集》（第六卷），中华书局1985年版，第180页。

国为现代世界上各文明国之冠。到了现在，中国文化停滞，西方各国驾乎我上，我反瞠乎其后。这全由于中国政治背道而驰。"① 按照他的看法，"如果有了良政府，社会的文明便有进步，便进步得很快。若是有了不良政府，社会的文明，便进步得很慢，便没有进步"。中国的历史显示，"周朝何以有那么好的文明呢？便是因为有文、武、成、康的良政府。到了秦始皇焚书坑儒以后，政府便不良，文明便退化。弄到古时已经有了的文明，到后来几几乎绝迹"②。即使在早期，他也认为中国现实中的种种社会问题，"并不是出于中国人的天性，而是由于人为的原因和人工导致的倾向引起的"。只要推翻腐败统治，建立贤良政府，就可以改进。他甚至认为，日本之所以强盛，就是因为保持了中国的旧文明。而中国丧失其固有文明，所以落后。③ 1922 年他在公开演讲中指出，中国文化两千年来不进步的原因，一是政治专制，二是求进步的方法不对，即知而不行。解决的方法，正是恢复传统。

其次，孙中山长期生活于海外，亲历各国，又熟悉中西史籍，很清楚中国文化在世界上的位置，因而没有一般反传统思想家的两个通病：即对西方文化的看法理想化，缺乏切身体验和全面了解；以及对欧美以外的其他文化视而不见，一味将中国与近代西方类比。孙中山深知西方社会亦有利弊，并不认为西方的一切优于中国，整体上坚持中西互补。1905 年访问第二国际时，他便表明希望中国跨越资本主义的意愿。辛亥革命成功在望之际，他在欧洲提出："取欧美之民主以为模范，同时仍取数千年前旧有文化而融贯之。"④ 民初又声称："我中国是四千余年文明古国，人民受

---

① 《与克拉克的谈话》，见广东省社会科学院历史研究所、中国社会科学院近代史研究所中华民国史研究室、中山大学历史系孙中山研究室合编：《孙中山全集》（第九卷），中华书局 1986 年版，第 151 页。

② 《在广州全国青年联合会的演说》，见中山大学历史系孙中山研究室、广东省社会科学院历史研究所、中国社会科学院近代史研究所中华民国史研究室合编：《孙中山全集》（第八卷），中华书局 1986 年版，第 318 页。

③ 参见《中国的现在和未来》，见广东省社会科学院历史研究室、中国社会科学院近代史研究所中华民国史研究室、中山大学历史系孙中山研究室合编：《孙中山全集》（第一卷），中华书局 1981 年版，第 88 页。

④ 《在欧洲的演说》，见广东省社会科学院历史研究所、中国社会科学院近代史研究所中华民国史研究室、中山大学历史系孙中山研究室合编：《孙中山全集》（第一卷），中华书局 1981 年版，第 560 页。

四千余年道德教育，道德文明比外国人高若干倍，不及外国人者，只是物质文明。"①《建国方略》中更列举大量史实证明，即使在物质方面，历史上中国也长期处于领先地位，有些优势甚至一直保持到近代。他批评那些认为外国高度文明是因为他们有一种特长的归国留学生："说这样话的人，是自己甘居下流，没有读过中国历史，不知道中国几千年都是文物之邦，从前总是富强，现在才是贫弱。"②他认为中国文化不仅比澳洲、檀香山土人、印度山人、菲律宾人和北美黑奴要高得多，若"不以近代文化发达的情形比"，中国文化甚至"较西方各国的文化高的多"③，因此"人民的程度比各国还要高些"④。也就是说，孙中山认识到中国文化是世界上前近代社会的最高成就者。在此基础上，一可以依托、改造、利用，易旧为新，转弱为强；二不能照搬外国。如他主张取法外人，认为各国宪法，"有文宪法是美国最好，无文宪法是英国最好"。但英国"不能学"，美国"不必学"，而要以中国始创，自古独有的考选、纠察来补充改善。⑤

再次，就传统文化而言，孙中山很有些厚古薄今，视上古社会为理想楷模。他说："中国现在底文明，一不如外国，二不如古人。中国古时底文明进步很快，外国近来底文明，进步很快。"⑥这里的古，主要指三代之世，尤其是唐尧虞舜。早年他即对"古先圣贤王教化文明之盛"心仰

---

① 《在安徽都督府欢迎会的演说》，见中国社会科学院近代史研究所中华民国史研究室、中山大学历史系孙中山研究室、广东省社会科学院历史研究室合编：《孙中山全集》（第二卷），中华书局1982年版，第533页。

② 《在广州岭南学生欢迎会的演说》，见中山大学历史系孙中山研究室、广东省社会科学院历史研究所、中国社会科学院近代史研究所中华民国史研究室合编：《孙中山全集》（第八卷），中华书局1986年版，第539页。

③ 《与克拉克的谈话》，见广东省社会科学院历史研究所、中国社会科学院近代史研究所中华民国史研究室、中山大学历史系孙中山研究室合编：《孙中山全集》（第九卷），中华书局1986年版，第149～150页。

④ 《在东京中国留学生欢迎大会的演说》，见广东省社会科学院历史研究室、中国社会科学院近代史研究所中华民国史研究室、中山大学历史系孙中山研究室合编：《孙中山全集》（第一卷），中华书局1981年版，第280页。

⑤ 参见《在东京〈民报〉创刊周年庆祝大会的演说》，见广东省社会科学院历史研究室、中国社会科学院近代史研究所中华民国史研究室、中山大学历史系孙中山研究室合编：《孙中山全集》（第一卷），中华书局1981年版，第329～331页。

⑥ 《在桂林学界欢迎会的演说》，见中山大学历史系孙中山研究室、广东省社会科学院历史研究所、中国社会科学院近代史研究所中华民国史研究室合编：《孙中山全集》（第六卷），中华书局1985年版，第70页。

慕之，以"生于晚世，目不得睹尧舜之风、先王之化"为憾，决心"再造中华，以复三代之规，而步泰西之法"①。民初又说："我国数千年历史之中，最善政体莫为［如］尧舜。"② 晚年尚儒，才说："在我们中国，自有史四千余年以来，社会极文明的时候，莫如周朝，那时候种种哲学和科学的文物制度，外国到今日才有的，中国三千年以前便老早有了。"③ 受此影响，孙中山往往感到中西相通，甚至认为西不如中，对近代流行一时的西学中源论有所附和。如称经济学"本滥觞于我国"④，而以管子为经济学家。他以为西方共和政体与三代之治相合，"三代之治实能得共和之神髓而行之者也"⑤，以后一直坚持这种看法，"盖尧舜之世，亦为今日之共和政体，公天下于民"⑥。

农业和教育，是孙中山早年关注的社会问题。他认为："自古教养之道，莫备于中华，惜日久废弛，庠序亦仅存其名而已。泰西诸邦崛起近世，深得三代之遗风。"⑦ 中华自古养民之道，首重农桑，先秦"为宰邑

---

① 《复翟理斯函》，见广东省社会科学院历史研究室、中国社会科学院近代史研究所中华民国史研究室、中山大学历史系孙中山研究室合编：《孙中山全集》（第一卷），中华书局1981年版，第46～47页。

② 《在神户国民党交通部欢迎会的演说》，见中国社会科学院近代史研究所中华民国史研究室、中山大学历史系孙中山研究室、广东省社会科学院历史研究室合编：《孙中山全集》（第三卷），中华书局1984年版，第43页。

③ 《在广州青年联合会的演说》，见中山大学历史系孙中山研究室、广东省社会科学院历史研究所、中国社会科学院近代史研究所中华民国史研究室合编：《孙中山全集》（第八卷），中华书局1986年版，第318页。

④ 《在上海中国社会党的演说》，见中国社会科学院近代史研究所中华民国史研究室、中山大学历史系孙中山研究室、广东省社会科学院历史研究室合编：《孙中山全集》（第二卷），中华书局1982年版，第510页。

⑤ 《与宫崎寅藏平山周的谈话》，见广东省社会科学院历史研究室、中国社会科学院近代史研究所中华民国史研究室、中山大学历史系孙中山研究室合编：《孙中山全集》（第一卷），中华书局1981年版，第173页。

⑥ 《在神户国民党交通部欢迎会的演说》，见中国社会科学院近代史研究所中华民国史研究室、中山大学历史系孙中山研究室、广东省社会科学院历史研究室合编：《孙中山全集》（第三卷），中华书局1981年版，第43页。

⑦ 《上李鸿章书》，见广东省社会科学院历史研究室、中国社会科学院近代史研究所中华民国史研究室、中山大学历史系孙中山研究室合编：《孙中山全集》（第一卷），中华书局1981年版，第9页。

者，蚕绩蟹筐，著有成效。近世鲜有留心农事者，惟泰西尚有古风。"① 称赞三代以上农政有专官之制，批评后世为民牧者"听民自生自养"，使农政"日就废弛"②。

孙中山的一些理论，的确是参照古史、针砭西方社会痼疾而来，如五权宪法，他主张五权分立制以救三权鼎立之弊，认为弹劾、考试"二种制度，在我国并非新法，古时已有此制，良法美意，实足为近世各国模范。古时弹劾之制，不独行之官吏，即君上有过，犯颜谏诤，亦不容丝毫假借。设行诸近世，实足以救三权鼎立之弊。至于考试之法，尤为良善，稽诸古昔，泰西各国大都系贵族制度，非贵族不能作官。我国昔时，虽亦有此弊，然自世禄之制废，考试之制行，无论平民贵族，一经考试合格，即可作官，备位卿相，亦不为僭。此制最为平允，为泰西各国所无。厥后英人首倡文官考试，实取法于我，而法、德诸国继之"③。据此，"故中国实为世界进化最早之第一国。徒知外国有三权，而外人则固视中国为民权发达最早，尝摹仿吾国之办法矣"，"故甚望保存此良法，而勿忘记中国自己之良法也"。④ 反对"祖宗养成之特权，子孙不能用，反醉心于欧美"⑤ 的外化思想。当然，五权不一定能救三权之弊，但孙中山即使在民主政治这个最重要的问题上，也强调传统的重要与有用，并且其信念一贯而真诚。

不过，孙中山的理论原点多数还是来自西学以及对中国社会的考察体验，与传统文化的联系，有些是后来附会上去的。例如平均地权思想，官

---

① 《农功》，见广东省社会科学院历史研究室、中国社会科学院近代史研究所中华民国史研究室、中山大学历史系孙中山研究室合编：《孙中山全集》（第一卷），中华书局1981年版，第5页。

② 《上李鸿章书》，见广东省社会科学院历史研究室、中国社会科学院近代史研究所中华民国史研究室、中山大学历史系孙中山研究室合编：《孙中山全集》（第一卷），中华书局1981年版，第10页。

③ 《在杭州陆军同袍社公宴会上的演说》，见中国社会科学院近代史研究所中华民国史研究室、中山大学历史系孙中山研究室、广东省社会科学院历史研究室合编：《孙中山全集》（第三卷），中华书局1984年版，第346～347页。

④ 参见《宴请国会及省议会议员时的演说》，见中国社会科学院近代史研究所中华民国史研究室、中山大学历史系孙中山研究室、广东省社会科学院历史研究室合编：《孙中山全集》（第四卷），中华书局1985年版，第332页。

⑤ 《与刘成禺的谈话》，见广东省社会科学院历史研究室、中国社会科学院近代史研究所中华民国史研究室、中山大学历史系孙中山研究室合编：《孙中山全集》（第一卷），中华书局1981年版，第444页。

崎寅藏曾经问他:"先生土地平均之说得自何处?学问上之讲求抑实际上之考察?"他答称:"吾受幼时境遇之刺激,颇感到实际上及学理上有讲求此问题之必要。吾若非生而为贫困之农家子,则或忽视此重大问题亦未可知。"① 后来他提出的解决方案,主要是受欧美学说的影响。参与过有关讨论的秦力山记道:"西儒社会学家论公地者甚众,惜东洋无译本。□□□(引按:应为孙逸仙)君通西文,尝言之,然尚无成算。"② 以后则逐渐加入三代井田、王莽王田、王安石青苗法、洪秀全公仓等例证。据梁启超所记,孙中山开始并未引述中国史迹,只是陈述自己对于现实的看法,提出土地国有之策。梁启超聆听之后,认为其说"颇有合于古者井田之意,且与社会主义本旨不谬"③。则孙中山引证史实,或许由此而来。

孙中山在撰写《建国方略》及三民主义演讲时,大量引述古史,也多是向他人讨教得来。此举用意有二,一则感到自己的认识与中国的历史文化相通,所谓符合国情。因为"中国人之心性理想无非古人所模铸,欲图进步改良,亦须从远祖之心性理想,究其源流,考其利病,始知补偏救弊之方"④。二则以古史为据,易于宣传推广。因为"中国人崇拜古人的心思,比哪一国人都要利害些"⑤,所以用"不过广我故规,参行新法而已"⑥ 相号召。

随着时间的推移,孙中山的理论体系中越来越多地加进了国学的论据。到了晚年,他更将传统儒学说成是三民主义的理论本源,而将三民主义视为儒学的继承与发展。早期的中西相通和局部的中学优化说,与对中

---

① 《与宫崎寅藏的谈话》,见广东省社会科学院历史研究室、中国社会科学院近代史研究所中华民国史研究室、中山大学历史系孙中山研究室合编:《孙中山全集》(第一卷),中华书局1981年版,第583~584页。

② 通公:《上海之黑暗社会自序》,载《国民日日报》,1903年8月19日。

③ 饮冰:《杂答某报》,载《新民丛报》第4年第14号,1906年9月3日。

④ 《建国方略》,见中山大学历史系孙中山研究室、广东省社会科学院历史研究所、中国社会科学院近代史研究所中华民国史研究室合编:《孙中山全集》(第六卷),中华书局1985年版,第180页。

⑤ 《在桂林学界欢迎会的演说》,见中山大学历史系孙中山研究室、广东省社会科学院历史研究所、中国社会科学院近代史研究所中华民国史研究室合编:《孙中山全集》(第六卷),中华书局1985年版,第68页。

⑥ 《上李鸿章书》,见广东省社会科学院历史研究室、中国社会科学院近代史研究所中华民国史研究室、中山大学历史系孙中山研究室合编:《孙中山全集》(第一卷),中华书局1981年版,第17页。

国道德文明的一贯笃信相糅合,进一步扩大为整体上中国政治哲学优越于西方近代文化的理念,将格致诚正修齐治平视为人类社会的最高范畴与真谛,指称欧洲各种新文化新学说,"都是我们中国几千年以前的旧东西"①。最终不仅认为王道优于霸道,而且以亚洲为"最古文化的发祥地",欧洲古代的希腊罗马文化都传自亚洲;亚洲早就有哲学、宗教、伦理、工业的文化,"推到近代世界上最新的种种文化,都是由于我们这种老文化发生出来的"②。这些被胡适视为"自大狂"的观念在学术上当然难以成立,但针对亚洲崇尚西洋文明。民族精神萎缩的时尚,确有值得反省之处。

孙中山对待传统文化态度的第二个特征是信而不泥。他并非书斋式的学问家思想家,自称:"余所治者乃革命之学问也,凡一切学术有可以助余革命之知识及能力者,余皆用以为研究之原料,而组成余之革命学也。"③ 戴季陶曾经说:"我们读书是弯着腰去接近书,中山先生则是挺着胸膛在读书,合于他的需要的便吸取之,不合于他需要的便等闲视之。我们是役于书,而他则是役使着书。"④ 用孙中山自己的话说就是:"如能用古人而不为古人所惑,能役古人而不为古人所奴,则载籍皆似为我调查,而使古人为我书记,多多益善矣。"⑤ 同时,从务实的角度出发,孙中山认为:"解决社会问题,要用事实做基础,不能专用学说的推理做方法。"⑥ 其理论不少即是实地考察得来。这使得孙中山对传统文化采取具

---

① 《三民主义·民族主义》,见广东省社会科学院历史研究所、中国社会科学院近代史研究所中华民国史研究室、中山大学历史系孙中山研究室合编:《孙中山全集》(第九卷),中华书局1986年版,第230～231页。

② 《对神户商业会议所等团体的演说》,见广东省社会科学院历史研究所、中国社会科学院近代史研究所中华民国史研究室、中山大学历史系孙中山研究室合编:《孙中山全集》(第十一卷),中华书局1986年版,第401页。

③ 邵元冲:《总理学记》,见尚明轩、王学庄、陈崧编:《孙中山生平事业追忆录》,人民出版社1986年版,第694页。

④ 黄季陆:《国父的读书生活》,见尚明轩、王学庄、陈崧编:《孙中山生平事业追忆录》,人民出版社1986年版,第839页。

⑤ 《建国方略》,见中山大学历史系孙中山研究室、广东省社会科学院历史研究所、中国社会科学院近代史研究所中华民国史研究室合编:《孙中山全集》(第六卷),中华书局1985年版,第180页。

⑥ 《胡汉民自传》,见中国社会科学院近代史研究所近代史资料编辑组编:《近代史资料》1981年第2期,中国社会科学出版社1981年版,第15页。

体问题具体分析的态度,很少将中西文化做笼统的类比和简单的是非判断。例如,他将文明分为物质和心性两方面,"持中国近代之文明以比欧美,在物质方面不逮固甚远,其在心性方面,虽不如彼者亦多,而能与彼颉颃者正不少,即胜彼者亦间有之。彼于中国文明一概抹杀者,殆未之思耳"。这些令新文化派大不以为然的见解,恰好反映了孙中山对待传统文化的态度与之有别。

对于中国重文轻武的传统,孙中山也不完全否定,一方面他承认:"其弊也,乃至以能文为万能,多数才俊之士,废弃百艺,惟文是务。此国势所以弱,而民事所以不进也。"另一方面又认为:"然以其文论,终不能不谓为富丽殊绝。""以文字实用久远言,则远胜于巴比伦、埃及、希腊、罗马之死语。以文字传布流用言,则虽以今日之英语号称流布最广,而用之者不过二万万人,曾未及用中国文字者之半也。"中国不为侵入之族同化,而能同化外族,"则文字之功为伟矣"①。另外,他对清朝的司法制度严厉抨击,却又说"中国的成文法还算好"②,症结主要在于官僚的贪污腐败。

在孙中山看来,中国文化因时而异而非一成不变。因此,尽管他向往三代之治,对秦以降的专制政治则深恶痛绝,对清朝统治尤为憎恨,批评那种"以为我中国的文明极盛,如斯已足,他何所求"的自大保守倾向,认为"我们中国先是误于说我中国四千年来的文明很好,不肯改革"③。他虽然盛赞中国创始考选,但承认"可惜那制度不好,却被外国学去,改良之后成了美制"④。他不以对中国文化的推崇作为反对变革的论据,

---

① 《建国方略》,见中山大学历史系孙中山研究室、广东省社会科学院历史研究所、中国社会科学院近代史研究所中华民国史研究室合编:《孙中山全集》(第六卷),中华书局1985年版,第179~180页。

② 《中国的现在和未来》,见广东省社会科学院历史研究室、中国社会科学院近代史研究所中华民国史研究室、中山大学历史系孙中山研究室合编:《孙中山全集》(第一卷),中华书局1981年版,第89页。

③ 《在东京中国留学生欢迎大会的演说》,见广东省社会科学院历史研究室、中国社会科学院近代史研究所中华民国史研究室、中山大学历史系孙中山研究室合编:《孙中山全集》(第一卷),中华书局1981年版,第279~281页。

④ 《在东京〈民报〉创刊周年庆祝大会的演说》,见广东省社会科学院历史研究室、中国社会科学院近代史研究所中华民国史研究室、中山大学历史系孙中山研究室合编:《孙中山全集》(第一卷),中华书局1981年版,第330页。

而鼓吹追寻将旧物变新物的改革之幸福。与一般的文化保守主义者不同，孙中山推崇上古治世，而对儒学内核的纲常名教，出于痛恨君主专制，早期鲜有赞词。1919年手撰三民主义时，还明确表示："我中国数千年来圣贤明哲，授受相传，皆以为天地生人，固当如是，遂成君臣主义，立为三纲之一，以束缚人心。此中国政治之所以不能进化也。"① 这也是孙中山思想与新文化运动共鸣最强的表现。直到晚年宣讲三民主义时，孙中山才开始提倡忠孝仁义，而加以重新解释，赋予不同的内涵。

综观孙中山一生，对待传统文化既有一以贯之的坚信，又有因时而变的权通。其既不墨守陈规也不轻言割弃的态度，使之与反传统主义及文化保守主义区别开来，不仅在当时独树一帜，也留给后人一种可资借鉴的思路。而用孙中山对待传统文化的态度方法来研究孙中山的传统文化观，放弃简单笼统的判断，可能更容易理解历史的复杂与真实。孙中山和同时代其他思想家的根本相异之处，或许就在于现实主义与所谓正义体系的对抗，而这正是孙中山认识方法的现代性与其他被传统制约的思想家不同的重要表现。

---

① 《三民主义》，见中山大学历史系孙中山研究室、广东省社会科学院历史研究所、中国社会科学院近代史研究所中华民国史研究室合编：《孙中山全集》（第五卷），中华书局1985年版，第188页。

陈炯明事变前后的胡适与孙中山

孙中山与胡适的关系，虽然经历了几个阶段的变化起伏，并有若干不可调和的根本分歧，仍大体可以用求同存异来定位。双方关系的破裂，突出表现于1922年胡适在陈炯明事变中公开站在陈炯明的一边，指责孙中山的观念行为。在相当长一段时期内，胡适因此被贬为帝国主义和军阀的代言人。近年来过甚其词的斥责和无限上纲的帽子已被弃置，但孙、陈之争的是非似乎不容置疑，使得对此态度鲜明的胡适难辞其咎。学人或指其有关言论代表资产阶级的右翼势力，或称其对现实政治相当隔膜，不明真相，或以为其自由主义的政治立场和独立超然的文化评价过于超前中国的现实，或者干脆避而不论。① 其实，即使以对孙、陈冲突性质的通行认识为前提，胡适的态度与事变本身毕竟不能同日而语。由此透视当时中国各种政治势力的升降浮沉及其错综复杂的相互关系，不仅可以增加对胡适言行的了解同情，而且有助于体察各派政治势力认识中国革命性质与道路的异常艰辛。

一、接近孙"系"

1922年6月中旬，陈炯明发动兵变，与孙中山公开分裂。很少插手政治的胡适一反常态地迅速表态，开始他只是批评孙中山的策略，没有明确支持陈炯明，不过回护后者的倾向已然十分明显。他说："孙文与陈炯明的冲突是一种主张上的冲突。陈氏主张广东自治，造成一个模范的新广东。孙氏主张用广东作为根据，做到统一的中华民国。这两个主张都是可以成立的。但孙氏使他的主张，迷了他的眼光，不惜倒行逆施以求达他的目的。于是有八年联安福部的政策，于是有十一年联张作霖的政策。远处失了全国的人心，近处失了广东的人心。孙氏还要依靠海军，用炮击广州

---

① 参见白吉庵《胡适传》（人民出版社1993年版）、欧阳哲生《自由主义之累——胡适思想的现代阐释》（上海人民出版社1993年版）、胡明《胡适传论》（人民文学出版社1996年版）。

城的话来威吓广州的人民,遂不能免这一次的失败。"① 接着胡适又连续在《努力》周报发表评论,严厉批评国民党的文化观念和政治哲学,维护陈炯明的立场和行为。②

　　这时的胡适,虽然才打破"二十年不谈政治"的誓愿,③ 公开介入政治一年,但他对中国波谲云诡的政局却一直没有停止过观察。这一番话,反映了胡适回国以来的政治思考、政治联系和时政见解,与孙中山关系密切、分歧明显并对其表态起重要作用的,至少有三点:其一,对直、皖、奉系军阀的态度;其二,对陈炯明其人的认识;其三,对联省自治和武力统一的看法。

　　从1919年起,在直、皖、奉几大派系的军阀之间,孙中山视直系为头号死敌,而试图与皖、奉联系结成"三角反直同盟"④。胡适从一开始对此事就极不以为然。1919年底,他曾就有关传闻询问沈定一,沈告以9月徐树铮、段祺瑞的代表许世英到上海与孙中山会谈的情形,据说此事由焦易堂、谢良牧、田桐、光云锦等人牵线,戴季陶、胡汉民、廖仲恺、朱执信很反对,"其中以朱执信反对最烈"。戴季陶也"根本的反对",只是他和孙中山口头契约,"背后不反对他;不用文字反对他"。所以暂时不下什么批评,将来或许用很尊敬的态度对孙中山进行批评。孙中山则认为此事是"一种政策",北方政府的和谈总代表王揖唐到上海后,孙中山撇开做投机生意的焦、谢等人,另找居正、许某某,"代表他往来做电话机"。

　　胡适的询问函今不见,从沈定一的复函中可以揣测其意思。沈开头说了一段表态的话:"你所要知道的事,早想写信给你。吴稚辉先生曾对孙先生说:'你要做政治家,就得做藏垢纳污的政治家。'我很不愿意报告这种消息,所以没有给你信。现在你来问这里的情形,我可以举我所知道

---

① 胡适:《这一周》,载《努力》第8期,1922年6月25日。胡适1922年6月22日记:"为《努力》作短评几则。"见中国社会科学院近代史研究所中华民国史研究室编:《胡适的日记》,中华书局香港分局1985年版,第384页。

② 详参胡明《胡适传论》(下册),人民文学出版社1996年版,第630~631页。

③ 关于胡适谈政治的前因,详见罗志田《再造文明之梦——胡适传》第七章《议政:有计划的政治》,四川人民出版社1995年版,第248~256页。

④ 详参邱捷《孙中山晚年与皖奉军阀的联合和斗争》,见中山大学学报编辑部:《孙中山研究论丛》第1集,1983年。

的告诉你。"这很明显是自我开脱,而与胡适靠近。他称办此事为"做这票投机生意",显然也是属于藏污纳垢的政治行为,并且明确告诉胡适:"总之,孙+段='子殳','系'和'钅'是万万合不拢的。就形势上看,如果'子殳'成功了,'系'一派必定与手无寸铁的新思想界融洽;此外南北各派的变动,也可推想而知。"① 这等于说一旦孙、段同盟实现,孙系的戴、胡、廖、朱等人将倒向新文化派一边。

沈定一是否能够代表孙"系"发言,另当别论,当时戴、胡、廖、朱等人,与新文化派的关系的确比孙中山走得更近。他们办的《星期评论》和《建设》杂志,得到胡适的高度评价,不仅引为同调,而且另眼看待。从体裁到格式与《每周评论》十分相像的《星期评论》出版后,胡适看过第1期,以为不过是《每周评论》第二,第2期则发觉不同凡响,其特色有三:一,有一贯的团体主张;二,这种主张是几年研究的结果;三,所主张的都是脚踏实地的具体政策,而不是抽象的空谈。这种一贯的团体主张与新文化派的忙里偷闲杂凑起来的个人主张相比,不仅较为成熟、具体、实际,更重要的是"使思想革新的运动能收实地的功效"。难怪胡适在"欢天喜地的欢迎我们的兄弟出世,更祝他长大,祝他长寿"之余,还要高呼"万岁"了。两个月后,胡适在介绍新出版物时,对《建设》的主张趋向以及所发表的文章,也给予了高度评价。

如果说新文化派影响国民党人的主要方面在宣传,国民党人影响新文化派的方面则首在组织。因为思想革新要落在实处,便不得不依赖组织的功能。所以胡适希望中国舆论界以《星期评论》为榜样,"渐渐的废去从前那种'人自为战'的习惯,采用'有组织的宣传方法',使将来的中国真成一个名实相副的新共和国"②!而且宣传的影响重在形式(包括举办报刊和使用白话文),至于内容的主义方面,则作用较小。相比之下,集中精力完善其思想理论的孙中山受影响的程度较从事宣传的戴、胡、廖、朱等人为轻。

胡适在《每周评论》第28号出版之日,特致函《星期评论》,将

---

① 1919年12月16日沈定一致胡适,见中国社会科学院近代史研究所中华民国史组编:《胡适来往书信选》(上册),中华书局1979年版,第77~78页。许世英、王揖唐与孙中山会见时间,参见王光远编《陈独秀年谱》,重庆出版社1987年版,第73页;陈锡祺主编《孙中山年谱长编》(下册),中华书局1991年版,第1205~1206页。

② 《欢迎我们的兄弟——〈星期评论〉》,载《每周评论》第28号,1919年6月29日。

《每周评论》寄上。戴季陶收到信和刊，一日之内两次致函胡适，分别代表《星期评论》和即将创刊的《建设》杂志，表示感激之外，希望胡适和大学的各位同志来稿，批评指教，并帮助寻找代派所。① 胡适不负所望，先后在《星期评论》发表《女子解放从哪里做起》《谈新诗》，并与廖仲恺、胡汉民、朱执信等人反复辩论井田问题并刊载于《建设》杂志。《星期评论》和《建设》杂志一直寄赠胡适，直到 1920 年 6 月，胡汉民还为《建设》可能停刊而感谢胡适"向我们一番的同情"，并且表示："我们对于社会的贡献，文字的努力，断不敢因这定期出版品停止，就抛弃不顾。先生有心指导我们种种底话，也切不可因此就不和我们说，这是我们最盼望的事。"②

戴、胡、廖、朱等人也常常参与新文化派的讨论，对胡适的言论著述有所回应、支持、补充或批评，以示声气相通，并借以扩大影响。如戴季陶认为胡适的《中国哲学史大纲》"在中国思想界上的势力和影响，可算大得极了"，并天天盼望其"赶快把中古史、近代史竣功，让全国那些读死书的人觉悟转来"。同时指出经济发展史的著作更重要，一时代的思想，受一时代经济组织的影响很大。而胡适也注意及此，希望有专门学者下这一工夫。③ 朱执信则对胡适在《李超传》中提出的家长族长专制、女子教育、女子承袭财产、有女不为有后等问题进一步指出更根本、更明了的几个问题，如财产承袭、财产私有、家族制度的存续等。④ 与对文学与隔膜的孙中山有异，戴、胡、廖、朱等人的旧文学功底不错，对新文学也不无兴趣，戴季陶和朱执信还分别写过白话小说。朱执信本来对"国语的文学，文学的国语"有所保留，因为自己未学足白话，所以赞成白话体而不写白话文。⑤ 但后来也改用白话文，并在胡怀琛与胡适就《尝试集》关于新诗音节的讨论中，结合胡适的《谈新诗》表述己见，反驳胡

---

① 参见中国社会科学院近代史研究所中华民国史组编《胡适来往书信选》（上册），中华书局 1979 年版，第 61～62 页。
② 1920 年 6 月 23 日《胡汉民致胡适》，见中国社会科学院近代史研究所中华民国史组编：《胡适来往书信选》（上册），中华书局 1979 年版，第 100 页。
③ 参见戴季陶《随便谈》，载《星期评论》第 11 号，1919 年 8 月 17 日。
④ 参见朱执信《女学生应该承袭的财产》，载《建设》第 2 卷第 2 号，1920 年 3 月。
⑤ 参见朱执信《复黄世平函》，载《建设》第 1 卷第 1 号，1919 年 8 月。

怀琛，而深化胡适的论点。① 胡适为此在《尝试集》再版自序里略加引申有关论点，又在发表答胡怀琛函时专门附言对朱执信等人替自己辩护的话表示谢意。②

更为重要的是，孙"系"主动将国民革命与新文化运动直接联系起来。戴季陶认为1919年是其"十年来最满意的一年"③，"大凡一国的政治革新和社会进化，文学的感化力最大。文学里面，诗歌和小说的力量更是普遍的。'三民主义'这个名词，靠着散文的鼓吹，造成了一个空招牌的民国。今后如果要把组织新国家新社会的真理，印到多数国民的脑髓里去，韵文的陶融一定是少不了的"④。1919年8月5日，中华民国学生联合会评议部举行闭会式，孙中山到会演说及会后谈话中，主张革命为革命党毕生唯一的事业，引起康白情的不解和不满，致函戴季陶加以申论。戴季陶的复函表述其积极的意见道："一全人类的普遍平等的幸福，是革命究竟的目的。二中国国家和社会的改造，是革命现在进行的目的。三中国人民全体经济的生活改善和经济的机会平等，是现在进行目的的理想形式。四普遍的新文化运动，是革命进行的方法。五智识上思想上的机会均等和各人理智的自由发展，是新文化运动的真意义。六文字及语言之自由的普遍的交通和交通器具的绝对普及（如注音字母），是造成理智上机会均等的手段。七平和的组织的方法及手段，是革命运动的新形式。"他还提出要"排除以兵代兵，以官代官那样的以暴易暴的伪革命"⑤。后来在与朋友谈话时，回答后者关于革命的效果不行，离开政治能否寻求解决问题的办法的疑问，他更加直截了当地声明："你以为一定要炸弹、手枪、军队，才能够革命，才算是革命，那就错了。平和的新文化运动，这就是真正的革命！这就是大创造的先驱运动！"以当时情势论，倘若不愿意亡国，便"只有猛力做新文化运动的工夫"。⑥

孙"系"以国民革命向新文化运动靠拢，思想上不免显露出游离于国民革命原来的精神支柱——孙中山及其主义的倾向，反对与军阀交易是

---

① 参见朱执信《诗的音节》，载《星期评论》第51号，1920年5月23日。
② 参见耿云志、欧阳哲生编《胡适书信集》（上册），北京大学出版社1996年版，第242页。
③ 戴季陶：《民国九年的工作》，载《民国日报》（上海），1920年1月1日。
④ 戴季陶：《白乐天的社会文学》，载《星期评论》第4号，1919年6月29日。
⑤ 戴季陶：《革命！何故？为何？》，载《建设》第1卷第3号，1919年9月。
⑥ 戴季陶：《短评》，载《星期评论》第17号，1919年9月28日。

其一，主张正大光明地从事新文化运动是其二，戴、胡、廖、朱等人不约而同地受唯物史观的影响，不仅仅宣传孙中山的学说和主张是其三。孙"系"的社会主义倾向使得其中一些人不仅同情苏俄和共产主义者，而且参与中国早期共产主义者的组党活动，令孙中山大为不满。

二、统一与分治

不过，孙"系"与新文化运动的接近，共鸣最多的并非胡适，至少发展趋向不以胡适的主张为皈依。而且在孙中山一贯思想的主导下，国民党人关注新文化运动的目的还是要解决政治问题。1919年11月，戴季陶撰文批评当时思想界和社会人士只"注目在社会问题，政治问题差不多没有人去研究。即使有一两篇关于政治问题的文字登载出来，也引不起人的注意。而且多数热心的人差不多都很厌弃这一种著作"。他呼吁："我们不能厌弃政治，我们还要研究他。我们不放任官僚、武人、政客、绅士的专横，我们还是要驱除它打破它。我们不是不要全消费社会的组织，我们只是要改造他整理他。"① 朱执信也断言："缺了可以实行的方案，新文化终归破产。"② 新文化派分离后，其中的共产主义者与国民党逐渐走上政治联盟的道路。

在此期间，从1921年5月起，胡适不顾他人劝阻，打破誓言，开始讲政治了。只是恰好应了吴稚晖对孙中山说的那句话："你要做政治家，就得做藏垢纳污的政治家。"早在1920年，上海的国民党人就误信胡适与研究系接近而有恶评。③ 朱执信曾撰文论道："从前胡适之叫人不要多谈主义，要多研究一点问题。在我看，谈主义，谈问题，是一样的。现在的人何尝不谈问题，不过谈的并不是研究，只是一个空谈罢了。真要研究问题，自然也研究到一个主义上来，没有可以逃得过的。现在谈主义的人，人还晓得他是在新文化运动之外。谈问题的就要走进新文化的内部来占一

---

① 戴季陶：《政治问题应该研究不应该研究》，载《星期评论》第24号，1919年11月16日。
② 朱执信：《新文化的危机》，见广东省哲学社会科学研究所历史研究室编：《朱执信集》（下集），中华书局1979年版，第882页。
③ 参见1920年12月16日《致胡适之、高一涵》，见任建树、张统模、吴信忠编：《陈独秀著作选》（第二卷），上海人民出版社1993年版，第223页。函中的"南方"，应指上海的国民党人。

个位置了，所以危险最大。"① 陈独秀也告诫胡适："我总是时时提心吊胆恐怕我的好朋友书呆子为政客所利用。"② 事实上好政府主义的美梦，确是在直系军阀吴佩孚的控制下进行。③ 胡适为此一度与吴佩孚的"诸葛亮"孙丹林来往，轻信吴、孙两人可以"相助为善"④。而吴佩孚是孙中山的死敌，联吴实在犯了国民党的大忌。在为陈炯明辩护时，胡适又将其叛孙与吴佩孚推倒段祺瑞、赶走徐世昌、背叛曹锟相提并论，称为"革命"，反对用"悖主""犯上""叛逆"等"封建时代的贵族的旧道德观念来评判现代的行为"⑤。胡适交友常常是但问人品，不分政见，本来容易遭人物议，党同伐异的国民党自然不能容忍。邵力子便写了《叛逆与革命》，指责胡适替陈炯明辩护，为吴佩孚捧场，是居心难问。⑥

　　胡适虽然一再声称自己批评孙中山和国民党"并不是替陈炯明辩护"，字里行间还是明显表示出对陈炯明的偏袒，在后者未发一个负责任的宣言的情况下，仅凭旁观者看见一个实力派与另一个实力派决裂，就武断地将陈炯明在广东推翻孙中山的势力，认作一种革命的行动，进而指责孙中山"倒行逆施"，将孙派谴责陈炯明的言论视为"旧道德的死尸的复活"，这不能不引起国民党人的极大愤怒，上海《民国日报》的反应尤为强烈，孙中山对此也耿耿于怀。直到1924年8月，《广州民国日报》刊登孙中山《民权主义》第1讲时，在右上方的《响影录》专栏刊出题为《少谈主义》的短文，其中引用胡适"多研究问题，少谈主义"的话，孙中山阅后大为震怒，当即批示道："编辑与记者之无常识一至于此，殊属可叹！汝下段明明大登特登我之'民权主义'，而上面乃有此'响影录'，其意何居？且引胡适之之言，岂不知胡即为辩护陈炯明之人耶？胡谓陈之

---

　　① 朱执信：《新文化的危机》，见广东省哲学社会科学研究所历史研究室编：《朱执信集》（下集），中华书局1979年版，第881页。
　　② 1921年2月15日《致胡适之》，见任建树、张统模、吴信忠编：《陈独秀著作选》（第二卷），上海人民出版社1993年版，第275页。
　　③ 参见许纪霖《中国自由主义的乌托邦——胡适与"好政府主义"讨论》，载《近代史研究》1994年第5期。
　　④ 中国社会科学院近代研究所中华民国史研究室编：《胡适的日记》，中华书局香港分局1985年版，第383页。
　　⑤ 胡适：《旧道德的死尸的复活》，载《努力》第12期，1922年7月23日。
　　⑥ 参见《民国日报》（上海），1922年7月27日。

变乱为革命。着中央执行委员会将此记者革出，以为改良本报之一事。"①仅此一斑，可见结怨之深。

  胡适对政治不算敏感，时有幼稚举动，但他贸然发言，多少还是有些依据。陈炯明自五四运动以来，在漳州提倡新文化，刷新政治，颇得社会各界的好评，连"左倾"的北京大学学生考察后，也称为"闽南的俄罗斯"②。胡适对其印象不错，当在情理之中。陈炯明事变时，胡适从一些渠道了解事件原委，不免有偏听则暗之嫌。其日记所载，8月13日"毕业生唐［谭］鸣谦自广州来，谈广东事甚详。我请他为《努力》作一文。广州之乱事正未有已时。陈炯明手下毫无人才；此人坚忍有余，果断不足。此时民党四面起来，孙文前日虽已退出广东，但孙党终不忘报复，乱事一时正不易收拾"。谭鸣谦的长文《述孙、陈之争》在《努力》第16期（1922年8月20日，署名"涤襟"）发表，于总共16栏中占了13栏。③胡适自称："对于孙、陈之争，因为不容易得确实消息，所以不曾发表什么偏袒的意见"，却相信谭鸣谦对事件的看法，还专门说明谭"是没有党派成见的人，此次自广州避乱来上海，做了这篇文章，说明孙、陈分家的历史。他自己也有时加上一点评判。我们觉得他的态度很平允"。从该文中，胡适又进一步发现，"我们的主张所以招怨的原故全在我们不曾完全了解孙派用秘密结社来办政党的历史"④，因而对国民党的组织观念再进行一番抨击，又自以为是地称对孙党的批评引起大反对，说明"其实我的话正中他们的要害"。

  8月20日，陈达材从广州来访，谈广州近况甚悉，胡适亦请其为

---

  ① 广东省社会科学院历史研究所、中国社会科学院近代史研究所中华民国史研究室、中山大学历史系孙中山研究室合编：《孙中山全集》（第十卷），中华书局1986年版，第482页。
  ② 《北京大学学生周刊》第14号，1920年5月1日。
  ③ 参见中国社会科学院近代史研究所中华民国史研究室编《胡适的日记》，中华书局香港分局1985年版，第430页。胡适的看法，均来自谭鸣谦的文章，其中一段分析孙、陈二人的资性道："中山的资性，近于高明，竞存的资性，近于沉毅，两人都有各的长处。至中山富于革命的精神，而缺乏革命的政策，竞存坚忍有余，而果断不足，这又是两人瑕瑜互见的。若刚愎自用四个字，则两人同具有这种毛病，而竞存为尤甚。竞存为人，绝对不能容纳他人意见，凡意见出自自己，都是好的，出自别人，都是不好的。故竞存左右，可谓之绝无人才，都是一副传声器，或是一副被动机械，只供他传达号令，或被驾驭，稍足称人才的，都不乐为他用，故这回举动，太过不光明磊落，都是缺乏人才，为一个最大的原因。"
  ④ 《这一周》，载《努力》第16期，1922年8月20日。

《努力》作一文。其实陈达材是陈炯明的策士（一说机要科秘书），主张联省自治，曾秉承陈炯明的意旨，参与制定《广东暂行县自治条例》《广东暂行县长选举条例》，又在陈炯明的操纵下，与汪精卫、金章、廖仲恺、陈公博等20人组成宪法讨论会，以浙江、湖南两省省宪为参照，草拟《广东省宪法草案》《广东自治条例草案》①。他不仅偏袒陈炯明，后来还代表陈炯明向胡适说项。胡适日记载，8月24日，"陈达材来，带来《再述孙陈之争》文一首。达材谈广州近事，很不满意于中山一派。……现在吴佩孚一派大概是想拥孙文来倒黎元洪。孙文在他的本省不能和陈炯明相安，而想在北方的'三大'之中做媳妇，真是做迷梦了"②。陈达材认为谭鸣谦的《记孙陈之争》前半大概是事实，后半评孙、陈资性，则很有不尽不实之处，在补充孙先倒陈的事实后，他总结道：两人的冲突是由主义的冲突而演变为地盘之争，陈的联邦主义尚未实现，孙的武力统一则已部分实行，造成两粤兵民相杀，兵兵互杀，使得广西糜烂，非数十年不能复原。"若革命所得的结果，仍旧是牺牲流血，是我们不能赞成的了。何况除了这种武力统一主义还有别的方法"③，明显站在陈炯明一边。所以后来陈独秀批评道："陈炯明在辛亥革命时代，在漳州时代，在讨伐陆荣廷、莫荣新时代，都是一个很好的革命党，后来阻挠北伐军、驱逐孙中山，便是反革命的行为了。胡适之先生说陈对孙是革命行动，这实在是一个很大的错误，因为陈炯明举兵逐孙，不但未曾宣告孙中山反叛民主主义之罪恶及他自己有较孙更合乎民主主义之主张，而且逐孙后，做出许多残民媚外的行为，完全证明他是一个反革命的军阀。"④

---

① 段云章、陈敏、倪俊明：《陈炯明的一生》，河南人民出版社1989年版，第199～203页；林志钧、毕侣、钟凛之：《陈炯明倡行联省自治及民选县长见闻》，见中国人民政治协商会议全国委员会、广东省委员会、广州市委员会文史资料研究委员会合编：《孙中山三次在广东建立政权》，中国文史出版社1986年版，第171～172页。陈伯衡：《对广东党组织成立情况的回忆》称，"联省自治是陈炯明提出的，由陈达材（是陈炯明的机要科秘书）去计划宣传"。见中国社会科学院现代史研究室、中国革命博物馆党史研究室选编：《"一大"前后：中国共产党第一次代表大会前后资料选编》（二），人民出版社1980年版，第488页。

② 中国社会科学院近代史研究所中华民国史研究室编：《胡适的日记》，中华书局香港分局1985年版，第425、436～437页。

③ 林生：《再述孙陈之争》，载《努力》第17期，1922年8月27日。

④ 《革命与反革命》，见任建树、张统模、吴信忠编：《陈独秀著作选》（第二卷），上海人民出版社1993年版，第404页。

武力统一还是联省自治，在当时中国成为一大政治中心问题。对此胡适的主张刚好与陈炯明一致，而与孙中山截然相反，这可以说是胡适支持陈炯明而反对孙中山的重要原因。胡适根本反对武力统一，认为"武力统一是绝对不可能的，做这种迷梦的是中国的公贼"。而民主主义的大革命，一时也不会实现，"希望用大革命来统一，也是画饼不能充饥"①。按照胡适的看法，"军阀的割据是武力统一的迷梦的恶果"，"裁制军阀与打倒军阀的一个重要武器在于增加地方权限，在于根据于省自治的联邦制"②。基于这一认识，他积极响应李石曾、蔡元培等人的提议，于1922年6月上旬联名致电孙中山，劝其结束护法，以国民资格出来为国事尽力。同时反对吴佩孚继续做武力统一的迷梦，认为即使以武力实现统一，也不过仍是一个军阀。③ 影响胡适对陈炯明态度的谭鸣谦和陈达材，恰好也是坚决主张联省自治之人。1920年军政府移粤后，谭鸣谦在《广东群报》上数论联省政府，驳斥联省自治的各种反对论，他认为反对论可分四说，即历史关系说、武力统一说、有力政府说、无形瓜分说，除"武力统一说绝对没存在的理由，且已经驳论外，其余三说，亦属于逻辑所谓似是而非的推论"，呼吁在联省自治"差不多迫近瓜熟蒂落的时期"，加以"呵护保育"④。陈达材不仅协助陈炯明策划宣传联省自治，还在《努力》第18期（1922年9月3日）上发表《我国的联邦问题》，认为中国不适宜单一制，应立刻采用联邦制。

三、苏俄与中共

正当胡适与国民党的冲突愈演愈烈，不知如何收场时，事情出现了转机。是年8月，李大钊南下上海，参加中共中央的特别会议，与孙中山会晤，加入国民党。⑤ 8月30日，胡适接到李大钊的来信，后者告以"中山

---

① 《这一周》，载《努力》第22期，1922年10月1日。
② 《联省自治与军阀割据——答陈独秀》，载《努力》第19期，1922年9月10日。
③ 参见中国社会科学院近代史研究所中华民国史研究室编《胡适的日记》，中华书局香港分局1985年版，第367、428～429页。
④ 谭鸣谦：《三论联省政府——辟联省自治的反对论》，载《广东群报》，1921年6月6日。
⑤ 参见张静如、马模贞、廖英、钱自强编《李大钊生平史料编年》，上海人民出版社1984年版，第185页。

抵沪后，态度极冷静，愿结束护法主张，收军权于中央，发展县自治，以打破分省割据之局。洛阳对此可表示一致，中山命议员即日返京。昨与溥泉、仲甫商，结合'民主的联合战线'democratic front 与反动派决战。伯兰稍迟亦当来京，为政治的奋斗。《努力》对中山的态度，似宜赞助之"。并嘱胡"将此情形告知梦麐、一涵诸同人"[①]。李大钊致胡适函为解开纠缠不清的各方关系提示了一条线索，如果照此办理，则孙、吴矛盾，武力统一与联省自治的对立均不复存在，胡适与孙中山的冲突也将迎刃而解。这是中国共产党在苏俄和共产国际的压力下，对于时局采取的谋略。此函内容及胡适的反应极为微妙，各家但取其中一二片段，圆成己说，而不及各方面的牵连关系。其实是函包含理解胡适有关言行的重要线索，值得深究。

  胡适论政，一定程度上受到中国共产党人的影响。可以说，陈炯明事变前后，胡适与苏俄和中共走得相当近。尽管思想和时政方针上均存在分歧，他不仅与中共领导人陈独秀、李大钊等保持良好关系，而且毫不避讳地与苏俄来华的官方人士进行接触，与为共产国际提供报告的俄共党员天津大学教授柏烈伟有所交往。[②] 他对于吴佩孚、陈炯明的看法，显然有中共中央及北京、广东支部意见的影子。胡适踏足政坛，虽以《努力》为根据，真正涉及时政大事，似乎更加喜欢与李大钊交换意见。他们曾是好政府主义的同道，虽然不久李大钊因中共中央的决议而退出，和吴佩孚的关系依然保持。胡适第一次做政论写《我们的主张》，半夜脱稿时首先打电话与李大钊商议邀人开会。与吴佩孚的高参接触，也由李居间介绍。胡适对吴佩孚的相当勉强的好感，多半来自李大钊的影响。后者告诉胡适：

---

  ① 中国社会科学院近代史研究所中华民国史研究室编：《胡适的日记》，中华书局香港分局1985年版，第442页。有关此函的解说，参见陶季邑《关于李大钊致胡适一封信的日期及其意义》，载《近代史研究》1998年第3期。

  ② 参见中国社会科学院近代史研究所中华民国史研究室编《胡适的日记》，中华书局香港分局1985年版，第125页。在俄共成立专门负责中国事务的机构之前，有关工作由个别侨民进行，柏烈伟是其中重要一员。他曾向维经斯基提供情况报告，并和后者一起前往广州活动［见1920年6月《维经斯基给某人的信》《关于俄共（布）中央西伯利亚局东方民族处的机构和工作问题给共产国际执委会的报告》《索科洛夫－斯特拉霍夫关于广州政府的报告》，中共中央党史研究室第一研究部译：《共产国际、联共（布）与中国革命档案资料丛书》（第一卷）《联共（布）、共产国际与中国国民革命运动（1920—1925）》，北京图书馆出版社1997年版，第30、50、60页］。后来柏氏改任北京大学教授。

"吴佩孚甚可敬,他的品格甚高,只是政治手腕稍差一点。"而胡适觉得"其实政治手腕也很难说。究竟徐世昌的巧未必胜似吴佩孚的拙"①。除集体会议外,两人还多次单独长谈或用电话讨论国事。

胡适对陈炯明的看法,应当也与李大钊(甚至陈独秀)交换过意见,或受其意见的影响。在对待孙中山与陈炯明之争的态度上给予胡适影响或立场接近的谭鸣谦和陈达材,均为北京大学毕业生,他们于1920年夏季和另外两位北京大学毕业的陈公博、谭植棠回到广州,进行新文化运动,参与创建广东共产主义小组。谭鸣谦即谭平山,陈炯明事变前担任中共广东支部书记。陈达材后来虽然没有参加组建中共广东支部,②也和其他几人一样,由担任广东教育委员会委员长的陈独秀援引进入教育行政界,与陈独秀关系密切,后者还荐其担任东莞中学校长,并责以大义。他们与陈独秀、李大钊等人的关系既是师生,又是精神导师与进步青年,甚至还是上下级,因而一直来往密切。陈达材也认识李大钊,胡适还是看了陈达材给李大钊的信,才知道当时陈独秀与陈炯明的关系非同一般,从而增加对后者的好感。③

1922年8月以前,共产国际和苏俄的主要倾向,是主张支持北方的吴佩孚和南方的陈炯明,对孙中山与陈炯明之间的矛盾,看法因人而异,没有区分是非曲直,总体评价甚至有利于陈炯明。④而北京和广东的中共党组织分别采取了支持吴、陈的策略。⑤广东的共产党组织与陈炯明的关系尤深。1920年10月以前,广东在桂系军阀的盘踞下,"充满嫖赌及势

---

① 中国社会科学院近代史研究所中华民国史研究室编:《胡适的日记》,中华书局香港分局1985年版,第377页。
② 李达的《中国共产党的发起和第一次、第二次代表大会经过的回忆》、梁复然的《广东党的组织成立前后的一些情况》称陈达材参加了共产主义小组,梁文并称其后来退出该小组,未参加共产党。袁振英则说陈达材未参加共产党小组(均见中国社会科学院现代史研究室、中国革命博物馆党史研究室选编:《"一大"前后:中国共产党第一次代表大会前后资料选编》(二),人民出版社1980年版,第8、447、474页)。
③ 参见中国社会科学院近代史研究所中华民国史研究室编《胡适的日记》,中华书局香港分局1985年版,第65页。
④ 参见段云章《共产国际、苏俄对孙中山陈炯明分裂的观察和评论》,载《中山大学学报论丛·近代中国研究丛刊》2000年第3期。
⑤ 参见吴应铣《"孙吴联合"与1920—1923年苏俄的对华政策》,见广东省孙中山研究会主编:《孙中山研究》(第二辑),广东人民出版社1989年版,第90~111页;韦慕廷著,杨慎之译:《孙中山——壮志未酬的爱国者》,中山大学出版社1986年版,第131页。

力发财的空气,简直与新文化绝不相容"①。陈炯明率军赶走桂系,实行改革,年底,陈独秀应陈炯明之请到广州担任广东革命政府教育委员会委员长,其间得到陈炯明的支持和保护,"因广东政治向来以中饱、纳贿、敷衍为要素,而仲甫独不然,因此各人都感不便",很快遭到各方面的疾视,成为众矢之的。"若非陈炯明一心信任,早就离粤了。"1921年5月陈独秀一度被迫离开广州,陈炯明还将其追回。② 广东支部的谭平山、陈公博、谭植棠等人从事办报办学活动,都得到陈炯明的资助,双方还合办《广东群报》。这份被认为中共广东支部机关刊物的编辑中有陈炯明的亲信,因而在孙中山与陈炯明分歧摩擦时偏袒后者,引起孙派的不满,认为陈独秀等共产党人支持陈炯明而在孙中山背后捣乱。③ 后来蔡和森谈及陈炯明事变前中共的政策时说,当时在北方是借吴佩孚的势力打倒交通系在京汉铁路的势力,在南方因陈炯明自五四运动后,不但赞成民主革命,并且日益赞成社会革命,学列宁,短期内与之发生联系,合办《闽星》《广东群报》,"这是对于党有利益的"④。

陈炯明事变后,中共中央因广东支部偏袒陈炯明反对孙中山而处分主要成员,受处分的陈公博一直不承认自己偏袒陈炯明,谭平山似乎也不服气,个中原因,很可能是适值中共中央调整策略,不能不对广东支部成员加以惩治,以表明拥孙反陈的姿态。然而,这并非中共中央的一贯精神,令广东支部成员产生怨气。陈炯明事变前,无论在政治上还是策略上,中共对孙、陈均难做取舍,中央与地方支部的意见不一,中央本身的态度也不够明确。甚至可以说,支持陈炯明比较自觉,而与孙中山联合则十分勉强,因而对双方的明争暗斗一直左右为难,态度暧昧。1922年4月26

---

① 1920年8月2日《陈公博致胡适》,见中国社会科学院近代史研究所中华民国史组编:《胡适来往书信选》(上册),中华书局1979年版,第107页。

② 参见中国社会科学院近代史研究所中华民国史研究室编《胡适的日记》,中华书局香港分局1985年版,第65页。

③ 参见张国焘《我的回忆》(第一册),香港《明报》月刊1966年版,第127～129页。

④ 《吾党产生的背景及其历史使命》,见中共广东省党史研究委员会办公室、广东省档案馆编:《广东档案史料丛刊·"一大"前后的广东党组织》,1981年内部刊物,第65页。关于《广东群报》的归属,意见颇为分歧。1922年6月30日张太雷致蔡和森等人函称:"《群报》仍为陈之机关报,要改组非我一人之力能办到。"(孙道昌编:《广东革命历史文件汇集:1922年—1924年(群团文件)》,中央档案馆、广东省档案馆1983年版,第10页)则至少此时该刊并非中共广东支部的机关报。

日，中共在广州召集干部会议，议题之一是讨论国共关系，因为4月4日在杭州召开的中共中央全会上，马林建议共产党人加入国民党，未被接受。4月6日，陈独秀写信给共产国际远东局代表维经斯基，反对马林关于全体共产党员和青年团员加入国民党的建议，所列举的6条理由包括：国共两党宗旨及基础不同；国民党联美国、联张作霖、段祺瑞等政策和共产主义太不相容；国民党未发表党纲，在人民看来，仍是争权夺利的政党；广东实力派陈炯明反对孙中山派甚烈，加入国民党将立即受其敌视，在广东不能活动；孙中山派向来对于新加入分子，绝对不能容纳其意见及假以权柄；中共各区均已开会反对；等等。①

陈独秀的看法与中共广东支部成员的意见相当吻合，在广州干部会议上，林伯渠支持孙中山，谭平山、陈公博、谭植棠等多数人则批评孙而支持陈炯明，认为孙、陈不和是由于陈受到孙左右的排挤，赞扬陈同情社会主义，曾以省政府名义竭力支持香港海员罢工等。主持会议的陈独秀左右为难，做结论时主张与国民党所有革命分子合作，避免卷入其内部斗争。② 尽管其间少共国际代表达林再次建议组织加入国民党，中共只是同意党外合作，结成统一战线，但反对加入国民党。5月，陈独秀在陈公博、陈秋霖、黄居素等人陪同下，前往惠州与陈炯明会晤。他看出孙、陈之间难免爆发大冲突，应知有所适从，论道理是应当联孙，论力量是应当联陈，③ 依然难以取舍。

---

① 参见《陈独秀致吴廷康的信》，见中央档案馆编：《中共中央文件选集》（第一册）(1921—1925)，中共中央党校出版社1982年版，第15页。

② 参见张国焘《我的回忆》（第一册），香港《明报》月刊1966年版，第224～225页。达林称广州党组织的代表对于加入国民党，建立统一战线之事不发表意见，实际上支持陈炯明，反对孙中山；张国焘反对统一战线；张太雷、瞿秋白支持达林，陈独秀则动摇不定（达林：《中国回忆录（1921—1927）》，中国社会科学出版社1981年版）。

③ 参见陈公博《我与共产党》，转引自石源华：《陈公博这个人》，上海人民出版社1997年版，第56页。此行目的，各说不一，陈秋霖说是"劝竞存加入共产党，领导华南发展。竞存则兜着大圈子，本其平日口吻，纵谈'各取所需'与'各取所值'这二大原则，暗示他正怀疑马克斯的生产方式和分配法则。独秀又说要干不能徒恃军队，广大工人群足负很大的任务。竞存更是反对，他说现阶段中国劳动运动只宜作'劳工教育运动'，最不好是拿劳工做政治本钱，这恶风气一开了头，往后将不可收拾。独秀抹了一鼻子灰，快快而退"。（梁冰弦：《解放别录》，见沈云龙主编：《近代中国史料丛刊》第19辑之188，台湾文海出版社1968年版，第39页）张国焘则推测陈独秀的用意"似乎是企图从旁劝说孙、陈之间避免火并。但这种活动为时已晚了。他觉得事不可为"（《我的回忆》第1册，香港《明报》月刊1966年版，第231页）。

陈炯明事变令孙、陈公开敌对，中共左右逢源的平衡政策无法维系，不得不做出非此即彼的取舍。7月，中共二大通过了《关于"民主的联合战线"的议决案》，呼吁与国民党等革新团体建立民主联合战线。而事变几乎使孙中山丧失了一切可以讨价还价的本钱，从而打消了他的顾虑，与苏俄和中共变得易于接近。正是在这样的情况下，孙中山、苏俄和中共之间交涉已久的联俄容共开始付诸实施。不过，上述各方对于这一相互关联的政治行为的利益态度存在诸多分歧，陈炯明事变究竟如何打破僵局，取得协调，还须深入探讨。

陈炯明事变前，马林和达林等人均与孙中山有过接触，磋商的问题主要有三点：一，接受苏俄的援助，与苏俄结盟；二，改变单纯军事路线，以宣传和组织方式动员民众尤其是工人；三，与中共合作。孙中山的态度是，表示出联俄的意向，须留待以后；对动员民众有兴趣，仍坚持以军事路线为主；中共党员个人可以加入国民党，但要照国民党的规矩并服从其领导。对于后者，中共中央坚决反对，主张党外对等联合。而苏俄方面，在俄共的统一领导下，共产国际、外交委员会、远东共和国等利害有别、侧重不一，联俄将使中国和远东的局势朝着有利于苏俄的现实需求方面发展，国共合作则可以推动东亚的民族解放运动。相比之下，俄共对于苏维埃政权的生死存亡更为关注。

陈炯明事变后，孙中山显示了高度灵活的政治智慧和策略，他立即表示以苏俄为"中国革命唯一实际的真诚的朋友"，使联俄由可能变为现实，又很快答应苏俄对中东铁路等利益要求，允诺和死对头吴佩孚结盟，这对一直努力运动中国南北政权却收效不大的苏俄来说，无异于看到成功的希望。① 由于失去军事力量，孙中山可以承诺不走单纯军事路线。在与中共联合的问题上也有所松动，同意中共党员加入国民党，手续可以不同，允许其在国民党外保持独立地位。孙中山虽然在与陈炯明的冲突中严重受挫，却是唯一可能代表南方的政权与北方和解，并担任全国性政治首脑的人物，为苏俄实现其对华政策的最佳选择之一。他的表态使苏俄和中共的天平最终倒向自己一边，而且加速了这一进程。马林清楚地看到："由于孙中山在广州的失败，迫使他不得不按照发展现代群众运动的路线

---

① 关于苏俄极力促成孙吴合作的动机目的，参见邱捷《越飞与所谓"孙吴合作"》，载《近代史研究》1998年第3期。

来考虑问题，其次，考虑从俄国取得援助。"① 而通过事变暂时巩固了地位的陈炯明，陷入与前此孙中山相近似的顾虑，担心英国政府及港英当局的反对，不愿主动与苏俄拉关系。在苏俄与孙中山的关系日趋密切的情况下，陈炯明对苏俄的态度越来越坏，转而向港英当局乞援。②

受到苏俄和共产国际的压力影响，4月底广州干部会议后，中共对国民党的态度已经有所变化，6月发布的《中国共产党对于时局的主张》，明确指出国民党在中国现存各政党中"比较是革命的民主派，比较是真的民主派"，提议与国民党及社会主义各团体召开联席会议，建立统一战线。5月陈独秀会见陈炯明，对其印象有较大改变。6月底陈独秀致函维经斯基，谈到陈炯明事变时说："南方孙文与陈炯明分裂，孙恐不能制陈，陈为人言行不能一致，在南方也不能有所建设，他对于社会主义，我确实知道他毫无研究与信仰。我们很希望孙文派之国民党能觉悟改造，能和我们携手，但希望也很少。"③ 在放弃陈炯明之后对选择孙中山仍然显得勉强和有所保留，则前此对国民党的态度可想而知。

陈炯明事变前后，俄共对华政策的制定与实行正经历从混沌到有序的转变，此前的种种不协调在对待陈炯明事变的态度上充分反映出来，各方面代表对待孙、陈冲突的态度不一。7月18日，远东局负责人维经斯基在《真理报》发表《中国南方的斗争》，依然明显偏袒陈炯明，称之为"革命的督军、本省的爱国者、外国帝国主义的仇敌"，认为孙、陈联盟的唯一条件是反对帝国主义及其走狗北方军阀，孙中山与张作霖结盟，便是站到日本帝国主义一方，双方的同盟自然破裂。④ 而同月11日马林在给共产国际执委会的报告中，则指出俄国革命本身的发展使陈炯明"渐

---

① 伊罗生：《与斯内夫利特谈话记录——关于1920—1923年的中国问题》，见中共中央党史研究室第一研究部编：《共产国际、联共（布）与中国革命档案资料丛书》（第二卷）《共产国际、联共（布）与中国革命文献资料选辑运动（1917—1925）》，北京图书馆出版社1997年版，第256～257页。

② 参见《关于杭州会议后活动的报告》，见中国社会科学院近代史研究所李玉贞主编：《马林与第一次国共合作》，光明日报出版社1989年版，第84页。

③ 1922年6月30日《陈独秀致吴廷康的信》，见中共中央党史研究室第一研究部编：《共产国际、联共（布）与中国革命档案资料丛书》（第二卷）《共产国际、联共（布）与中国革命文献资料选辑运动（1917—1925）》，北京图书馆出版社1997年版，第303～304页。

④ 参见《中国现代革命史资料丛刊·维经斯基在中国的有关资料》，中国社会科学出版社1982年版，第8～12页。

渐向右转",他大权独揽,"并没有任何种类的社会主义改革付诸实施。在广州也没有任何表明即将采取社会主义政策的措施"①。苏俄外交代表越飞致函孙中山,坦言不清楚其与陈炯明的意见分歧究竟何在,仅仅由北京或广州统一全国这一点,不足以导致流血战争。孙中山答称作为政治追随者,基本政策上出现意见分歧可以理解,"但是,当这种分裂采取谋杀领袖的形式时,整个政治生命就彻底葬送了"。越飞故意提出这类问题,别有用心,②孙中山的答词对他恐怕很难有说服力,只是从中可以反映,苏俄对孙、陈取舍,很可能以利益为主,政见还在其次。

这一时期共产国际对中国的影响,正经历从维经斯基主导转向马林主导的过渡,双方在促使中共与国民革命、群众运动相结合以及保持中共的独立性与政治方向等问题上各有所长,具体策略也多有分歧,争执一直持续到1923年共产国际执委会会议乃至以后。③ 至少到1922年12月,共产国际仍然批评孙中山与张作霖合作,而将孙中山的南方民主政府视为和其他军阀政权一样的中国资产阶级建立的中心,主张不屈从于这些中心,独立地开展活动。④ 马林虽是促使中共与国民党合作的主要人物,却又是与中共领导关系最紧张、并对中共力量估计较低的一位。而且即使马林这时也对年初在广州与陈炯明的会晤印象不坏,建议在广州设共产国际的分支机构,将中共中央南迁,因为只有广州可以进行公开活动。直到8月维经斯基才通知中共,工作中心南移之事应推迟到南方各种力量对比更加明朗之时。⑤ 可见在共产国际领导层的心目中,虽然孙、陈天平已经倾斜,仍有现实的权衡。而类似于孙、陈二人的政见分歧,即使在共产国际和中共

---

① 《中国现代革命史资料丛刊·马林在中国的有关资料》,人民出版社1980年版,第19页。
② 参见《越飞给孙逸仙的信》《孙逸仙给越飞的信》《越飞给加拉罕的电报》,见中共中央党史研究室第一研究部译:《共产国际、联共(布)与中国革命档案资料丛书》(第一卷)《联共(布)、共产国际与中国国民革命运动(1920—1925)》,北京图书馆出版社1997年版,第104、111、112页。
③ 参见段云章《共产国际、苏俄对孙中山陈炯明分裂的观察和评论》,载《中山大学学报论丛·近代中国研究丛刊》2000年第3期。
④ 参见《共产国际第四次代表大会决议·中国共产党的任务》,见中共中央党史研究室第一研究部译:《共产国际、联共(布)与中国革命档案资料丛书》(第一卷)《联共(布)、共产国际与中国国民革命运动(1920—1925)》,北京图书馆出版社1997年版,第161页。
⑤ 参见中共中央党史研究室第一研究部编《共产国际、联共(布)与中国革命档案资料丛书》(第二卷)《共产国际、联共(布)与中国革命文献资料选辑(1917—1925)》,北京图书馆出版社1997年版,第117~118页。

内部也普遍存在,不能构成政治判断标准。只是由于孙、陈二人你死我活,苏俄与中共不得不权衡取舍。

孙中山以联俄换容共,对于苏俄和国民党可谓双赢。至于中共方面,如果没有后来国民党的改组,得失全然不成比例。中共党员个人身份加入国民党,孙中山早就同意,张国焘等人甚至猜测此议出自孙中山的主动,而曾为中共断然拒绝。陈炯明事变虽然使孙中山实力锐减,中共仍然显得过于弱小,不足以对等合作,苏俄的压力则主要从自身利益出发,没有乘机为中共向孙中山讨价还价,因此这方面让步的幅度最小。某种程度上说,中共只不过是这次谈判的筹码而不是一方。中共同意以党员个人加入国民党的方式实行党内合作,实际上是在共产国际的压力下被迫就范,所以觉得牺牲太大,与其说是与国民党合作,不如说是被国民党同化。这种突如其来的大幅度转变,难免在中共内部造成震动甚至冲突。从"二大"到西湖会议,关于是否加入国民党实行党内合作,中共中央乃至全党分歧极大,反对的声音仍占上风,主导甚至一致的意见还是党外合作,只是马林以共产国际的决议为言,中共中央才表示服从纪律。①

被迫放弃陈炯明的中共不得不为前此的平衡甚至偏袒政策付出一定的代价。据张国焘回忆,陈炯明叛变事件发生后,陈独秀立即向在上海的国民党要人张继表示,曾一度与自己合作的陈炯明既已背叛革命,中共即与之断绝关系并一致声讨,同时致函广州支部的负责人谭平山等,要求他们立即脱离与陈炯明的一切关系,转而支持孙中山。广州支部未能执行中央指示,继续发表支持陈炯明的文章。中央为摆脱尴尬局面,进一步向国民党表示,请孙中山出面召集各派革命势力的联席会议,声明中共将不因其受到暂时挫折而改变与之合作的原有立场,将更积极地反对一切支持陈炯明的反动言论和行动,而且已在设法纠正广东方面个别共产党人的错误态度。7月23日中共二大闭幕后,中央再次致函广州支部,严厉指责其对陈炯明的态度不当,并严重警告陈公博、谭植棠,如不立即改变态度,将

---

① 参见陈独秀、蔡和森、张国焘等人的回忆,见《共产国际、联共(布)与中国革命档案资料丛书》(第二卷)《共产国际、联共(布)与中国革命文献资料选辑(1917—1925)》,北京图书馆出版社1997年版,第340~349页。中共二大虽然呼吁国民党结成联合战线,却未决定加入国民党,而是要在北京建立民权运动大同盟,原因之一是国民党未改变态度及孙中山态度不定(蔡和森:《吾党产生的背景及其历史使命》,见中共广东省委党史研究委员会办公室、广东省档案馆编:《广东档案史料丛刊·"一大"前后广东的党组织》,1981年内部刊物,第62页)。

被开除；谭平山如仍优容放纵，将受严重处分。后来陈独秀在很不情愿的情况下，对广东支部成员实施处分。① 对此陈公博的记载不尽相同，他说：由于中共中央对动荡的广东政局"非常之消沉"，使之无所适从，派谭平山去上海探听消息，亦无回音。8月西湖会议后，决定与国民党实行党内合作，张太雷才代表中央传达指令，批评广东支部支持陈炯明。②

两相比较，陈公博的记载更加近真。到6月底，失望于陈炯明的陈独秀，对孙中山同样缺乏信心，中共中央对广东局势的态度及处理，不可能那么迅速果断而明确。1926年，蔡和森撰写《中国共产党史的发展（提纲）》时，专门谈了广东党部的问题。他说："第一，反对陈炯明——广东同志很奇怪；第二，认不清对陈的关系，所以有偏袒陈炯明的倾向，一时不容易转变态度——《群报》。陈公博他不赞成陈炯明，虽然反对陈炯明，但实际上帮助了陈炯明，因此中央去信严格责备公博、平山等，这时与陈有关系的等等同志并调回上海，公博反责独秀，不久独秀来俄后，公博等又在广州办《珠江评论》，主张联省自治，胡适之在北京主张作联省自治，独秀在上海反对联省自治，……因此中央看见广东党部已变成陈的工具了，所以派人去调查，所得的结果：第一，《珠江评论》是陈炯明出钱办的；第二，陈炯明办劳动局要公博当局长；第三，反对中央对陈炯明的政策，并拟离党而组织广东共产党。中国共产党中央根据这报告即将陈公博、谭植棠开除，马林亦赞成，并在《向导》上公开反对《珠江评论》。但广东团体仍非常混杂，直到陈炯明失败，始知道中央意见是对的，其原因是由广东同志相信公博太深，其次相信陈炯明反对中山是对的，再其次不相信国焘，以为中央此举为国焘所为。此时广东情形非常不好，他们以为应开除国焘，后来公博去英国，植棠被开除。……广东党部问题，起初他们是不自觉的，后来完全是自觉的作陈炯明的工具。中央解决这问题，广东党部同志不明了，因这问题完全是根本政策问题，故宁肯失掉广东党部，也必须严格向广东党部的叛逆行为争斗。"③

从蔡和森事后的总结和当时的资料看，中共中央对陈炯明事变的态度

---

① 参见张国焘《我的回忆》（第一册），香港《明报》月刊1966年版，第239～240页。
② 参见陈公博《寒风集》，见石源华：《陈公博这个人》，上海人民出版社1997年版，第56～59页。
③ 《吾党产生的背景及其历史使命》，见中共广东省党史研究委员会办公室、广东省档案馆编：《广东档案史料丛刊·"一大"前后的广东党组织》，1981年内部刊物，第69页。

一开始并不清晰,对广州支部的处分更在10月以后。6月30日,担任广东青年团书记的张太雷致函团中央书记施存统,询问"对于此次孙陈冲突是否应该有一个宣言,但是此地地方团决不敢有所宣言,须得中央之允准"①。7月中下旬,谭平山参加了中共二大,又在《努力》发表文章评论孙、陈之争,虽然自称要站在第三者的地位,将真相尽量写下,对双方各有批评,但是对陈炯明的批评主要是说他于中山返粤、加入国民党和选举大总统之时未能公开与之决裂,实行联省自治计划,事变后又不肯发表主张,对时局负责,致使粤军抢掠,实际上仍然坚持原来支持陈炯明的立场。② 8月底,在共产国际的撮合促进下,国共两党结成联合战线,中共中央必须对陈炯明事变旗帜鲜明,李大钊给胡适的信,正是要其适时改变态度。

广州支部与陈炯明接近,本来与陈独秀关系甚大,由于形势变化和中央政策骤然改变,广东支部未能及时调整,不理解中央的精神,依然固执己见,其9月创办的《珠江评论》继续发表有利于陈炯明的言论,甚至要与中共中央分裂,成立独立的广东共产党。为此,中央不得不给予处分,以取信于孙中山及国民党。处分广东支部发生于《珠江评论》发刊和陈独秀前往莫斯科之后,两事分别于1922年9月和10月,则中共中央处分广东支部当在10月以后。而且处分的矛头显然主要针对谭植棠等人的分裂独立倾向,而不是偏袒陈炯明的错误。在《珠江评论》发表言论的杨匏安、罗绮园等人,后来继续在中共党内担任职务。③ 至于中共中央和全党内部对于和孙中山及国民党合作的异议,直到1923年1月仍然非常强烈。④

---

① 中共广东省党史研究委员会办公室、广东省档案馆编:《广东档案史料丛刊·"一大"前后的广东党组织》,1981年内部刊物,第10页。

② 参见涤襟《记孙陈之争》,载《努力》第十六期,1922年8月20日。该文末署"1922、8、10。涤襟寄自沪旅"。胡适日记则记为8月13日与胡谈论后,胡请其撰写。

③ 目前所见《珠江评论》最后一期为1922年10月25日出版的第4期,据中共广东省党史研究委员会办公室、广东省档案馆编《广东档案史料丛刊·"一大"前后的广东党组织》所录"致秀松兄函",当时《珠江评论》已被查禁。是函署期"廿三日",编者判断为1922年10月23日。如不误,则该刊第4期标明的日期较实行发行期晚。

④ 参见中共中央党史研究室第一研究部译《共产国际、联共(布)与中国革命档案资料丛书》(第一卷)《联共(布)、共产国际与中国国民革命运动(1920—1925)》,北京图书馆出版社1997年版,第177页。

四、依然同道

中共中央的政略大转折，在积极的成果背后，牵涉错综复杂的利害关系，因而在不少具体政策上，前后缺乏政见的连贯性。如对吴佩孚的认识，就几乎来了个乾坤颠倒，事变前夕还反对孙吴联盟的蔡和森，不得不接受共产国际"政治上孤立的吴佩孚，尽管有独裁者的本能，但也许会与同样孤立的孙中山携起手来，双双步入中国革命的先锋地位"的看法，赞扬孙吴联合是进步势力的结合。① 陈独秀也将吴佩孚的讨伐段祺瑞、张作霖视为"革命的行动"，因为段、张这班卖国的反动派失去政权，"是给资产阶级的民主派能够得着政治上发展的机会"②。对陈炯明的态度更是前后迥异。因此，这一转折为广东支部成员难以理解和接受，也不足为怪。何况在此之前，中共党员对时局持有不同见解，甚至发表不同的看法，是相当普遍的情况，很少要求组织上的一律。本来认识不同导致政策不一致，也很正常，蔡和森后来总结时给予一定程度的理解。但这次突变所引起的分歧对于中共的生存发展造成极大威胁，由于对中央的方针政策转变不理解，多数党员对党采取消极态度，使中共中央必须加强纪律和集中制，否则无法贯彻既定路线。结果中共在经历政治策略转折的同时，必须进行组织建设的调整。③

中共党内可以通过纪律和集中制达到对于政策转变的强制性认识统一，对党外则不能强求，也不必强求。李大钊、陈独秀等人没有因为胡适一度偏袒陈炯明而与之关系恶化。这一时期胡适与苏俄驻华代表越飞以及伊凤阁等人关系不错，又与原海参崴报纸《遥远的边疆》编辑、远东电讯社驻沪记者、"俄国鼓吹机关代表"霍都洛夫久谈中国政局，认为后者

---

① 详参李玉贞《斯内夫利特小传》，见李玉贞主编：《马林与第一次国共合作》，光明日报出版社1989年版，第427～429、442～445页。

② 《革命与反革命》，见任建树、张统模、吴信忠编：《陈独秀著作选》（第二卷），上海人民出版社1993年版，第404页。

③ 参见《吾党产生的背景及其历史使命》，见中共广东省党史研究委员会办公室、广东省档案馆编：《广东档案史料丛刊·"一大"前后的广东党组织》，1981年内部刊物，第70页。

的观察"颇不坏"①。霍氏是老社会民主党人,也是很早为俄共在华进行工作的侨民之一,② 1920年7月,曾向孙中山介绍过远东共和国的情况。③以至越飞称胡适是"我们的朋友"④。中共的主要领导陈独秀,尽管在联省自治问题上与胡适完全对立,直到1923年7月,仍然认为只有胡适是真正了解近代资产阶级思想文化的人,"在扫荡封建宗法思想的革命战线上,实有联合之必要"⑤。在此期间,他常常与胡适交换意见,1922年12月11日,陈独秀还函告胡适和蒋梦麟:"中山近日颇有觉悟,已切言专力军事之错误,方努力谋党之改造,此事亦请二公注意。"⑥ 则在与国民党的关系上,中共继续视胡适为同路人。"二大"后中共着手在北京组织民主主义大同盟,有教职员参加,胡适很可能是争取的对象之一。

收到李大钊来函的当天,代表陈炯明的陈达材和中共党员谭平山再度来访,似乎都在争取胡适。胡适如何看待李大钊的意见,日记和其他资料中均没有直接的说明。他继续坚持主张联省自治,反对武力统一,与陈独秀有所辩论,但公开指责孙中山、袒护陈炯明的言论逐渐减少。8月31日,胡适为《努力》撰写《这一周》的短评,依据东方通信社的消息,评论孙中山最近的政见及其与北方武人接近的行动,除了反对省自治一条外,基本同意孙的主张,又称孙中山和吴佩孚"都还是为主义而不为私利私图的人",这与中共刚刚转变的政见有同步之势。只是最后又忠告孙中山不要对陈炯明复仇,不应该为了旧怨而再图广东的糜烂,"只应该以在野的地位督促广东的善后,监督陈炯明的设施"。但这与马林等人反对用军事行动方式收复广州的意见亦无二致。9月4日,陈达材代表陈炯明

---

① 中国社会科学院近代史研究所中华民国史研究室编:《胡适的日记》,中华书局香港分局1985年版,第425页。

② 参见《关于俄共(布)中央西伯利亚局东方民族处的机构和工作问题给共产国际执委会的报告》,见中共中央党史研究室第一研究部译:《共产国际、联共(布)与中国革命档案资料丛书》(第一卷)《联共(布)、共产国际与中国国民革命运动(1920—1925)》,北京图书馆出版社1997年版,第50页。

③ 参见王功安、毛磊主编《国共两党关系通史》,武汉大学出版社1991年版,第20页。

④ 1922年11月17日《越飞致马林的信》,见李玉贞主编:《马林与第一次国共合作》,光明日报出版社1989年版,第102页。

⑤ 《思想革命上的联合战线》,任建树、张统模、吴信忠编:《陈独秀著作选》(第二卷),上海人民出版社1993年版,第517～518页。

⑥ 中国社会科学院近代史研究所中华民国史研究室编:《胡适来往书信选》(上册),中华书局1979年版,第176页。

邀胡适去广东办大学，胡适虽然赴宴，却明确表示："我不能去，大学中也无人肯去。"还劝陈达材转告陈炯明："此时先努力把广东的治安办好，不妨做一个阎锡山，但却不可做杨森。借文化事业来做招牌，是靠不住的。"

9月18日，胡适与北归的李大钊谈话后作长函给陈独秀，除继续争论统一与联治外，还声称《民国日报》不值一驳，指责该报增改别人的文章，厌恶于"政党的罪恶"。到了11月中旬，胡适虽仍然坚持自己对广东孙、陈之争讲的是"几句公道话"，所宣泄的实际上是被《民国日报》骂了几个月的不平之气，因为"许多人说胡适之被《民国》骂倒了。《努力》销路也因此稍减（在南方尤其是上海），你不睬他，他却要睬你"①。是月上海《密勒氏评论报》（The Week by Review）两次公布征求读者选举"中国今日的十二个大人物"的投票结果，陈炯明均榜上有名。胡适认为根本不能反映中国的情形，另外拟了一份名单，多选思想学术文化界人士，政治人物仅孙中山、段祺瑞、吴佩孚三人，而排除陈炯明，求公允之外，亦可视为一种姿态。

另一方面，胡适对李大钊来函所说的具体办法似不以为然。9月李大钊到洛阳与白坚武"谈申江寓公近情（指孙中山）"及"南北政情"，10月又与孙中山的代表张溥泉等再赴洛阳与吴佩孚会谈。这段时间胡适与李大钊来往不密，但李自上海来函称"余容面谈"，则胡适应当知道内幕。撮合孙吴联盟，苏俄的本意是反对张作霖以保障其在中东路的利益。② 胡适虽然未必深悉这一背景，而且不反对合作，希望和平解决统一与分治问题，对有关交易仍然大为不满。10月1日、11月12日、12月31日，他在《努力》第22期、28期、35期上一再郑重地公开宣言："私人的接洽，代表的往来，信使的疏通，都是不负责任的，都是鬼鬼祟祟的行为，道理上这种办法是不正当的，事实上这种办法是很困难的。分赃可用此

---

① 中国社会科学院近代史研究所中华民国史研究室编：《胡适的日记》，中华书局香港分局1985年版，第449、462、469页。

② 详参李玉贞《斯内夫利特小传》，见李玉贞主编：《马林与第一次国共合作》，光明日报出版社1989年版，第444页。据说孙中山还授权王宠惠与吴佩孚谈判（1922年11月7日《越飞致马林的信》，见李玉贞主编：《马林与第一次国共合作》，光明日报出版社1989年版，第88页）。

法，卖国可用此法，谋统一不可用此法。"① 所指即使不是专门针对上述情况，至少包括在其中。

　　1923年10月，胡适写了《一年半的回顾》，刊登在《努力》最后一期即75期上，既是对《努力》的总结，也是对这一时期时局的概括。谈到孙中山、吴佩孚、陈炯明之间的联系与冲突时，有如下的论述："去年五六两个月真是政局的一大关键。吴佩孚召集旧国会，本是想取消南方'护法'的旗帜。5月里孙文发表宣言，对北方将领要求裁军队为工兵；他的态度已很明显，很有和平解决的表示了。不幸6月中广州发生孙、陈之争，陈炯明推翻了孙文的势力，孙氏仓皇出走。这件事在当日确然是孙、陈两人主张不同性情不同久不相能的结果。当日大家的评论虽不一致，然而在当时就是最恨陈炯明的人也不信陈氏的行为是服从北方的指使。但事后看来，当日孙、陈的决裂确是一大不幸的事。一来因为孙文失去势力，更引起北方武人的武力统一的野心。二来因为孙、陈两人决裂后，陈氏怕孙派的报复，竟公然与直系军人联络。三来因为孙氏要报仇，竟至糜烂了广东，至于今日。"虽然没有根本改变立场，仍然坚持一些基本的观点，或者说不愿示弱，但是对陈炯明事变的全面衡量与评估，已经随着时势而大幅度调整了。

　　治史的大忌之一，是用今日的眼光看待前人前事，认识历史，还应循着历史发展的本来顺序，以免苛责之弊。陈炯明事变前后胡适对待孙中山和陈炯明的态度，非但不表明他的反动，恰恰是那一时期胡适"左倾"的一个例证，显示其在倾向社会主义和国民革命的过程中，一度和苏俄及中共走得相当近。而要认清此事的原委真相，不能仅就孙、陈的是非立论。梳理前后左右相关各方的表面和背面关系，方可坐实而近真。

---

① 参见《努力》各期《这一周》《我们还主张召集各省会议》《新年的旧话》。

保皇会的宗旨歧变与组织离合

戊戌政变后，亡走海外的康有为师徒为应付突如其来的重创和国内外风云变幻的局势，采取种种对策以图力挽狂澜。面对沉重的外部压力以及与其他革新派系错综复杂的关系，保皇会内部在政略和战略决策方面出现了意见分歧，其中一条主线便是革命与保皇的取舍。围绕这一宗旨选择而展开的矛盾冲突，几乎贯穿了整个保皇会的历史，并且几度导致保皇会的内讧甚至组织分裂。既往的研究虽然已经注意到庚子年为革命与改良的重要分界，但受革保双方后来历史记忆偏差或故意扭曲的影响，目光集中于汉口自立军，又以非此即彼的两极观立论，强调保皇会与革命党争夺的一面，而将其内部的政见分歧与公开宣传的差异，视为别有用心的权谋。台湾张朋园教授于1964年出版的《梁启超与清季革命》，在收集、研读当时可见史料的基础上，对有关问题做了迄今为止仍不失为最具洞见的论述。只是许多史料尚未问世，不解症结仍然存在，一些关键论据似能做两可理解，加上历史环境作祟，因而后续各书（尤其是海峡此岸的论著）并未采信其主要论点。

随着收藏于美国、日本、新加坡以及港台和内地等地的相关史料渐次发表，各个环节的事实真相逐渐显现，已有学人继张朋园教授之后指出梁启超的"实为革命"并非骗人，而是其真实感情、理论认识与实践的统一，并进而论述了梁的革命活动、宣传及其与康有为、黄遵宪就宗旨差异展开争论的过程和要点;[1] 复有学人从概念的发生演变入手，探讨19世纪末20世纪初"革命"的观念与行为在中国展开的历史进程。[2] 由此反观保皇会内部的矛盾冲突，可见在"革命"被固定化、神圣化之前，并非革命党人的专利；同是革命取向的政派或个人，也有政略的不同与利害的冲突。革命与否的分界，仅仅依据组织系统并不能够划分清楚。由于各

---

[1] 参见董方奎《清末政体变革与国情之论争——梁启超与立宪政治》，华中师范大学出版社1991年版，第79～148页。

[2] 参见陈建华《"革命"的现代性——中国革命话语考论》，上海古籍出版社2000年版。

种已刊未刊资料被打散成为片断，相关人事及因果时空的判断存在不少错误，迄今未能恰当地连缀拼合，并据以恢复史实。已有的若干判断因论据尚嫌粗疏，难以征信定案。有的研究在个别问题上相当深入，可是不能兼顾各个方面，很难对相关人物摇摆不定的思想脉络全面梳理，仍然不免见仁见智。① 从相关人事前后左右的联系入手，以求解开索扣，揭示保皇派言革人物的心路历程及其革命言论的反响作用，对于庚子勤王与保皇会的研究，当可深入一层。

一、变法与自主

戊戌前康有为一派大抵坚守和平变法路线，但直到1898年，才出现自上而下实行变革的契机，令他们觉得可以施展抱负。因此"百日维新"期间康有为等人略显躁进的变政措施，明显地表现出迫不及待的心情。德国强占胶州湾后，中国各界人士感到亡国危机迫在眉睫，纷纷行动起来，准备采取各种非常手段。面对旦夕危亡的时局，这种时不我待的心理，加上长期宣传鼓动和结党组织屡屡受挫，使得康有为、梁启超开始考虑调整行动方针，以图应变。

关于此事，狄平的《任公先生事略》记载得相当详细："任公于丁酉冬月将往湖南任时务学堂时，与同人等商进行之宗旨：一渐进法；二急进法；三以立宪为本位；四以彻底改革，洞开民智，以种族革命为本位。当时任公极力主张第二第四两种宗旨。其时南海闻任公之将往湘也，亦来沪商教育之方针。南海沉吟数日，对于宗旨亦无异词。所以同行之教员如韩树园、叶湘南、欧榘甲皆一律本此宗旨，其改定之课本，遂不无急进之语。"② 此文的遣词用字，显然受后来时局变化的影响，观念与事实均有所夸大变形。

不过，此文所记大要虽与保皇党人后来故意掩盖其一度尝试武力反清

---

① 参见 ［日］松尾洋二《梁启超与史传——东亚近代精神史的奔流》，注意用梁启超改译明治日本的史传及其与保皇会同人的通信进行比照，把握梁对待革命的思想变化轨迹，相当近真。而该研讨班的其他参与者从各自的主题出发，对此问题的看法与结论虽然大体相近，具体时空人事的判断仍然歧异不小。参见 ［日］狭间直树编《梁启超·明治日本·西方——日本京都大学人文科学研究所共同研究报告》，社会科学文献出版社2001年版。

② 丁文江、赵丰田编：《梁启超年谱长编》，上海人民出版社1983年版，第87～88页。

的主导倾向不合，却有相关材料可以印证。1901年康有为致赵必振信中说：

> 当戊戌以前，激于国势之陵夷，当时那拉揽政，圣上无权，故人人不知圣上之英明；望在上者而一无可望，度大势必骎骎割鬻至尽而后止，故当时鄙见专以救中国四万万人为主。用是奔走南北，大开强学、圣学、保国之会，欲开议院得民权以救之。因陈右铭（宝箴）之有志，故令卓如（梁启超）入湘。当时复生（谭嗣同）见我于上海，相与议大局，而令复生弃官返湘。以湘人材武尚气，为中国第一，图此机会，若各国割地相迫，湘中可图自主。以地在中腹，无外人之交涉，而南连百粤，即有海疆，此固因胶旅大变而生者。诚虑中国割尽，尚留湘南一片，以为黄种之苗。此固当时惕心痛极，斟酌此仁至义尽之法也。卓如与复生入湘，大倡民权，陈、黄（遵宪）、徐（仁铸）诸公听之，故南学会、《湘报》大行。湘中志士于是靡然发奋，人人种此根于心中，如弟所云是也。①

庚子勤王失败后，保皇会讳言曾经"言革"，因此康有为只讲民权自主。实际上戊戌前入湘的梁启超等人确已主张"革命"，只是其观念更多地偏于中国古义，与转换后的近代语义不大相同。梁启超逃到日本不久，与日本外务省官员谈及国内局势，他说："至草莽有志之士，多主革命之说，其势甚盛，仆前者亦主张斯义，因朝局无可为，不得不倡之于下也。及今年四月以来，皇上稍有政柄，觐见小臣，于是有志之士，始知皇上为大有为之君，从前十余年腐溃之政策，皆绝非皇上之意。于是同志乃翻然变计，专务扶翼主权，以行新政，盖革命者，乃谋国之下策，而施之今日敝邦，尤为不可行。外患方殷，强邻环伺，恐义旗未举，而敌人已借势而分割各省矣。今皇上之英明仁厚，实鲜有比，苟能有全权，举而措之，则天下晏然，邕无惊而新政已行，旧弊已去，国体已立矣。此仆等之初意

---

① 黄彰健：《戊戌变法史研究》，台湾商务印书馆1970年版，第1～2页。

也。何图为母后贼臣所不容，以至有今日。"① 这印证了狄平所说虽系事后回忆，却大体近真。

由草莽而革命，在中国有悠久历史，康有为门徒中便不乏暗中结交江湖的志士。万木草堂的嫡系中，欧榘甲原籍广东惠州归善，该地素为秘密会社渊薮，"其乡人多入三合会"，"榘甲少居乡，结识会党首领颇多，因亦名厕会籍"，"少与邑中秘密会党游，持论激烈"②。罗伯雅为广东番禺人，善结交绿林会党，"尝与剧盗区新、傅赞开等往还"③。任教于万木草堂的田野桔次称之为"不易得之奇青年"，"眼光炯炯，精彩斐然，不平之气，常动眉间"。一夕，罗将田野从睡梦中摇醒，曰："起！起！君果有革命之志，今非其时乎？……仆尝潜于广西山中（即山贼……也），昨得其一信，云有同党四百人，将合湖南之大队以进中原。君倘真愿革命，则请与仆偕往广西，以一试其屠龙之技乎？"罗还曾对田野说："使山贼获金以为资，而修圣人之学，是或一道也。"④

康、梁一派的应变，并非仅仅停留在口头上，一方面，如梁启超所说，先后入湘任教于时务学堂的韩文举、叶湘南、欧榘甲等，将激进民权思想灌输给青年学生，启迪其变革之心和种族观念。不过，这时梁启超等人虽然"方醉心民权革命论，日夕以此相鼓吹"，还是不能公然"盛倡革命"，只不过于"札记及批语中盖屡宣其微言"⑤，"借《公羊》《孟子》发挥民权的政治论"⑥，"又多言清代故实，胪举失政"，据说还"窃印

---

① 此节文字，1959年7月9日《光明日报》刊布为梁启超1898年10月26、27日与日本外务大臣大隈重信的代表志贺重昂笔谈，修订后，上海人民出版社1983年出版的《梁启超年谱长编》从此说（第160~161页）。清华大学历史系编《戊戌变法文献资料系日》（上海书店出版社1998年版）将时间置于1898年10月中旬，注引自日本外务省档案明治三十年（1897）8月至三十七年（1904）6月各国内政关系杂纂（支那卷）MT—16143，文字与《光明日报》偶有不同。

② 冯自由：《革命逸史》（第四集），中华书局1981年版，第130页；《革命逸史》（第二集），中华书局1981年版，第30、111页。

③ 陈汉才编著：《康门弟子述略》，广东教育出版社1991年版，第148页；冯自由：《革命逸史》（第二集），中华书局1981年版，第34页。

④ ［日］田野桔次：《最近支那革命运动》，新智社1903年版，第65~66页。

⑤ 梁启超：《时务学堂札记残卷序》，见《饮冰室合集·文集》之三十七，中华书局1989年版，第69页。

⑥ 梁启超：《蔡松坡遗事》，《晨报》蔡松坡十周年忌纪念特刊，引自丁文江、赵丰田编：《梁启超年谱长编》，上海人民出版社1983年版，第84页。

《明夷待访录》《扬州十日记》等书,加以案语,秘密分布,传播革命思想"①。而当时顽固党罗列的罪状是梁启超"惟恃康有为无父无君之邪说,广诱人心,为乱臣贼子布置徒党,以遂其私图。即在学堂所著学生日记等类,悖谬之言,不一而足",所举"大可惶骇者,如言君统太长,又言今变法必自天子降尊始;其令人万不敢述而不忍不言者,如论《孟子》则指本朝轻赋为大貉小貉,论《扬州十日记》,则指本朝用兵为民贼,令人发指眦裂等语"②。这与梁启超的事后回忆多少有些差距。坊间传闻有人揭参梁启超,将其原批另抄粘呈。"折既上,上曰:'此不过梁启超故作危言竦论以感动人心,安得据此以罗织之耶?'"③ 则至少从实际效果看,其言论的启蒙色彩多于革命。如时务学堂二班生林圭,"受粤人欧榘甲之教育。欧固康弟子,倡公羊张三统之学。林君化之,不复为前日之佻达少年,而究心于经世"。政变后林圭随毕永年往来江湖间,"一至上海,自此而其政治思想为一大变。先是,林囿于欧说,其崇拜康氏有如星日;然至闻见既广,乃自笑其前此之私淑,真为井蛙夏虫。由是废弃文学,以实行家自任,不欲其能力伸畅于理想之一途"。④ 林圭入时务学堂较晚,所说至少反映康、梁一派得到光绪重用后,政略发生变化,教育方针也许随之改变。

培养青年,应是长期计划,另一方面,维新派还有组织应变的准备,并尝试直接掌握武装。与康有为商定大计的谭嗣同回到湖南,提倡设立团体,"讲致用之学,为爱国之基"⑤,此即后来自立会的发端。其时原在湖北练兵的黄忠浩受湘抚陈宝箴之邀,返湘整饬军事,谭嗣同等欲乘机以兴办团练为名,聚集会党首领到黄忠浩营中培训。1898年4月19日谭嗣同致函欧阳中鹄,告以"前商团练事,绂丞所拟之办法正与尊意同,而师中吉所拟之办法又与绂丞同。师说在绂丞前,唐说在夫子前,而彼此暗合

---

① 梁启超:《清代学术概论》,见《饮冰室合集·专集》之三十四,中华书局1989年版,第62页。
② 曾廉:《应诏上封事·附陈康有为梁启超罪状片》,见中国史学会主编:《中国近代史资料丛刊·戊戌变法Ⅱ》,神州国光社1953年版,第501页。
③ 《圣量优容》,载《国闻报》1898年9月20日。
④ 民表:《林锡圭传》,见杜迈之、刘泱泱、李如龙辑:《自立会史料集》,岳麓书社1983年版,第231页。民表应为林圭时务学堂的同学秦力山。
⑤ 任公:《自立会序》,载《清议报》(第十六册),1899年5月30日。

如此，亦一奇也。绂丞及嗣同于前七八日已函商岳生，请由县送百人至省，即令师中吉统之往泽生营中学习。面商泽生两次，大以为然，并极赏识。师中吉闰月即可率百人住其营中，渠必加意训练云云。……嗣同等及师中吉所知之勇力果敢之士不下数十人，即可由师中吉一手招募百余人，而请各绅选试，可选得百人。师中吉带至省城，再由泽生选试，必易精矣"①。5月25日，欧榘甲、韩文举、叶湘南曾与唐才常、熊希龄等人一同到黄忠浩营中聚议立营学等事。②戊戌政变之际，康有为等希望毕永年、唐才常率百人督袁世凯统兵围颐和园，里应外合，执西后而废之，并致电湖南，招集好将多人，即为这批"勇力果敢"之士。正因为维新派事先有所鼓动，政变发生，有人企图"割据湖南以勤王，不奉诏"③。广西方面，康有为也有类似布置。1897年康有为第二次到桂期间，劝唐景崧以圣学会名义归乡办团。从后来事态的发展看，用意之一，当是为武力应变做准备。

与兴中会谋求建立合作关系，也可以视为应变的准备之一。其路径分为两条，宗旨也不尽相同。其中之一，是由谢缵泰、康广仁接洽的和平变革路线；而另一途径，由孙中山、陈少白及广东兴中会骨干主动联系，宗旨并未局限于变法。

二、复辟与革命

戊戌政变后，康、梁等人亡走日本，原有的地位骤得骤失，当务之急是设法让光绪帝重掌权力。他们虽然不赞成冒险而谋之于下，主张借友邦之力以谋之于上，争取日、英、美三国出面相助，其实并未放弃谋之于下的路线。其方略有二，一是暗杀行刺，一是武装勤王。

戊戌政变后康有为逃到香港，寻求宫崎寅藏的帮助，后者趁机建言以

---

① 谭嗣同：《上欧阳中鹄》，见蔡尚思、方行编：《谭嗣同全集》，中华书局1981年版，第473～474页。孔祥吉《谭嗣同挚友师中吉》（见《晚清佚闻丛考——以戊戌维新为中心》）一文据黄彰建《戊戌变法史研究》已指出此事。

② 参见皮锡瑞著，湖南历史考古研究所近代史组整理《师伏堂未刊日记》，载《湖南历史资料》1959年第1期，第115页。

③ 秦力山：《汉变烈士事略·茶蓼子》，见彭国兴、刘晴波编：《秦力山集》，中华书局1987年版，第17页。

武力兴师，实行共和。康有为没有接受宫崎的建议，却也明白一味徇和平路线难以挽回大局，他依然相信只要光绪复位，重掌权力，一切革新事宜仍可照旧进行。而光绪复位的主要障碍便是西太后，所以当务之急是将西太后及其死党除去。在借助日本壮士行刺的企图被宫崎拒绝后，便在门徒中选派充当刺客之人，以后又改为以金钱买死士。保皇会的暗杀活动，一直持续到1906年。

至于宫崎寅藏的起义军于中原一策，康有为也没有完全拒绝，只是将政治目标由共和改为复辟。1898年11月初，康有为发布"奉诏求救文"，明确发出"勤王"号令。其政治目标虽然与兴中会不同，行动方式却趋于一致，因而增加了双方的共鸣。还有几种因素促使维新派与革命党相互呼应：

其一，兴中会继续主动寻求合作。戊戌政变后，孙中山在日本几次登门拜访康有为等人，表示合作的善意。维新派对此态度分歧，康有为、梁启超、唐才常的主张各自不同。唐希望两派牺牲小异，同力合作，摒弃保皇或排满名词，得到孙中山的赞同。康有为则坚持与清廷势不两立的革命党保持距离，并几度拒绝与孙中山会晤。① 不过，与此同时，康有为对杨衢云、谢缵泰的联合请求给予积极回应，赞成他们关于两党在争取自由和独立的运动中应当联合和合作的意见。②

其二，日本人士的压力和影响。1898年由东亚会和同文会合并而成的东亚同文会，其部分成员主张支持中国实行反清革命。早在康有为到日本之前，宫崎寅藏在香港与康门师生会晤时就指出：戊戌变法失败的原因在于徒赖君权，不能妄想以一纸上谕清除中国的积弊，要使改革的上谕发生作用，必须具备罢免大官的实力，即以武力做后盾。而兵马大权掌握在大官手中，秘密结社又都以倒清扶汉为旗号，因此，中国改良之难，实较革命为甚。如果光绪真是英主，可让其主动退位，以选举实行共和，平满汉、官民之界。万不得已，则只有由康有为"亲自下结民间志士，起义军于中原，待势力稍盛时，使皇上投向这边。要想不流血而扫除积弊，等

---

① 参见《钦差大臣》，载《大陆》第2年第8号，1904年12月3日。
② 参见谢缵泰著，江煦棠、马颂明译《中华民国革命秘史》，见中国人民政治协商会议广东省委员会文史资料研究委员会编：《广东文史资料·孙中山与辛亥革命史料专辑》，广东人民出版社1981年版，第303页。

于挟泰山以超北海，是决不可能的"①。宫崎寅藏还向平冈浩太郎、犬养毅等人建议："今后日本对中国的方策不外乎下列三案：第一，援助现今的爱新觉罗政权，以改善中国。第二，拥护皇上，号令天下，以组织新政府。第三，团结民间的革命党，推行大革命，以一新中国大陆。"而清朝君臣均不足以用，"究竟应以什么来挽救中国的时局？舍革命莫属"。"如就（中国）国民的观点来说，除非非常的英雄仗义奋创，以革命的事业一扫多年的腐败政权，显然不可能维持今日的老大帝国。"②

1898年12月出版的东亚同文会机关刊物《东亚时论》第2号，刊登了该会评议员池边吉太郎的论说《改革か革命か》（第4号连载），正式公开提出中国政治变革的宗旨选择取舍问题。文章从伊藤博文在东京帝国饭店的演讲谈起，认为依据中国各方面的实情，改革比革命更加困难。③这与宫崎寅藏的观点完全一致。该会及该刊与梁启超、唐才常等人关系密切，梁启超在《东亚时论》上发表多篇文字，《清议报》也多次译载该刊的文章。诚然，东亚同文会的基本方针并非倾向革命，《东亚时论》第1号所载江藤新作的《支那改善策》，即认为改革政治非局部而是整体，实行之途有二："曰主权者也，曰革命之军也。依兵力扑灭满清政府，更树立新政府，则改革政治风俗，最容易也。虽然，革命军得其势力，不得不待其机运熟。且革命军而至成其志，其间支那国土，惨害必非常。以情论之，邻邦兄弟也，不忍成此举也。依主权力改革之，不如革命军之惨害，可以平和行其事，余最所希望也。"④《清议报》第18、19号以《支那改革论》为题译载此文，对于池边吉太郎的文章则没有正面回应，至少表明公开态度有所差异。但日本人士提出的问题却不能不引起维新派的深思反省。

其三，清政府血腥镇压变法激发了维新派的反清意识，不仅湖南的唐才常、毕永年等人复仇心切，梁启超等万木草堂弟子也群情激愤。梁启超

---

① ［日］宫崎滔天著，佚名初译，林启彦改译、注释：《三十三年之梦》，花城出版社、生活·读书·新知三联书店香港分店1981年版，第133～137页。

② 《宫崎寅藏致平冈浩太郎、犬养毅函》（1899年2月18日），转引自陈鹏仁：《论中国革命与先烈》，台湾大林出版社1973年版，第24～28页。

③ 参见［日］池边吉太郎《改革か革命か》，《东亚时论》第4号，明治三十二年（1899）1月25日。

④ 《清议报》第18、19号连载时，未署作者和译者名。

在《去国行》中就表达了此种激情："呜呼！济艰乏才兮，儒冠容容，佞头不斩兮，侠剑无功，君恩友仇两未报，死于贼手毋乃非英雄。"他向往明治新政能够"驾欧凌美"，更知道盛世来之不易，"水户萨长之间流血成川红"，"此乃百千志士头颅血泪回苍穹"。并且誓言："男儿三十无奇功，誓把区区七尺还天公。不幸则为僧月照，幸则为南洲翁。不然高山蒲生象山松阴之间占一席，守此松筠涉严冬，坐待春回终当有东风。"① 出非常之策大干一场，成为他们向往的首选方略。

在此背景下，康有为一派出现分化。戊戌以来，康、梁表面连在一起，实则分别甚大。后来梁启超谈到与老师的区别，认为最相反的一点，是"有为太有成见，启超太无成见"，并具体提及30岁以后绝口不谈"伪经"与"改制"。② 其实师徒两人的分歧不止于此，或者说，因此一点，双方的差异贯穿始终而全面。竹内弘行《关于梁启超师从康有为的问题》一文指出，康、梁从初会起就不一致。③ 戊戌期间，尤其是康有为的《孔子改制考》刊行后，不少维新人士觉得其"浅陋狂谬，学术不正"，而对梁启超以通才之资，不能摆脱乃师，颇感惋惜。④ 汪康年将此意转达梁启超，后者坚决维护师门的统一性："启超之学，实无一字不出于南海。……弟之为南海门人，天下所共闻矣。若以为见一康字，则随手丢去也，则见一梁字，其恶之亦当如是矣。(闻南海而恶之，亦不过无识之人耳。……)。"⑤ 可是，康、梁的分别，不仅世人从其公开发表的文字中可以客观判断，与之有所交往者，更能察觉其主观意向的不同，吴樵函告汪康年："康徒惟此人可与也。迩日与之极熟，窥其旨亦颇以康为不然，而不肯出之口，此其佳处。"⑥

---

① 梁启超：《去国行》，见《饮冰室合集·文集》之四十五（下），中华书局1989年版，第2页。
② 参见梁启超《清代学术概论》，东方出版社1996年版，第81页。
③ 参见[日]狭间直树编《梁启超·明治日本·西方——日本京都大学人文科学研究所共同研究报告》，社会科学文献出版社2001年版，第1～31页。
④ 参见《张美翊·十三》，见上海图书馆编：《汪康年师友书札（二）》，上海古籍出版社1986年版，第1764页。
⑤ 《梁启超·四十一》，见上海图书馆编：《汪康年师友书札（二）》，上海古籍出版社1986年版，第1862页。
⑥ 《吴樵·五》，见上海图书馆编：《汪康年师友书札（一）》，上海古籍出版社1986年版，第467页。

保皇会的分化逐渐加深，开始体现于宗旨与组织的异动。组织方面，梁启超对于和其他政派合作一事的态度相对积极。1899年2月，他代表康有为出席在犬养毅寓所举行的与孙中山、陈少白等人的会谈，情形相当融洽。据说其对孙中山的言论异常倾倒，有相见恨晚之慨，并表示要请康有为闭门著书，自己放手做去。3月，康有为离日前往加拿大，梁启超等人更加频繁地与兴中会员接触，赞成联合与合作。1899年5月，他和唐才常等人继承谭嗣同的遗志，组织自立会，鼓吹："大丈夫之贵自立也。横览古今中外多事之际，则英雄豪杰乘时而起焉，岂尝有某人限做某事，某事必待某人哉。大抵凡有志任事者，则天下之事，皆将成于其手，洵乎英雄豪杰之本无种也。"① 这显然有超越勤王保皇的志向，与康有为的主张有异。1899年7、8月间，梁启超和韩文举、李敬通、欧榘甲、梁启田、罗伯雅、张智若、梁子刚、陈侣笙、麦仲华、谭柏生、黄为之同结义于镰仓江之岛的金龟楼。② 这12人均为政治情绪较为激烈之人，此事显然和与革命党合作之事宜密切相关。③ 因此，保皇会成立后，梁启超等人对其宗旨方略似乎并不热心。

革、保双方的交往促使保皇会中的一些激进分子倾向于反清革命，与孙中山的政治立场有所接近。1899年秋季，基于联合大举的共识，两派开始进一步接洽结合。尽管宗旨上梁启超等人与兴中会趋同"言革"，双方"订交"的内容还是合作而非合并，而且保皇会中激进派"言革"与革命党毕竟同中有异，组织方面继续竞逐争夺也在情理之中。

保皇派的异动，不仅体现于暗中"言革"以及靠近革命党，甚至公开的文字宣传也可以见到与时序相当吻合的日趋明显的变化轨迹。梁启超在1898年12月创刊的《清议报》第1期上发表论说《论变法必自平满汉之界始》，开始谈及欧美近代史上的革命可能在中国重演。他说："今试言满人他日之后患，抑压之政，行之既久，激力所发，遂生大动。全国志士，必将有米利坚独立之事，有法兰西、西班牙革命之举。"他并不排

---

① 任公：《自立会序》，载《清议报》（第十六册），1899年5月30日。
② 参见罗孝高《十二人江之岛结义考》，见丁文江、赵丰田编：《梁启超年谱长编》，上海人民出版社1983年版，第180页。结盟的时间，参见［日］狭间直树：《中国近代における日本を媒介とする西洋近代文明の受容に関する基礎的研究》，第17页。
③ 张朋园教授已经指出江岛结盟与言革的关系（《梁启超与清季革命》，台湾"中研院"近代史所专刊11，1964年版，第140页）。

斥革命的结果，只是认为在中国发动革命的社会力量尚不具备，贸然实行，将会导致内乱外患。"今我国之志士，有愤嫉满人之深闭固拒，思倡为满汉分治之论，倡为革命之论者。虽然，其必有益于支那乎？则非吾之所敢言也。凡所谓志士者，以保全本国为主义也。今我国民智未开，明自由之真理者甚少，若倡革命，则必不能如美国之成就，而其糜烂将有甚于法兰西、西班牙者。且二十行省之大，四百余州之多，四百兆民之众，家揭竿而户窃号，互攻互争互杀，将为百十国而有未定也，而何能变法之言。即不尔，而群雄乘势剖而食之，事未成而国已裂矣。故革命者，最险之着，而亦最下之策也。"这与他和志贺重昂谈话的观念相当一致。将希望寄托于光绪复辟，可以说是康有为一派政变后的首选政略。至于通过外援、勤王还是暗杀来实现这一目标，只是手段问题。

梁启超等人拒绝"革命"，除以西史为鉴，担心革命的惨烈，更重要的还是由于"革命"一词正处于中外新旧概念转换的过程之中。他们已经意识到，"天下之理，非剥则不复，非激则不行"，即使"列国改革之始，未尝不先之以桎梏刑戮干戈之惨酷"。美国独立后，"凡所谓十九世纪之雄国，若英若法若奥若德若意若日本，当其新旧相角官民相争之际，无不杀人如麻，流血成河，仁人志士，前仆后起，赴汤蹈火者，项背相望。……世之浅见者，徒艳羡其后此文物之增进，民人之自由，国势之浮兴，而不知其前此抛几多血泪，掷几多头颅以易之也"①。同时，受日本明治时期思想界的影响，知道"十九世纪，为政治上竞争革命之时代，二十世纪，为经济上竞争革命之时代，此有识者之公言也"②。这实际上等于承认暴力流血为人类进化的媒介。而中国"革命"的本义，指用暴力手段实现改朝换代，不过一家一姓的鼎革而已。1897年3月，章太炎在《时务报》第19册发表《论学会有大益于黄人亟宜保护》，便明确宣称："变郊号，柴社稷，谓之革命；礼秀士，聚俊材，谓之革政。今之亟务，曰：以革政挽革命。"梁启超在《横滨清议报叙例》中也指出："我支那数千年来，义侠之风久绝，国家只有易姓之事，而无革政之事，士民之中，未闻有因国政而以身为牺牲者。"

保皇会系统中最早公开正面宣传"革命"者，当推欧榘甲。戊戌政

---

① 梁启超：《横滨清议报叙例》，载《清议报》（第一册），1898年12月23日。
② 梁启超：《论中国人种之将来》，载《清议报》（第十九册），1899年6月28日。

变前，欧榘甲和韩文举、叶湘南等从湖南到上海，① 政变时曾为康有为联络日本《亚东时报》馆人设法救援。② 欧任教于时务学堂时，与同事唐才常"至相得也"，临行唐赠以五古《侠客篇》，"读之怒发上冲，……汉上勤王之志，肇于斯时矣"。③ 受唐才常的影响，欧榘甲对与革命党人合作一事，态度明显较康有为积极，而与梁启超一致。1899年3月初，在梁启超与孙中山于犬养毅宅会谈后不久，欧榘甲也与孙中山会面，讨论良久，孙中山畅所欲言，而欧榘甲依然受制于康有为，不能做主。④ 在康有为的挟制下，欧榘甲的文字宣传一度也坚持"救中国当以救皇上为本"⑤。但是面对清廷的高压，除极力鼓吹自由民权观念外，其不平之气仍时有宣泄。如针对清政府"诬义士为乱党"的攻击，他撰文痛加驳斥："乱之所生也，皆起于不均不平不通不安，而此不均不平不通不安，又皆起于在上者愚民之虐政"，"而此不均不平不安不通之政，曾不肯改革之，以俾平民享一日生人之乐，不均则争，不平则鸣，不通则悖，不安则倾，如怒潮之激动，如火山之迸发，佛兰西乃起而革命，美利坚乃起而自立"，呼吁"支那义士相率而起"。⑥

---

① 1898年6月24日唐才常函告欧阳中鹄："外间攻学堂事，三月即有所闻。或谓中丞已厌卓如，或谓日内将使祭酒公代秉三，叶奂彬为总教习。种种讹言，皆云出自中峰。韩、欧、叶三君闻之，即忿然欲去，经受业再三婉留，始安其位；然其愤懑之心，未尝一日释也。至中丞调阅札记，乃陈、杨二君自内学生收取，收齐后，始汇交受业一阅。受业深恐三教习闻之，致滋不悦，且戒秉三勿与三教习言，亦绝不料中丞已有疑心，果如外人所云也。来谕云'分教等皇遽无措，及尽一夜之力统加抉择，匿其极乖谬而临时加批'等语。果谁见之，而谁闻之？（其中涂改处，韩树圆极多，即卓如亦常有之。岂受业能竭一夜之力通行涂改乎？）"（《上欧阳中鹄书（九）》，见湖南省哲学社会科学研究所编：《唐才常集》，中华书局1980年版，第237～238页）则欧榘甲等人离湘，主要是见疑于陈宝箴。

② 参见康有为《我史》，江苏人民出版社1999年版，第60页。

③ 参见梁启超著，舒芜校点《饮冰室诗话》，人民文学出版社1982年版，第102页。《侠客篇》见湖南省哲学社会科学研究所编《唐才常集》，中华书局1980年版，第262页，诗句与梁启超所引有所不同。

④ 参见《复宫崎寅藏函（一八九九年四月一日）》，见广东省社会科学院历史研究室、中国社会科学院近代史研究所中华民国史研究室、中山大学历史系孙中山研究室合编：《孙中山全集》（第一卷），中华书局1981年版，第186页；陈少白：《兴中会革命史要》，中国史学会主编：《中国近代史资料丛刊·辛亥革命（一）》，上海人民出版社1956年版，第59页。

⑤ 欧榘甲：《论救中国当以救皇上为本——明义外篇之二》，载《清议报》（第二十册），1899年7月8日。

⑥ 参见欧榘甲《义士乱党辨——明义外篇之一》，载《清议报》（第十八册），1899年6月18日。

菲律宾摆脱西班牙的殖民统治获得独立，欧榘甲一方面感到"非律宾尚可自立，安有中国不可自立之理哉"，一方面乘机表达了对近代世界历次革命的正义性的肯定："美人抗英立国，而后自由之光，照耀于大地，独立之气，蒸涌于五洲，自非冥顽不灵之族，大惑不解之伦，野蛮无知之俗，莫不被其流风，鼓其热望，以自由为天赋之权，独立为生人之本，人人皆当保护安全之，不可受人压抑，非如草木禽兽横生倒生寄生，不能自由独立，受命于人。此理印于人人脑中，故于在上有损其自由、制其独立者，必起而抗之，于是列国革命之事起。此非民之敢于抗上也，为其扼人自由，制人独立，害天理，损人为，不得不深恶耳。"① 一个月后，欧榘甲为纪念戊戌政变周年发表论说《论政变为中国不亡之关系》，再度论及近代欧洲革命，态度更加鲜明："当欧洲百余年前，革命之惨，至于血河头山，然而其文明之度，即以此而大增。"并将戊戌政变视为"文明之运将至亚洲大陆而先为严冬苦雨"的表征。②

1899年10月25日，《清议报》刊登了欧榘甲撰写的《中国历代革命说略》，这可以说是近代中国公开为"革命"正名的第一篇文字。照欧榘甲看来，中国历代的"革命之运，或进或退"，不仅"与黄种盛衰伸绌有大关系"，而且"与今日改革时机尤有相为影响者"，将历史上改朝换代的"革命"与近代革命相联系。他盛赞三代之治，认为尧舜"虽非与今世完全之民主国相同，亦当时之大圣，有公天下之心者也"，批评时人所谓"中国无民主种子，革命后不能为共和之治"的论调"皆大谬误，不知孔子之大义者也"。又区分历史上的"家族政治"与"庶民革命"，斥责夺占国人所有的"假革命家"坏了革命的名声，"家族为国之时代已成熟，其先德入人之心，庶民革命之时代尚幼稚，而所为又拂民之欲，则民宁安于家族政治之下，而不愿遭庶民革命之惨。读佛兰西革命史，杀人之多，大乱之频，几令人不敢复言革命事，而王族之党欲窃发而起者，犹时有焉。盖革命势尚未成，一革再革，至于三革，而不能成功，则人厌乱，思其旧矣"。自真革命家汤武顺天应人，"革之时义大矣哉。今革义行于五洲矣，革效被于四海矣，其风潮起于环地中海，……自今文明世界，一

---

① 欧榘甲：《论非律宾群岛自立》，载《清议报》（第二十五册），1899年8月26日。
② 参见欧榘甲《论政变为中国不亡之关系》，载《清议报》（第二十七册），1899年9月15日。

草一木，一土一石，一饮一啄，一波一沤，皆欲自由之光荣，新华之昭耀，而原其始也，莫不有革命为之别开天地，重光日月，以有今日也"。

近代亚洲大陆虽然"革运稍为阻耳，然其期亦不远矣"。革命既然"莫不藉铁血之威，掷千百头颅，流千百膏血以易之"，孔孟至仁大圣，何以目为应天顺人？即因天赋人人以自由之权，独立之性，"人人尽其自由之权独立之性而不相侵，斯谓能守其职；人人捐其自由之权独立之性而不相吝，斯谓之能成公益。如是则均平，则安乐，无偏无颇，众民欣和。若夫纵一己之自由，而压众人之自由，伸一己之独立，而缩众人之独立，是视己如天，视人如畜。众民者已供其身家财产，而身又陷于犬马奴隶之籍，终其身无一日生人之乐焉。夫以犬马奴隶待人，实悖天道，实害人理，以犬马奴隶自待，亦悖天道，亦害人理，如是则不均不平不安不乐，雷霆撼天，水中生火，如是不革命，则为黑暗之世，地狱之世，生不如死，有不如无，乾坤毁而天地灭矣。故必有大英雄大豪杰崛起，而涤荡犬马奴隶之世界，而为人类最贵之世界，开豁黑暗地狱之世界，而为文明天堂之世界，乃足以相天而生人。则革命者，是平人天之憾最良品也"。他又引述西人所说"文明者购之以血也"，"将独夫民贼之血洒地球而皆红，则民安矣"，以及史学家所谓"欲革千人之命者，必流百人之血，革万人之命者，必流千人之血，欲革亿人之命者，必流万人之血，古今万国之通例，不可规避之事"等至理名言，论证"革命者，去野蛮而进文明必经之路也"。古代至圣虽主不杀，亦因革命为理之必至，势所必然，而予以首肯。

按照《清议报》的说明，此文尚有续篇，但此后却不见刊载。其原因从在此前后发生的一系列事件可寻踪迹。有学人从文章的观念多与孙中山相近，判断其受后者的影响，不无道理。① 只是所受影响不仅来自3月欧榘甲与孙中山的会晤，更与后来双方的频繁接触乃至订交有关。不幸，这种合作势头因康有为的到来而被打断。10月24日，康有为赴香港途经日本，因日本政府拒绝其登陆，在横滨港口的轮船上与专程从东京前来的梁启超秘密会谈。② 所谈内容不知其详，次日康有为离开横滨前，托水上

---

① 参见陈建华《"革命"的现代性——中国革命话语考论》，上海古籍出版社2000年版，第136～138页。

② 明治三十二年（1899）10月24日浅田神奈川县知事致青木外务大臣秘甲第517号。

警察署署长向山手町百三十九番《清议报》馆的欧榘甲转送一封信,大意为惋惜暂时无法面谈,到香港后会再次来日。至于将来事业,包括以前所说各事,应在日本奋励研究。值得注意的是,在信的末尾,康有为特意告诫其时刻不忘勤王趣旨,① 则很可能梁启超在会谈时提及与革命党人合作及宗旨转换问题,而康有为又看过刚刚出版的新一期《清议报》,对欧榘甲鼓吹革命的文章极为不满。

10月27日,由欧榘甲主笔的《清议报》馆因火灾被毁。11月2日,林翯云抵达横滨,与欧榘甲密谈。11月8日,欧榘甲离开横滨前往香港和康有为商议善后。② 11月14日,冯镜如也前往香港与康有为商议今后报馆的处置。冯氏坚持保皇立场,当不能容忍欧榘甲继续鼓吹革命,所以欧榘甲不能回任,文章也不能续完。1900年初,欧榘甲赴加拿大前在香港曾与唐才常再度聚首,③ 后又由加拿大转往英国,据说还一度回国任事。④ 1900年2月22日,代替欧榘甲为《清议报》主笔的麦孟华抵达横滨接任。⑤ 勤王失败后,欧榘甲和徐勤、梁启田等人被派往旧金山主持《文兴报》事。冯自由各书关于梁启超等康门十三太保与革命党人离合的种种说法,如上书康有为劝退为徐勤告密以及欧榘甲撰文论汤武革命顺天应人被发配美洲等,虽然事出有因,但揣测之词甚多,中间环节缺失不少。

冯自由所记,也有蛛丝马迹。壬寅十月、十一月,梁启超曾数次上书康有为,所言当包括与革命党合作事。此事令康震怒。1902年康有为因梁启超"决言革命",复函徐勤称:"己亥汝责远之决绝,且安有身受衣

---

① 明治三十二年(1899)10月26日浅田神奈川县知事致青木外务大臣秘甲第523号。

② 明治三十二年(1899)11月8日浅田神奈川县知事致青木外务大臣秘甲第551号、11月10日大森兵库县知事致青木外务大臣兵发秘第542号、11月14日长崎县知事致青木外务大臣高秘第513号(久保天文次:《清末·民国初期,日本における中国革命派·变法派の活动》,昭和六十三年度科学研究费补助金研究成果报告书)。

③ 参见梁启超著,舒芜点校《饮冰室诗话》,人民文学出版社1982年版,第102页。

④ 参见1900年5月19日陈国镛致谭张孝书,见方志钦主编,蔡惠尧助编:《康梁与保皇会》,天津古籍出版社1997年版,第278页。函谓:"敬通、云樵俱已归国办事,麦君孺博来接云樵之任。"

⑤ 参见[日]狭间直树《中国近代における日本を媒介とする西洋近代文明の受容に关する基础的研究》,第20页。

带之人而背义言革者乎!"① 则1899年梁启超曾因言革而遭到徐勤的坚决反对。冯自由诸说,当由这些事实因缘而来。

三、勤王与民政

梁启超等人的"言革"倾向受到康有为的压制,不得不有所收敛,上书引过。但1900年6月27日康有为致函徐勤,仍然揪住梁启超不放,责其"违命""专谬"②。所说从梁启超的几封信可以得到印证。1900年4月20日,梁启超在致《知新报》同人信中反躬自省:"弟去年悖谬已极,至今思之,犹汗流浃背。长者责其病源在不敬,诚然诚然。"表示要"痛自改悔",每日以克己、诚意、主敬、习劳、有恒等五事自课,以去病根。同月23日致函康有为,又讲读《曾文正公家书》而"猛然自省"的心得:"觉得近年以来学识虽稍进,而道心则日浅,似此断不足以任大事。因追省去年十月十一月间上先生各书,种种愆戾,无地自容。因内观自省,觉妄念秽念,充积方寸,究其极,总自不诚不敬生来。先生去年所教,真字字药石,而弟子乃一向无所领会,甚矣堕落之远也。"所说之事,不仅是汇款疏慢,以误大事,显然还包括宗旨的分歧甚至组织的异动。所以梁启超在4月29日复康有为函中说:"弟子前此种种疑忌肆谬,今皆自省之(此字除出诸自由不服罪外,余皆自知),愿自改之。"

不过,梁启超的忏悔,似乎仅限于对待康有为的态度应当保持尊师的恭敬,并非完全放弃宗旨和组织方略的权宜变化。所以接下来又明确表示:"至于同门不同门之界,弟子仍持前说,不敢因噎废食",主张"办天下之事,须合天下之才,然同门之圈限已定而有尽,不同门之圈限未定而方长"③,并坚持自由之说。他从檀香山函告孙中山以"从权办理",这也就是他前此所说:宗旨务求独立,方略随时变通。④ 其"随时变通"不

---

① 《五八、致欧榘甲等书(一九〇二年六月三日)》,见上海市文物保管委员会编:《康有为与保皇会》,上海人民出版社1982年版,第157页。此函收信人当为徐勤。

② 《四四、致徐勤书(一)(一九〇〇年六月二十七日)》,见上海市文物保管委员会编:《康有为与保皇会》,上海人民出版社1982年版,第133页。

③ 丁文江、赵丰田编:《梁启超年谱长编》,上海人民出版社1983年版,第226～232页。

④ 参见冯自由《中华民国开国前革命史》(上编),中华文化服务社1946年版,第44～47页。

仅对孙中山而言，对乃师同样如此。立储事件后，保皇会加紧勤王筹备，但勤王的成败系于光绪的安危，而保皇会恰恰无法保障光绪的安危。其时关于光绪病重的传闻不绝于耳，对此康有为可以不顾一切，梁启超却对勤王的成功与否以及如何应对局势变化表示担忧。1900年4月13日，他致函康有为，讨论勤王方略之后，谨慎而明确地提出两点疑问，希望康有为明确答复：其一，"我辈所以如此千辛万苦者，为救皇上也。从南方起事，去救皇上，实际尚极远。如何然后可以使皇上脱离苦海，将直捣北京乎？我之兵力能敌荣下五军否？即能敌之，俄人岂能不出而干涉，以我乌合抵俄虎狼，必无幸矣。俄噬北京，实践其势力范围，英、法岂肯坐视，是使我功败垂成也。若先画江以待力足，则我皇忧病之躯，能待我乎？先生所以处此者，望告"。其二，"现时皇上既已呕血，外使觐见，言天颜憔悴异常，想病重久矣。……先生近日深恶痛绝民主政体，然果万一不讳，则所以处此之道，弟子亦欲闻之。今日危急哀痛之极，又当百事草创之时，不能不鳃鳃虑及也"。①

康有为如何答复，从4月29日梁启超对其来书的复函中可以窥知大体。梁的答书全面反映了师徒之间的宗旨分歧，针对康有为"来示于自由之义，深恶而痛绝之"的表态，梁启超直截了当地予以反驳，声称自己始终不放弃自由之义，"窃以为于天地之公理与中国之时势，皆非发明此义不为功也"。而且梁启超所说的"自由"，"非对于压力而言之，对于奴隶性而言之，压力属于施者，奴隶性属于受者（施者不足责，亦不屑教诲，惟责教受者耳）。中国数千年之腐败，其祸极于今日，推其大原，皆必自奴隶性来，不除此性，中国万不能立于世界万国之间。而自由云者，正使人自知其本性，而不受箝制于他人。今日非施此药，万不能愈此病"。他反对康有为借"自由"一词的翻译不妥而"诋其意"，"要之，言自由者无他，不过使之得全其为人之资格而已。质而论之，即不受三纲之压制而已，不受古人之束缚而已。"

康有为"屡引法国大革命为鉴"，并指梁启超"染日本风气而言自由"，梁辩解道："法国革命之惨，弟子深知之，……虽然，此不足援以律中国也。中国与法国民情最相反，法国之民最好动，无一时而能静；中国之民最好静，经千年而不动。故路梭诸贤之论，施之于法国，诚为取乱

---

① 参见丁文江、赵丰田编《梁启超年谱长编》，上海人民出版社1983年版，第221页。

之具，而施之于中国，适为兴治之机；……而先生日虑及此，弟子窃以为过矣。"他坦然自认鼓吹法国革命并非受日本的影响，相反，"日本书中无一不谈法国革命而色变者，其政治书中无不痛诋路梭者。……而至今之独尊法国主义者，实弟子排各论而倡之者也"①，"且法国之惨祸，由于革命诸人，借自由之名以生祸，而非自由之为祸"。中国数千年无自由，历代鼎革之惨祸，也不在法国之下。"且以自由而生惨祸者，经此惨祸之后，而尚可有进于文明之一日，不以自由而生惨祸者，其惨祸日出而不知所穷，中国数千年是也。苟有爱天下之心者，于此二者，宜何择焉。"

康有为坚持欧洲近代文明与法国革命无关，梁启超对此表示"甚所不解"，并引据《泰西新史揽要》等书所载相关史实，力证"法国革命影响于全欧者多矣"，所以"泰西史学家无不以法国革命为新旧两世界之关键"，更形象地称法国革命为"十九世纪之母"，"路得政教其祖母也"。

针对康有为明确表示今日"但当言开民智，不当言兴民权"，梁启超"不禁讶其与张之洞之言甚相类也。夫不兴民权则民智乌可得开哉"。国民的智富愚弱，关键就在于自由与不自由。而实现自由，须由自治。"弟子欲辩论此二字，真乃罄南山之竹，不能尽其词，非有他心，实觉其为今日救时之良药，不二之法门耳。"梁启超自称上述为"心中所蕴，不敢自欺"，"现时所见如此，或他日有进，翻然弃之，亦未可定"。② 其实这是坚持其戊戌政变后的一贯主张，将中国革新事业成败的关键放在兴民权、立民政之上。梁启超在《自立会序》中引述"西人之常言曰：国之所以有自立之权者，由于人民有自立之权，人民所以有自立之权者，由于其有自立之志与自立之行"。进而论道："嗟乎！中国之失自立权也久矣，忧时之士，扼腕竖发，太息痛恨于执政者之非其人。夫执政者之罪，固无可贷焉。然岂不闻乎国者民之积也，未有人人不思自立，而国能自立者，亦未有人人思自立，而国犹不能自立者。孔子曰：己欲立而立人。故我辈亦当责诸己而已。己苟能立，天下之事待我者多矣。"③ 就在复康有为来函的前一天，梁启超致函孙中山，商议双方合作共举之事，劝说后者顺应废

---

① 此段文字中夹有"盖日本近日盛行法国主义，弟子实深恶之厌之"。联系上下文，疑有错漏。
② 参见1903年4月29日《致南海夫子大人书》，见丁文江、赵丰田编：《梁启超年谱长编》，上海人民出版社1983年版，第236～237页。
③ 《清议报》（第十六册），1899年5月30日。

立事件后勤王呼声日益高涨的时势，改"倒满洲以兴民政"为"借勤王以兴民政"，"草创既定，举皇上为总统，两者兼全，成事正易"。①

梁启超后来的行为，显然实践了他的诺言。他积极支持包括湖南、江浙维新派和革命党在内的各派联合长江大举行动，而各派联合阵营的实行民政、仅予康有为以虚名等决策，与梁启超的设想相当吻合。所以，庚子保皇会的勤王运动中，作为第二号人物的梁启超，由于得不到师尊与同门的认可和信任，实际上处于旁支的地位。梁启超曾经主动请缨，要求到澳门主持保皇会总局，未得批准，只能远游海外筹款。不过，对于梁启超提出的"万一"忧虑，康有为也并非毫无考虑。他曾亲口告诉加拿大保皇会骨干叶恩："上不能救，则必自立，且言求广东自立。"② 在其使用的电报密码中，既严格区分"孙党""我党"，对兴中会保持戒心，又有"一于定勤宗旨方易办事""一于定革宗旨方易集事"③ 的权宜选择，可见至少作为政治旗号，康有为和保皇会对于勤王尊皇的号召力及长远性缺乏足够的自信。

四、讨满与保皇

勤王运动流产和自立军起义失败的血腥，再一次令革新势力感到，在清政府的统治下由和平方式寻求变革，实在是南辕北辙，加上保皇会使用海外筹款虚耗多而实效少，引起不少传闻揣测，参与勤王密谋的各派势力迅速发生分化。首先是湖南党人对康有为不满，继而留日学生日益倾向革命，海外各埠华侨也日趋激进。环境压迫之下，保皇会内部再度出现"言革"之声，所引发的风潮，几乎导致保皇会组织的瓦解。

仔细分析相关史料，庚子后各方面的激进倾向，或多或少与保皇会中一度"言革"的梁启超等人有所关联，某种程度上甚至可以说是彼此共识共鸣的体现。1901 年，担任《清议报》总理的冯紫珊致函美洲保皇会，"述及留学生宗旨与吾党不同之事"，梁启超得知后解释道："此亦不过其

---

① 参见丁文江、赵丰田编《梁启超年谱长编》，上海人民出版社 1983 年版，第 258 页。
② 《九二、徐勤致康有为书（一九〇二年四月后）》，见上海市文物保管委员会编：《康有为与保皇会》，上海人民出版社 1982 年版，第 202 页。
③ 《附录·电报密码》，见上海市文物保管委员会编：《康有为与保皇会》，上海人民出版社 1982 年版，第 548～553 页。

中之二、三人耳。冯君忠爱之心最盛，义形于色，故直责之亦宜也。盖此辈学生中，每愤激时政，深恨满洲人，因而立言，观其所出《国民》，想大略可见。但弟居东亦常与彼等谈论，自能潜移默化之，终必为吾党之用，不必过虑也。"① 其实提倡讨满革命的留学生如秦力山、唐才质、郑贯一等，均为梁启超的学生，并且参与《清议报》的编辑。

秦力山愤于庚子自立军失败，对康有为极为不满，与梁启超却仍然保持关系，继续参与《清议报》的编辑事务。他到新加坡调查保皇会海外筹款账目后，曾告知梁启超，邱菽园有意再出十万元，由梁启超返回日本，主持内事全局。② 对于秦力山，梁启超既是"讲堂说法更吾脑，廿岁浮生不二师"的蒙师，又是"自由平等经开凿，独立新民任主持"的精神领袖。而梁启超也曾向他表示："我所思兮在何处，卢（卢梭）孟（孟德斯鸠）高文我本师。铁血买权慹米佛，昆仑传种泣黄羲。"1901 年 6 月，秦力山在所办《国民报》发表《中国灭亡论》，对康有为、孙中山均予以严词抨击，唯独不涉及梁启超。③ 此后，他"与任公寻仇，至不相往来"，原因很可能是其"宗旨唯在革命"④，主张"中国必须进行彻底革命"，"推翻现今的暴虐政府"⑤，而梁启超却不能痛下决心，依违两可。郑贯一在担任《清议报》编辑的同时与冯自由等创办《开智录》，公开鼓吹中国时局"正适一大革命之好时机也"，"有志于铸革命之剑"。⑥ 1901 年，梁启超派唐才质前往澳洲雪梨，唐趁机抨击保皇，宣传革命，保皇会因"郑贯一、唐才质相攻之事，于会事大有碍"⑦，但碍于梁启超的面子，不便反击，以至失去这一重要阵地。事后康有为抱怨梁启超："自唐才质

---

① 方志钦主编，蔡惠尧助编：《康梁与保皇会》，天津古籍出版社 1997 年版，第 97 页。
② 参见光绪廿七年四月十七号（阳）《与南海夫子大人书》，见丁文江、赵丰田编：《梁启超年谱长编》，上海人民出版社 1983 年版，第 263 页。
③ 参见彭国兴、刘晴波编《秦力山集》，中华书局 1987 年版，第 7、69～70 页。
④ 《致吴君遂等书（一九〇二年三月十八日）》，见汤志钧编：《章太炎政论选集》（上册），中华书局 1977 年版，第 162 页。
⑤ 《〈暴政〉书稿广告》，彭国兴、刘晴波编：《秦力山集》，中华书局 1987 年版，第 38 页。是书拟由秦力山与王宠惠合作编著，共分八章，主旨在于反清革命。
⑥ 参见自强《革命之剑》，《开智录》改良第一期，1900 年 12 月 21 日，见《中国文化研究集刊》（第四辑），复旦大学出版社 1987 年版，第 336 页。
⑦ 《九二、徐勤致康有为书（一九〇二年四月后）》，见上海市文物保管委员会编：《康有为与保皇会》，上海人民出版社 1981 年版，第 200 页。

往雪梨后，吾累与该埠书，皆不复，今一年音间绝矣。吾始欲攻唐，又碍于汝所遣往，今则已为唐化，无可复言。故汝虽不攻我，而攻我多矣。"①

庚子以后，保皇会虽然没有明确宣布放弃武装勤王，但除了部分成员对广西会党游勇起事仍然关注外，实际上在康有为的主持之下已经草草收场。而为了便于筹款，各地保皇会会员不得不顺应华侨社会普遍激昂的民气，继续以起兵为号召。同时一部分本来倾向革命的保皇会会员开始冲破康有为的禁令，或倡革命，或唱类族，或主分治。② 鼓吹自立，本来是得到康有为认可的方略，用于万一光绪不及救之时。叶恩即于1901年上书两广总督陶模，引孟子民重君轻观、世界公理和近代历史，要求破除媚上与媚外积习，速求自立，以存中国。③ 可是保皇会言革一派的宣传愈趋激烈，不断将自立引向反清革命。其中欧榘甲一马当先，在所主持的旧金山《文兴报》以"太平洋客"为笔名，发表《论广东宜速筹自立之法》长文，连载27篇，"'满贼''清贼'之言，盈篇溢纸"④。其他康门弟子纷纷响应，在《文兴报》《新中国报》《新民丛报》发表激烈言论。梁启超主办《新民丛报》，虽然声明"不为危险激烈之言，以导中国进步当以渐也"⑤，但激烈的情绪时时显露于报端，又因反对康有为的保教主张，与之信函来往，相互驳论，流露出提倡国家主义、赞成破坏主义的倾向。

其时康有为远在印度，对保皇会会员尤其是万木草堂嫡系弟子纷纷言革的情形不甚了然，但曾经有过言革之举的梁启超的言行引起他的警惕。1902年春，康有为致函梁启超，"告诫以革命、保教、大同等诸义"。梁启超虽然觉得"此事有甚难言者"，还是复函详细阐明自己的意见。关于大同，因为其改信国家主义，在论国家思想时将大同说拿来作衬，忘记此

---

① 十二月十三日（1903年1月15日）康南海《与任弟书》，见丁文江、赵丰田编：《梁启超年谱长编》，上海人民出版社1983年版，第300页。

② 参见光绪二十八年十一月黄公度《致新民师函丈书》，见丁文江、赵丰田编：《梁启超年谱长编》，上海人民出版社1983年版，第304页。

③ 参见《英属加拿大各埠保皇会总理叶恩等上粤督书》，《清议报》（第九十二册），1901年9月23日。

④ 光绪二十八年四月《与夫子大人书》，见丁文江、赵丰田编：《梁启超年谱长编》，上海人民出版社1983年版，第287页。《论广东宜速筹自立之法》是年汇集成册，易名《新广东》，出版单行本，已将"贼"字改易。冯自由《革命逸史》称《论广东宜速筹自立之法》发表于《大同日报》（第二集，第111页），实则《大同日报》刊发于1903年。

⑤ 《新民丛报》第1号，1902年2月8日。

说在中国为乃师发端。他指出大同学说"在泰西实已久为陈言，……而驳之者，亦不下数十家，近人著书几无不引之，无不驳之"，并非故意攻击康有为，而且保证此后"断不复有此等语在报中矣"。

然而，至于"真有难言者"的"民主、扑满、保教等义"，关乎政见宗旨的大是大非，梁启超决不轻言服从，他坦率地表示："弟子今日若面从先生之诫，他日亦必不能实行也，故不如披心沥胆一论之。"这篇"披心沥胆"的答书，可谓梁启超有心与乃师立异的政治宣言，他声言："今日民族主义最发达之时代，非有此精神，决不能立国，弟子誓焦舌秃笔以倡之，决不能弃去者也。而所以唤起民族精神者，势不得不攻满洲。日本以讨幕为最适宜之主义，中国以讨满为最适宜之主义。弟子所见，谓无以易此矣。满廷之无可望久矣，今日日望归政，望复辟，夫何可得？即得矣，满朝皆仇敌，百事腐败已久，虽召吾党归用之，而亦决不能行其志也。"

不但如此，梁启超还宣称其主张并非一己私见，而是代表同门的公意。对于康有为畏惧的"破坏"，梁启超自己"亦未始不惧，然以为破坏终不可得免，愈迟则愈惨，毋宁早耳。且我不言，他人亦言之，岂能禁乎？不惟他人而已，同门中人猖狂言此，有过弟子十倍者。先生殆未见《文兴报》耳，徐、欧在《文兴》所发之论，所记之事，虽弟子视之犹为耆憟，……檀香山《新中国报》亦然。《新民报》之含蓄亦甚矣。树园吾党中最长者也，然其恶满洲之心更热，《新民报》中《扪虱谈虎》一门及《人肉楼》等篇，树园笔也，同门之人皆趋于此。夫树园、君勉，岂肯背师之人哉，然皆若此，实则受先生救国救民之教，浸之已久，而迫于今日时势，实不得不然也"。

接着，梁启超更在谁能反映全党公意的问题上挑战康有为的权威："先生受皇上厚恩，誓不肯齿及一字，固属仁至义尽，至门弟子等心先生之心，以爱国同归而殊途，一致而百虑，似亦不必禁之矣。来示谓此报为党报，必全党人同意，然后可以发言。无论党人分处四方，万无作成一文，徧请画诺，然后发刻之理。即以党人之意论之，苟属立宪政体，必以多数决议，恐亦画诺者十之七八也（君勉来一书，并呈上，其言亦如此矣）。然此决非好与先生立异者，实觉此事为今日救国民之要着而已，望先生听之，以大度容之为盼。"①

读过梁启超的来函，康有为觉得不妙，立即采取措施，他致函各地弟子，告诫其严守保皇立场，并观察反应。不久，康有为陆续收到各处弟子的来信以及寄来的《文兴报》等报刊，对于弟子们"极发自立之事，……以为鼓动"大为担忧，惊呼："何为出此亡国奴种之言也？"痛斥弟子"不学而误读书"，法、美革命自立的情势与中国绝不相类，革命自立必然导致中国分裂而亡国，并以印度分立致亡为据，主张"保全国而合大群，求民权而立宪法"。其中"或以中国政府纷乱，必不能保全中国，思有以振倡人心，则不得不借扑满革命为名以耸之，犹日本之变法，先借排幕为名，实不得已也"，当隐指梁启超，而"妄言广东自立"，"详论之至二十七篇"，则明指欧榘甲。②

保皇会会员肆无忌惮地"猖狂言革"，令康有为感到事态极为严重。1902年6月3日，他复函徐勤："近得孟远决言革命，头痛大作，又疟发□，复得汝书，头痛不可言。汝等迫吾死而已。欲立绝汝等又不忍，不绝汝又不可，汝等迫死吾而已。……吾始于同门中，以汝为忠毅可倚，今汝若此，吾何望矣！今不能转人，乃致为人所转，吾志自立，义自定，岂关他人之何如耶？……所言啖饭尤谬陋，任大事岂为啖饭处耶！且今译局成，次望商会，岂不言革，则无啖饭处耶！议民权政权，制立宪，无不可言，何必言革。《新民报》原甚好，但不必言革耳。"痛心疾首之余，显出几分恼羞成怒。为此，康有为对弟子们下了最后通牒："总之，我改易则吾叛上，吾为背义之人。皇上若生，吾誓不言他。汝改易，则为叛我。汝等背义之人，汝等必欲言此，明知手足断绝，亦无如何，惟有与汝等决

---

① 光绪二十八年四月《与夫子大人书》，见丁文江、赵丰田编：《梁启超年谱长编》，上海人民出版社1983年版，第285～287页。

② 参见《与同学诸子梁启超等论印度亡国由于各省自立书（摘录）》，见汤志钧编：《康有为政论集》（上册），中华书局1981年版，第495～505页。民国时出版的《不幸而言中不听则国亡》辑录此文时康有为加有跋语，谓："……近廿年来，自吾愚妄无知之门人梁启超、欧榘甲等妄倡十八省分立之说，至今各省分争若此，此则梁启超之功也。欧榘甲作《新广东》一书，流毒至今，今《新广东》如其愿矣，而新广东分为七政府，生民糜烂，则欧榘甲之功也。……此书当时专为教告梁启超、欧榘甲等二人。"但文中只提及《文兴报》连载之文而不及《新广东》，当写于1902年8月《新广东》出版之前，5月梁启超去函之后，约在6、7月间。

绝，分告天下而已。无多言。将此示云及远，并示力。"①

同日，康有为又致函罗璪云，告以"今天之言革命者，其极亦［不］过欲得成立宪政治，民有议政权耳（……）。若皇上复辟，则自然而得之，不待兵乎。若必用革命军起，则各省、各府、各县人人各起，谁肯相下，吾四万万人自相屠毒，外国必借名定乱而入取吾地。……是我等不独不能自保，而反自鬻之也"。"今四境无事，勤王亦不能起，若圣主犹存，天命尚在，岂可言革。但一荣禄在，除之即可复辟。"至于"扑满之说"，其认为"尤为无□（引按，疑为'稽'）"。并且表示："仆亲承衣带之诏，愧不能救主。若革命说，则他人之妄想，仆不敢从也。即门人各报，时有他论鼓动人心，然实年少，阅历未深，忿激过甚者耳。且恐上有变，则为此耳。若今日施之实事，实未能行。苟然皇上已遭变，而又数年之后，全国民智大行，内地人有雄心，饷械大积，万不能言此，妄为举动，徒去人才及费大饷耳。仆一切皆经阅历之言，固未敢妄动，尤不肯言革，惟君明照其故，将此布告同志。今惟有成就商会公司，厚积饷源一事（……）。若饷源大集，则进退裕如，无所不可。"② 由此可见，勤王保皇在康有为已成筹款的托词。不过，尽管他对于弟子们纷纷改弦易辙肆意言革之事十分震怒，开始仍然想内部解决，以免引起保皇会组织的分裂。

恰在此时，康有为收到加拿大保皇会的来函，得知华侨为广西、直隶等地的民变所激励，情绪日益激进，遂于6月11日函告李福基等人："皇上舍身救民，至今无恙，天命攸在。吾会全以保皇为宗旨，累电救主，既著成效，岂有半途而废者乎！望告同会中人，勿为异说所惑，自生变乱。……凡乱党中，即日假借汉人民权言，以鼓人从之作乱耳。实则其魁皆有君主之心，徒借吾四万万人头颅，以供彼君主之欲。不观于法国之拿破仑乎，天下安得有华盛顿其人。"他指革命必生内乱外患，欧洲除法国外，均为立宪君主制，而有民权自由，所以"自乱则民权必不得，徒为外国所定。少待则上复辟，民权必可得也"。

在论述了"中国今日万无可言革命之事"，"尤无可言扑满之理"之

---

① 《五八、致欧榘甲等书（一九○二年六月三日）》，见上海市文物保管委员会编：《康有为与保皇会》，上海人民出版社1982年版，第157页。依据内容，直接收信人应为徐勤。孟远，梁启超；云，欧榘甲；力，梁启田。

② 《五九、致罗璪云书（一九○二年六月三日）》，见上海市文物保管委员会编：《康有为与保皇会》，上海人民出版社1982年版，第158～159页。

后，康有为断然宣称："仆受圣主衣带之诏，愧不能救，誓死救上，岂可为他论。故革命扑满之言，仆不愿闻也，亦望同志俯鉴仆心，俯采仆言。并将此书登之各报，其报中若有发革命扑满之论者，虽其人或出仆门，然实悖仆宗旨，望勿为惑。盖本会以保皇为宗旨，苟非皇上有变，无论如何万不变。若革命扑满之说，实反叛之宗旨，与本会相反者也。谨布告同志，望笃守忠义，勿听妄言，仆与诸公既同为保皇会人，仆以死守此义，望诸公俯鉴之。"至此，康有为见形势严峻，再不采取断然措施，保皇会将瓦解于无形，才被迫公开布告天下，不惜与万木草堂弟子决裂，以维护保皇的宗旨立场。康有为还特意叮嘱道："此信望即南北美、雪、檀各埠，并常粘各会所壁上，并告各报中为望。"① 此函虽比致罗璪云书的态度更加决绝，并且不惜公诸于众，但一些对草堂弟子明言而容易引起华侨社会误解、妨碍保皇会筹饷的意见，如即使光绪变生不测也不改变宗旨之类，却有所隐晦。

将此函内容与《南海先生最近政见书》所收《答南北美洲诸华商论中国只可行立宪不可行革命书》仔细比照，不难看出，后者显然是在前者的基础上扩增而成。在后一书中，康有为自称接到美洲华侨来信，"以回銮半年，皇上不得复辟，西后、荣禄仍柄大权"，且诬保皇会为逆党、匪会，进行镇压，以为"今虽再竭忠义，亦恐徒然耳。事势如此，不如以铁血行之，效华盛顿革命自立，或可以保国民"，于是撰写了《答南北美洲诸华商论中国只可行立宪不可行革命书》。② 此书和《与同学诸子梁启超等论印度亡国由于各省自立书》合刊为《南海先生最近政见书》，均为压制保皇会系统的革命倾向而立论，但由于对象不同，时势稍异，两书的态度明显有别。关于与梁启超等人书，康有为后来称："此书当时专为教告梁启超、欧榘甲等二人，离索既久，摇于时势，不听我言，谬倡新说

---

① 《六一、致李福基等书（一九〇三年六月一日）》，见上海市文物保管委员会编：《康有为与保皇会》，上海人民出版社1982年版，第162～163页。原书系此函为1903年6月1日，误。函中关于广宗巨鹿民变首领景廷宾被捕事，恐系误传。

② 据汤志钧编《康有为政论集》第491页，《答南北美洲诸华商论中国只可行立宪不可行革命书》和《与同学诸子梁启超等论印度亡国由于各省自立书》均撰于1902年春，合刊为《南海先生最近政见书》。1902年9月16日出版的《新民丛报》第16号以《南海先生辨革命书》为题刊登致美洲华商文的部分内容，署"壬寅六月"。汤先生认为"似以'壬寅春'为是"。致美洲华商文提到回銮半年，清廷回銮之事，一再拖延，直到1902年1月才返回北京，则原署期无误。

以毒天下",所指责的,主要是各省自立,以及为振倡人心达此目的而借扑满革命之名,教告的本意,也在挽救,因而指"诸子之大谬","盖由于但读欧、美之新书,而不能考亚洲之故事也。诸子之自以为博新学者,岂知其大谬乃由于不学也"。各国国情各异,"万不能妄引他国为比例者也"。

梁启超、欧榘甲等人"以绝异之事势,而但闻革命自立之事,则艳慕之,而不审己国之情实,乃遂妄言轻举,以酿滔天之大祸,以亡国绝种"。过失虽大,毕竟出于误读。康有为还不愿将保皇会尤其是草堂师徒间的政略冲突公诸于众,试图内部解决。答美洲华侨书则不然,眼见革命风潮在华侨社会蔓延开来,康有为再也不能以私了的方式处理,他有意将这封信写成一篇公开的政治宣言,在其中亮出了自己的政治底线。他从过去否定民权自由的立场上让一步,将革命与民权自由"分而为二",依据欧洲各国皆有民权,皆能自由,除法国外,皆有君主,而法国虽经革命,却导致国大涂炭,民权自由反不可得的史实,康有为声称:"真有救国之心,爱民之诚,但言民权自由可矣,不必谈革命也。"并指责"革命者之言民权自立,不过因人心之所乐而因以饵之,以鼓动大众,树立徒党耳。假令革命果成,则其魁长且自为君主,而改行压制之术矣"。

一般性的政治宣言只是对外表态,这封信则旨在整顿保皇会自己的组织,所以关键还在以下的一段话:"仆誓奉皇上,有死无二。诸君夙厉忠义,曰有异义者,得无以各报时有非常之论,而误以为出自仆意故耶?仆自逋播海外,与知友门人离群索居,不得讲习讨论久矣,其或激于回銮之后,复辟不闻,贼臣柄政,中国无望,怨愤之余,或生异说,非仆所知。今自由之风既开,求新之说日甚,亦非吾远隔万里所能遏制。惟仆开会保皇,矢死靡他,苟非皇上遭变,必不少改宗旨。其各报有异论者,皆非仆之意。即使出自仆之门人之说,若为保皇立宪以达民权自由之旨与仆同者也,吾徒也;若为革命攻满之说,则与保皇之旨相反,与仆不同者,非吾徒也。即使出自仆门,或已有盛名,亲同患难者,既为异论,即与仆反,诸君切勿以为仆之意也,勿听之也。"① 这显然是针对弟子言革而不惜清理门户。

这段话在《新民丛报》刊出节录本时被删去,后来出版《南海先生

---

① 汤志均编:《康有为政论集》(上册),上海人民出版社1983年版,第474～505页。

《最近政见书》时也遭删节，仅存于手稿之中。除非康有为有意另写一篇更具说服力的文件，否则前引6月11日致李福基等人的那封信就是正式寄发各地的告美洲华侨书，两份文件只是详略不一，意思、论据乃至叙述逻辑大体一致，其中也包含《答南北美洲诸华商论中国只可行立宪不可行革命书》手稿中被删去的那段话的意思。由此看来，公诸于众的《南海先生最近政见书》的文本，很可能是后来为了对外宣传，需要详细阐明自己的意旨，在原来书信的基础上改写作宣传品。出版之时，康有为因弟子及各地侨领劝以处理不要太过决绝，所以删去了欲将言革弟子扫地出门的话。

康有为决心清理门户的意向，确定无疑地传达到了各地保皇会组织。康门弟子言革，原因不一，面对压力，反应自然不同。徐勤自称其言革命，"与长者辩难甚多，然不过欲扩充会事，以为长者之助耳"①，所以接到康有为的指令，当即表示："弟子近日亦谨守保皇之义，绝口不言他矣。鸟约致公堂因保皇二字不能运动之，弟子亦听之而已。"② 欧榘甲则公然不服，他早有辞去《文兴报》编辑之意，"为各同志苦口挽留。今云樵似不满意，观其报中辩自立与自治之说，便可知也。弟等前曾禀告会长，谓其借题发挥，藉资鼓舞耳。而会长覆函均不以为然，诚恐愈激愈深，势将决裂，则大局有不堪设想者矣。至会长前后所来各函，均皆搁而不发"。③ 1902年9月，康有为致函谭良："云樵妄鼓革命，背叛宗旨，吾欲绝之、逐之。吾受上知遇，当戊戌之治，躬受衣带，岂忍背之！惟虑《文兴》无人主笔及主持其事，弟能暂代之乎？民权、自由皆可鼓，惟勿悖保皇宗旨，不可言革。汝读书虽少，但采择如故。候吾再派人来可也。"④ 加拿大维多利亚保皇会的徐为经、李福基等函告同党："会长以云樵兄前报立论过激，至叠次来函责攻，如临大敌。初则着规谏之，继则着

---

① 1903年10月28日《致谭张孝书》，见方志钦主编，蔡惠尧助编：《康梁与保皇会》，天津古籍出版社1997年版，第134页。
② 《九二、徐勤致康有为书（一九〇二年四月后）》，见上海市文物保管委员会编：《康有为与保皇会》，上海人民出版社1982年版，第201页。
③ 《九三、徐为经李福基致某某书（一九〇二年八月二日）》，见上海市文物保管委员会编：《康有为与保皇会》，上海人民出版社1982年版，第204页。
④ 方志钦主编，蔡惠尧助编：《康梁与保皇会》，天津古籍出版社1997年版，第40页。此函康有为自署"八月八日"，应为1902年9月9日。但下引徐为经、李福基等人函署期"壬陆月廿九日"，即1902年8月2日，两函内容相关，康有为致谭张孝函似在前，则其中一函署期不确。

驱逐之。又云派澳中某孝廉主其席。又谓着谭张孝代其劳。总之逼令云樵兄不去不止，殊令云樵难堪。"① 同时徐勤也接到"云樵寄来被逐之函，为之惊甚"②。

驱逐欧榘甲一事，使得保皇会内部尤其是康门师徒的政见分歧公开化，由此引发了严重的组织危机。康有为见数致责函杳无音信，于是"发函谭楚彬，而谭氏遂吹波助澜，乘势借攻君勉、君力两兄，几动大局"，维多利亚保皇会不得不"飞函各埠以驳之"。徐勤报告："自谭贼之函一布，人心已大为瓦解，即种橙一事，已纷纷退股。而港报之股，想亦难收，终日如坐愁成［城］。方欲设法挽回大局，今无端又有云樵被逐一事，各埠知之，以为内讧，则会事立败矣。"美洲保皇会骨干叶恩、李福基等来函，"皆极怪夫子所为，余可知矣"。徐为经、李福基等人认为："此次报中立论虽属过激，实足以鼓励人心，美属会事之复兴实藉其才有以致之也。即便立论不善，当以暗中劝为改良。今会长不察于此，而欲以鸣鼓攻之，此不独为对党所窃笑，即一会之中，亦将变局矣。可不惧哉！"

为此，徐勤、徐为经、李福基等人向康有为进言，请其从稳定大局、影响华侨等处着眼，"此后务当暗中调停，不宜露面，庶得以顾全大局，是为至要"③。并替欧榘甲辩解道："云樵久不复函，诚有罪矣。然在此主持报事，使《文兴》日有进步，使会事日有进步，实不为无功。今稍以言语出入之故即见逐，则使人人自危，貌合神离，又何为者？……云樵之去不足惜，恐日后同人人不自安，外人知之，受［授］人以口实耳。郑贯一、唐才质相攻之事，于会事大有碍，倘云樵踵而行之，不几令人心尽散耶。仲尼不为已甚者，请即函慰留之，勿致决裂。……《文兴》来年若云一去，则不复请主笔矣。彼日日抄《中国报》论，或另聘别人，其奈之何？《文兴》无人主持，则全局大败矣。"其时徐勤在纽约谋发展保皇会，并欲遍游美东各埠，然后返港办报事，不能为一报局即返大埠，梁

---

① 《九三、徐为经李福基致某某书（一九〇二年八月二日）》，见上海市文物保管委员会编：《康有为与保皇会》，上海人民出版社1982年版，第203～204页。
② 《九二、徐勤致康有为书（一九〇二年四月后）》，见上海市文物保管委员会编：《康有为与保皇会》，上海人民出版社1982年版，第200页。
③ 《九三、徐为经李福基致某某书（一九〇二年八月二日）》，见上海市文物保管委员会编：《康有为与保皇会》，上海人民出版社1982年版，第204页。

启田又不能文，侨界及《文兴报》不欲聘之。考虑到"云樵一行，即会散矣，实最可惜可痛之事也。千辛万苦乃成各会，一旦以小事而败之，岂徒可惜矣已乎"！徐勤出面向康有为"力保云樵此后不言革命事，请留之，勿失人心"①。

徐勤的解释与担保，并不代表康门言革弟子的真心。面对康有为的高压，欧榘甲直到是年11月仍电告徐勤，游各埠时"力言起义兵事"②。梁启超、欧榘甲等人继续赶印《新广东》并分寄各地侨埠，梁启超原拟为之作序，"因忙极不暇"③，还筹办《新广东报》，以广宣传。眼见弟子们依然我行我素，1902年11月康有为再度长函痛骂梁启超，至云："因我辈言革之故，大病危在旦夕。"梁启超"见信惶恐之极，故连发两电往，其一云'悔改'，其二云'众痛改，望保摄'"④。并复函表示"痛自克责，悔过至诚"。康有为对此感到"深为喜幸。前事可作浮云过空，皆勿论也"。但他对"流质易变"的梁启超依然放心不下，一面指示其"只有力思抗外，不可无端内讧，抱定此旨而后可发论。至造国民基址，在开民智、求民权，至此为宗，此外不可再生支离矣"，一面力数其所造成的恶果："自汝言革命后，人心大变大散，几不可合。盖宗旨不同，则父子亦决裂矣。……吾为兹惧，不知汝如何？抑尚以为公私当分，言革可救中国乎？同党因兹分裂，尚何救国之可言也。"⑤

康有为的担心并非多余，梁启超后来告诉徐勤，他虽然表示悔改，"实则问诸本心，能大改乎？弟实未弃其主义也，不过迫于救长者之病耳"⑥。正是在这样的背景下，1902年12月24日出版的《新民丛报》第

---

① 上海市文物保管委员会编：《康有为与保皇会》，上海人民出版社1982年版，第200～204页。

② 《九五、徐勤致康有为书（一九〇二年十二月）》，见上海市文物保管委员会编：《康有为与保皇会》，上海人民出版社1982年版，第208页。

③ 1902年8月14日梁启超致叶恩、李福基等书，见方志钦主编，蔡惠尧助编：《康梁与保皇会》，天津古籍出版社1997年版，第100～101页。

④ 光绪二十九年三月十八日《与勉兄书》，见丁文江、赵丰田编：《梁启超年谱长编》，上海人民出版社1983年版，第320页。

⑤ 十二月十三日（1903年1月11日）康南海《与任弟书》，见丁文江、赵丰田编：《梁启超年谱长编》，上海人民出版社1983年版，第299～300页。

⑥ 光绪二十九年三月十八日《与勉兄书》，见丁文江、赵丰田编：《梁启超年谱长编》，上海人民出版社1983年版，第320页。

22期刊登了署名"中国之新民"即梁启超撰写的《释革》一文,此文被后人当作梁启超本人政治观念的直接表述,但从中读出来的梁启超的政治倾向却人言言殊。最近具有代表性的解释,是陈建华认为此文较充分地体现了梁启超骑虎难下的复杂心理:

> 他所醉心宣传的"革命"本身指一种长程效应,而当时中国难以提供实践渐进革命的社会条件。另一方面当政治革命成为压倒性的议题时,他的软性"革命"不仅在客观上支持了反满革命思潮,而且有效地消解了民众原先对"造反"的恐惧心理。更为吊诡的是,此时梁氏既痛恨那个激进的"革命"口号,同时仍然迷信自己的渐进"革命",……他似乎坚持在"变革"的意义上继续传播"革命",且寄希望于长程的启蒙运动,用心良苦。当他意识到他已经陷入自己制造的"革命"的语言铁笼里,开始怀疑使用"革命"一词的合理性,他甚至认为日本人用"革命"来翻译"revolution"根本就不确当,试图提出改用"变革"一词。实际上他深刻认识到"革命"这一词语所蕴藏的民族历史记忆和文化心理习惯。因此他在该文中大力攻击的是与"革命"相连的传统意识。①

梁启超的难言之隐,实则是迫于康有为的压力,不能正面宣传他所主张的扑满"革命"。而他的本意,恐怕正是用汉语替代的"变革"一词,为激进"革命"的合法化开辟通道。所说"国民如欲自存,必自力倡大变革实行大变革始",虽然为君主官吏留有"附于国民以自存"的余地,其实就是革命,而且是法国大革命式的革命。

梁启超等人言革,并且在康有为的高压之下依然坚持,除认识见闻的增长引起思想的变化外,时势使然是一大要因。庚子以后,清政府的所作所为,令保皇党感觉不到革新的希望,革命成为海外华侨和留学生的普遍

---

① 陈建华:《"革命"的现代性——中国革命话语考论》,上海古籍出版社2000年版,第49页。狭间直树教授指《释革》中的议论"极尽繁琐",和梁启超在《新民丛报》初期的其他几篇论文一起,表明梁"尽管也承认法国大革命的历史贡献和意义,认为它开辟了新的时代,将欧洲带入了'人群进化之第二期',但是并不将其当作现实所需要的处方"(《新民说略论》,《梁启超·明治日本·西方——日本京都大学人文科学研究所共同研究报告》,社会科学文献出版社2001年版,第81页)。

趋向。尤其是在北美各埠活动的徐勤、梁启田、欧榘甲、陈继俨等人，"知洪门大可利用，乃先后投身致公堂党籍，以联络彼中之有力者"①。而洪门多少仍然具有反清意识，保皇会员与之交往，当然要顺应其势。1902年，表态放弃革命的徐勤还是忍不住函告康有为："今日各埠之稍聪明者，无一人不言革命，即现在同门同志，同办事之人，亦无一人不如是。即使强制之，口虽不言，而心亦终不以为然也。至于东中、米中游学诸生，更无论矣。盖民智渐开，止之无可止。""今各埠之人，弟子所到者动问曰：皇上不复位，则如何？则必应之曰：求自立。欲保救皇上，则如之何？则必应之曰：起兵。若云待时听天，则失人心矣，汉口亦不可起矣，□□起兵及自立之说，实与保皇相因而至也。若云起兵不可，自立不可，则人必曰开会何用，又何必筹款乎！天下之事岂有束手而待耶。弟子闻此言，实无言以对之。檀山、雪梨之失，未始不由于此。"② 康有为反复声称身受衣带之诏不能叛上，梁启超则认为这是私意而非出于公心，既然没有依靠光绪重开新局的可能，就不能不考虑如何另辟蹊径以实现政治变革的目标，而破坏性的革命一途无疑首当其冲。

五、余波回澜

当然，梁启超等人对于革命并非义无反顾，令他们迟疑的要因，一是革命可能造成惨烈牺牲，二是发动者缺乏自觉，革命容易走向割据专制。这也是其间依然"欲奉王权以开民智，分官权以保民生"③ 的黄遵宪与之反复讨论的问题。因此，在康有为的压力与形势的逼迫之下，梁启超等人多少有些犹豫不决。同时，局势的急速变化又使他们感到时不我待，否则可能会被踢出局。在师徒均无法说服对方，尤其是梁启超自己也举棋不定的情形下，梁自然会想起1902年5月间他曾对康有为提出过的民意取决方式。对此王学庄先生有一极具真知灼见的推测，他认为，1903年元旦留日学生团拜大会上，马君武和樊锥两人在演说中分别鼓吹排满和同种主

---

① 冯自由：《革命逸史》（第六集），中华书局1981年版，第39页。
② 《九二、徐勤致康有为书（一九〇二年四月后）》，见上海市文物保管委员会编：《康有为与保皇会》，上海人民出版社1982年版，第200～201页。
③ 黄遵宪致梁启超函，见丁文江、赵丰田编：《梁启超年谱长编》，上海人民出版社1983年版，第290页。

张,很可能是梁启超事先布置导演的一出双簧,目的在于测试民心向背,以便向康有为进言,促其适时变换宗旨。根据之一,樊锥前此已经倾向反满;根据之二,马君武的四首《壬寅春送梁任父之美洲》诗,当写于癸卯而倒填日期,因为梁启超赴美在1903年初,1902年春他并无美洲之行。其中二首为:"千古两箴言,四海几同道?神州风云恶,祝君归来早。""抚剑借青锋,饮冰疗内热。志士多苦心,临歧不能说。"① 明显有希望早定宗旨之意。

此说不易找到直接证据,却不无可信。演说当日,与会留学生首推马君武上台,"马登坛力数满人今昔之残暴,窃位之可恶,误国之可恨,应如何仇视,如何看待。座中除三十余名满人外,约有五六百人皆鼓掌。逾刻满人互相语曰:'宁送朋友,不与家奴,诚吾人待汉奴不易之策也。'马退而湘人樊锥继之,言:'中国患在外而不在内,满虽外族,仍为黄种,不宜同种相仇,与人以鹬蚌之利。'满堂寂然无和之者"。这似乎更加坚定了梁启超革命的信念,赴美途中他对东京留学界元旦大会的影响颇为关注。当时以良弼为首的满族亲贵学生,对于马君武公开演说排满反应极为强烈,"倡立一会,其宗旨有三,第一,禀求政府禁汉人学兵。第二,削夺汉官之权。第三,杀灭汉族。会中人若得势之日,不杀汉人,群斥为猪狗,决不认为满人"②。4月,梁启超从温哥华致函徐勤,忿言道:"东京学生有大闹事。因满洲鬼良弼(满人派来学兵者)干涉监督,不许送学生学军故也。须开一十八省汉族统一学生会云。中国实舍革命外无别法,惟今勿言耳。"③ 稍后又表示:"今每见新闻,辄勃勃欲动,弟深信中国之万不能不革命。今怀此志,转益深也。即此次到美演说时,固未言革,然与惠伯、章轩谈及,犹不能不主此义也。舍是则我辈日日在外劝捐,有何名目耶?兄想亦谓然,但不可以告长者,再触其怒,致伤生耳。"④ 所以,2月16日高山(当为罗孝高)函告康有为所谓"任近来大

---

① 莫世祥编:《马君武集》,华中师范大学出版社1991年版,第399页。
② 《满洲留学生风潮》,载《选报》第51期,1903年5月10日。
③ 光绪二十九年三月四日《与勉兄书》,见丁文江、赵丰田编:《梁启超年谱长编》,上海人民出版社1983年版,第318页。
④ 光绪二十九年三月十八日《与勉兄书》,见丁文江、赵丰田编:《梁启超年谱长编》,上海人民出版社1983年版,第320~321页。

改宗旨，极知革之不可行，且劝人勿言，其往日所纵论，洵出于一时高兴耳"①，只不过是为了让康有为释疑放心的托词而已。

1903年梁启超的美洲之行，一方面怀抱宗旨抉择的信念，"誓将适彼世界共和政体之祖国，问政求学观其光"②，一方面感受"海外人之热心，益觉得非轰轰烈烈再做一场，则此身真无颜立于天地"，决心"誓将去空言界，以入于实事界矣"。他开始相当乐观，认为"此行目的颇达五、六，大约实业界之基础可成八、九，秘密界之基础亦得三、四也"③。但年底东还时却宣称："呜呼！共和共和，……吾与汝长别矣。""吾自美国来而梦俄罗斯者也。吾知昔之与吾友共和者，其将唾余"，欲"以今日之我与昔日之我挑战"④。关于这一大逆转的原因，时人议论各不相同，梁启超本人当时及事后的解释也不一致，概言之，有中国人资格不足及自己信奉的理论翻新两大类。

关于前者，梁启超民元在报界欢迎会演说时列举了种种："其后见留学界及内地学校，因革命思想传播之故，频闹风潮。窃计学生求学，将以为国家建设之用，雅不欲破坏之学说，深入青年之脑中。又见乎无限制之自由平等说，流弊无穷，惴惴然惧。又默察人民程度，增进非易，恐秩序一破之后，青黄不接，暴民踵兴，虽提倡革命诸贤，亦苦于收拾。加以比年国家财政国民生计，艰窘皆达极点，恐事机一发，为人劫持，或至亡国。而现在西藏、蒙古离畔分携之噩耗，又当时所日夜念及而引以为戚。自此种思想来往于胸中，于是极端之破坏不敢主张矣。"⑤

关于后者，梁启超在《政治学大家伯伦知理之学说》中加以阐述：

---

① 《九九、高山致康有为书（一九○三年二月十六日）》，见上海市文物保管委员会编：《康有为与保皇会》，上海人民出版社1982年版，第218～219页。是函称："任行后，以报事及译局事，委弟子及孺博代理"。1903年4月13日梁启超函托蒋智由协助《新民丛报》事务，"望与孺博、孝高、伯勋、百里诸君熟商"。光绪二十九年三月十六日《致蒋观云先生书》，见丁文江、赵丰田编：《梁启超年谱长编》，上海人民出版社1983年版，第311页。

② 《二十世纪太平洋歌》，见《饮冰室合集·文集》之四十五（下），中华书局1989年版，第17页。

③ 光绪二十九年三月十六日《致蒋观云先生书》，见丁文江、赵丰田编：《梁启超年谱长编》，上海人民出版社1983年版，第312页。

④ 《政治学大家伯伦知理之学说》，载《新民丛报》第38、39号合刊，1903年10月4日。该期实际出版日期较晚。

⑤ 《初归国演说辞》，见《饮冰室合集·文集》之二十九，中华书局1989年版，第3页。

"吾心醉共和政体也有年，……今读伯、波两博士之所论，不禁冷水浇背，一旦尽失其所据，皇皇然不知何途之从而可也。如两博士所述，共和国民应有之资格，我同胞虽一不具，且历史上遗传性习，适与彼成反比例。此吾党所不能为讳者也。今吾强欲行之，无论其行而不至也，即至矣，吾将学法兰西乎？吾将学南美诸国乎？彼历史之告我者，抑何其森严而可畏也。岂惟历史，即理论吾其能逃难耶？吾党之醉共和梦共和歌舞共和尸祝共和，岂有他哉，为幸福耳，为自由耳，而孰意稽之历史，乃将不得幸福而得乱亡，征诸理论，乃将不得自由而得专制。然则吾于共和何求哉！何乐哉！"

不过，仔细考察，上述解释所涉各点，有些此前已经存在，如对留学界及内地学堂学生频闹风潮的看法，梁赴美前已"欲大奖励德育，亦大有所鉴于近日少年风气之大坏也"①。介绍伯伦知理的国家学说，时间更早在《清议报》前期；② 对法国大革命式的惨烈的担心也一直存在，态度却因时而异。有些原因则只是后来起附加作用。梁启超游美，确有实地考察美国共和政治，尤其是当地华人实行自治情形以定宗旨的初衷，结果却令其大失所望，看到民主共和的诸多问题。在对最具典型性的旧金山华人社区考察后，他于《新大陆游记》中叹道："夫自由云，立宪云，共和云，是多数政体之总称也。而中国之多数大多数最大多数，如是如是。故吾今若采多数政体，是无以异于自杀其国也。自由云，立宪云，共和云，如冬之葛，如夏之裘，美非不美，其如于我不适何。吾今其毋眩空华，吾今其勿圆好梦。一言以蔽之，则今日中国国民，只可以受专制，不可以享自由。"需要陶冶锻炼中国国民"二十年三十年乃至五十年，夫然后与之读卢梭之书，夫然后与之谈华盛顿之事"③。但这是在10月以后，其时梁启超已经告别革命。所以这些虽系相关因素，并非关键所在。而使其转变的关键，仍与革命本身密切相关。

目前所见梁启超放弃革命的最早直接证据，是1903年8月19日他写给蒋智由的信，函谓：

---

① 《九九、高山致康有为书（一九〇三年二月十六日）》，见上海市文物保管委员会编：《康有为与保皇会》，上海人民出版社1982年版，第219页。

② 参见巴斯蒂《中国近代国家观念溯源——关于伯伦知理〈国家论〉的翻译》，载《近代史研究》1997年第4期。

③ 梁启超：《新大陆游记》，湖南人民出版社1981年版，第148页。

公最后之函所论吴某事，弟初睹甚骇怵，然不怡于中者累日，然犹冀其中之或有他种曲折，欲为吴解免也。今得滨中来书，并抄寄枚叔狱中书，乃知其鬼蜮手段乃至此极！呜呼！不敢复相天下士矣。似此事而可为，则更何事不可为耶？似此人而可为此事，则又何人而可信耶？念之痛哭。中国之亡，不亡于顽固，而亡于新党，悲夫！悲夫！东中情形若何？闻留学生会馆散尽，仅余七十人，然否？公行止近复若何？颇思得拯救之法否？沪上被逮六君，想可无碍。然弟近数月来，惩新党棼乱腐败之状，乃益不敢复倡革义矣。①

此函涉及东京、上海两大激进势力聚集之地在短短数月中接连发生的重大事件以及由此导致的时势变化。吴某事，当指传闻吴稚晖告密引发《苏报》案。此事后经学人论证并非属实，无论确否，似与梁启超关系不大。实则梁之所以感到心理重创，恰恰源于他与上海中国教育会及爱国学社保持着密切关系。1902年，吴稚晖等人因自费生入成城学校学习军事一事与清驻日公使蔡钧大起冲突，引发了留日学界的退学风潮。梁启超主持的《新民丛报》态度鲜明地支持学生一方。本来中国教育会准备乘机开办学校，收容退学学生，但事出仓促，未能如愿。11月，受梁启超鼓动起而抗争的南洋公学学生掀起全体退学风潮，请求中国教育会协助其开办"共和学校"，随即成立了爱国学社，吴稚晖作为学社代表人在开学仪式上演说。该学社是激进师生借以培养爆裂之材料，试行共和政治的组织，得到了正在鼓吹革命的梁启超的赞同和赞助。1903年3月23日他函告蒋智由："爱国学社事无日不往来胸中。近彼中状况复何如，望相告。弟此行必薄有所效，惟多少则不能预言。有书往沪，望勗同志以坚持而已。"② 1901年留日期间，吴稚晖就与梁启超结识，本来在其同志之列。上海主张革命的新党与梁启超的《新民丛报》关系尚属融洽，拒俄运动初期双方互相配合。上海中国国民总会成立时，发布公启，通告"各省志士欲入会者，仍照原议，随时到四马路《新民丛报》支店及福源里爱

---

① 光绪二十九年六月二十七日《致蒋观云先生书》，见丁文江、赵丰田编：《梁启超年谱长编》，上海人民出版社1983年版，第327～328页。
② 光绪二十九年二月二十五夕《致蒋观云先生书》，见丁文江、赵丰田编：《梁启超年谱长编》，上海人民出版社1983年版，第311页。

国学校报名为望"①。

此外，梁启超所主张的"开一十八省汉族统一学生会"，在留日学界确有其事，即屠宽、钮永建等人提倡的中央协会，钮氏曾为此与吴稚晖沟通联络。② 梁启超游美期间，开始一直关注沪上及东中新党情形。然而，《苏报》案前夕，爱国学社与中国教育会发生冲突，无形停顿，冲突各方正是梁启超熟悉的吴稚晖、章太炎等人。7月，东京留学生会馆的军国民教育会又因激进会员要求变宗旨为"实行民族主义"而引起分裂，多数成员当即退会，导致解体。③ 上海与东京是梁启超所谓"秘密界之基础"的重要基地，接踵而来的不利消息对于举棋不定的梁启超的影响无疑相当负面，天下士和新党均不可信，加上在美洲考察所得印象不佳，使得本来就怀疑发动革命者能否坚持自由民权的梁启超最终决定放弃革命。所以梁启超后来谈到此事时说："启超既日倡革命排满共和之论，而其师康有为深不谓然，屡责备之，继以婉劝，两年间函札数万言。启超亦不慊于当时革命家之所为，惩羹而吹齑，持论而变矣。"④

梁启超态度的逆转，也与保皇会内部的变化有关。梁启超赴美后，在徐勤等人的一再劝说以及梁本人的再三"认过"之下，康有为终于"心平气和"地表示"已释疑怒"，尽管他致函徐勤时仍然对梁启超、黄为之"攻之不□（引按，应作'遗'）余力"⑤。在此情形下，梁启超当然不可能就宗旨抉择一事向康有为进言。而在之前，保皇会的美洲、日本与港澳机构成员发生矛盾，彼此互相攻击，引起保皇会组织运作的动摇。此事除涉及财务利益外，与言革不无关系，横滨与旧金山均为言革的基地。梁启超认为，康有为因横滨方面"前此言革，触其盛怒"，"所以偏信港中

---

① 《苏报》1903年5月2日。
② 参见《同盟会成立时孙中山的政治形象》，见桑兵：《孙中山的活动与思想》，中山大学出版社2001年版，第187～201页。钮永建第一次留日期间，亦与梁启超等人有所交往。
③ 参见桑兵《清末新知识界的社团与活动》第6章《中国教育会》、第7章《军国民教育会》，生活・读书・新知三联书店1995年版，第196～272页。
④ 梁启超：《清代学术概论》，东方出版社1996年版，第78页。
⑤ 《一〇一、徐勤致康有为书（一九〇三年四月七日）》，见上海市文物保管委员会编：《康有为与保皇会》，上海人民出版社1982年版，第223页。1903年4月18日，梁启超函告徐勤："长者续来信，心平气和，甚可喜。"见丁文江、赵丰田编：《梁启超年谱长编》，上海人民出版社1983年版，第321页。

之言"①。在康有为的干预下,梁启超不得不致函在港同门表示"先自认过"②,以求化解矛盾。

不久,黄为之等人账目欺瞒之事败露,在保皇会内部引起新一波震动。在日本、美洲与港澳保皇会的冲突中,徐勤本来极力袒护梁启超和黄为之。1903年秋,徐勤亲到横滨和上海两地督查,"见各人多怀异志,即同门亦然"③,"多以攻击长者为事",原因在于"一二小人离间其间,欲握我财政而制我死命也"。所谓一二小人,即黄为之和梁荫南,而这一切,均起因于梁启超等人"忽然倡革命,于党中生大变"④。"不观于今日卓如之情形乎!未革满清之命,而先革草堂之命。且不独革草堂之命,而卓如已为其弟子所革矣。今日港沪之报纸之大攻吾党者,全出卓如弟子之手。"⑤于是徐勤一面"即函卓如,速速返东整顿一切"⑥,一面建议康"多传各同门见之,相隔数年,学殖荒落,无以鼓舞之,则一齐放倒矣"⑦。1904年春保皇会首领及重要成员聚集香港举行大会,清理门户,整顿组织当在议程之列。

徐勤自称他与梁启超言革,旨在扩充会事,相助长者,"然小人因之遂从中离间。初则攻港澳之人,继则并长者而攻之,且于既死之幼博先生、游学之康同璧而亦攻之。人之无良至此极矣,夫复何言!盖未革满清之命而先革长者之命,浸假财权到手,即卓如之命亦并革之矣"⑧。徐勤

---

① 光绪二十九年三月四日《与勉兄书》,见丁文江、赵丰田编:《梁启超年谱长编》,上海人民出版社1983年版,第317页。

② 光绪二十九年《与勉兄书》,见丁文江、赵丰田编:《梁启超年谱长编》,上海人民出版社1983年版,第326页。

③ 《一〇四、徐勤致康有为书(一九〇三年十月二十六日)》,见上海市文物保管委员会编:《康有为与保皇会》,上海人民出版社1982年版,第230页。

④ 1903年10月28日徐勤致谭张孝书,见方志钦主编,蔡惠尧助编:《康梁与保皇会》,天津古籍出版社1997年版,第134页。

⑤ 《一〇四、徐勤致康有为书(一九〇三年十月二十六日)》,见上海市文物保管委员会编:《康有为与保皇会》,上海人民出版社1982年版,第230~231页。

⑥ 1903年10月28日徐勤致谭张孝书,见方志钦主编,蔡惠尧助编:《康梁与保皇会》,天津古籍出版社1997年版,第134页。

⑦ 《一〇五、徐勤致康有为书(一九〇三年十一月八日)》,见上海市文物保管委员会编:《康有为与保皇会》,上海人民出版社1982年版,第233页。

⑧ 1903年10月28日徐勤致谭张孝书,见方志钦主编,蔡惠尧助编:《康梁与保皇会》,天津古籍出版社1997年版,第134页。

言革，的确是为了鼓动筹款，一旦受到康有为的训斥，便表示谨守保皇之义，绝口不再言他。至于梁启超言革，却是出于本心，由衷而言，在康有为的一再打压之下，坚不肯弃。黄为之是江岛结盟12人之一，可以说是梁启超言革的老同志。此事对梁的打击之重，可想而知。

不过，放弃革命并未让梁启超恢复心理平衡，"其保守性与进取性常交战于胸中，随感情而发，所执往往前后相矛盾"①，反而陷入更深的心理冲突之中，以至产生强烈的厌世轻生倾向。1903年11月18日他致函康有为，将内心痛苦和盘托出："先生之非坐待复辟，弟子等宁不知之，特此亦不过偶尔有激而言耳。然尝细思之，即那拉死矣，苟非有兵力，亦安所得行其志？而今日求得兵力又如此其难，外国侵压之祸又如此其亟，国内种种社会又如此其腐败，静言思之，觉中国万无不亡之理。每一读新闻纸，则厌世之念，自不觉油然而生，真欲瞑目不复视之也。"他虽然同意"革义难行，先生之言固也"，但并不赞同"舍钱买侠士"的暗杀策略。"革义既不复言，则不得不言和平"，所筹款项虽不少，既穷精神，又担虚名，"如近日港、沪各报纸，谓保记款若干十万，尽为某某吞噬者，日日以吸国民之血，吮国民之膏相诟詈。虽自问不愧，无怵人言，而所谓各埠之同志者，亦日相与窃窃私议，议之久而心滋冷矣。而我辈亦实未能做成一二实事，足以间执其口者，则诟詈之来，亦安得不直受之。故弟子往往清夜自思，恨不得速求一死所，轰轰烈烈做一鬼雄，以雪此耻，但今未得其地耳。弟子革论所以时时出没于胸中者，皆此之由。先生责其流质，斯固然也，又乌知乎外界之刺激，往往有迫之于铤而走险之路者耶？昔唐绂丞之死，（……）死于是，弟子自计将来其亦必死于是而已。阅世既多，厌世念自起，畴昔常以此责人，今亦不自知其何以与此途日相接近也"。②

话虽如此，梁启超毕竟从此不再言革，转而提倡学校报馆等事。1903年底回到日本后，他于次年初函告蒋智由。"暴动之举，弟今几绝望矣"③，并在《新民丛报》载文公开宣告与革命分道扬镳。《新民丛报》

---

① 梁启超：《清代学术概论》，东方出版社1996年版，第78页。
② 参见光绪二十九年九月三十日《与夫子大人书》，见丁文江、赵丰田编：《梁启超年谱长编》，上海人民出版社1983年版，第332～333页。
③ 光绪二十九年十二月十八日《致蒋观云先生书》，见丁文江、赵丰田编：《梁启超年谱长编》，上海人民出版社1983年版，第335页。

第46—48期合刊的《中国历史上革命之研究》，与美洲之行前的《释革》相比，看似都在从学理和实践两方面探讨革命的可能性，实则后者的主导倾向在于说明革命的合理性与合法性，而前者却旨在力证中国不能实行以铁血手段推翻清政府的狭义革命。

保皇会的言革风波，历时6年，至此大抵平息，但影响至为深远，几年后还激起一阵回澜。1908—1909年，已改名帝国宪政会的保皇党内部因振华公司案再度发生内讧，开始不过财务纠纷，后因刘士骥被刺杀，演变为公开敌对，互相揭发。而加给欧榘甲、叶恩、梁少闲一方的罪名之一，则是"借商谋乱"，图两广独立，密谋革命。据说欧榘甲亲笔函称"欲谋乱，东西粤、云南三省遍布心腹，运购军伙，非藉招商股筹数十万不能措办"①。康有为、徐勤等人指使侨商出面，揭发欧榘甲"险诡能文，最溺心于革命，九年前作《新广东》一书，以排满十八省自立为义，遍布内外。即与叶恩潜结，日以煽动华侨作乱为事，故于美国大埠创《大同日报》，至今日煽革义，全美皆知，此彰彰有据者也。欧榘甲、叶恩皆伪托于保党中，欲以暗移人心，既以反背党旨，为党魁所大责不容，则又巧变面目，师法徐锡麟、熊成基、孙文之术而增益之。乃捐道员与其心腹叶恩、梁少闲（即应骝）并损［捐］道员。梁少闲尤阴狡，有学能谋，令欧为外而居中运动者也。既以入官，藉巡抚之势力，以招商劫商，因广西之荒僻而谋乱，欲据两粤滇黔而自立，此其深谋远图，诚合徐锡麟、熊成基、孙文为一手，而更隐微深固焉"。②

上述指证，出于双方冲突公开化之后，而且是向清政府申述，不无故意罗织之嫌。但空穴来风，与此事相牵连者，多为曾经言革之人。欧榘甲在1902年几乎被康有为扫地出门之后，依然"屡欲觊觎非常之举"，梁启田曾"力止劝之"③。欧榘甲到纽约为振华公司招股时，"曾对某君言曰：'吾等今日之做振华股，不过欲他日图两广之地步耳。吾蓄谋已十有

---

① 《一二七、请查拿乱首欧榘甲等禀（一九一〇年底）》，见上海市文物保管委员会编：《康有为与保皇会》，上海人民出版社1982年版，第337页。

② 《一二八、强盗巡抚张鸣岐受贿卅万 包庇逆贼欧榘甲据商谋乱刺杀刘道买凶诬仇证书（一九一〇年）》，见上海市文物保管委员会编：《康有为与保皇会》，上海人民出版社1982年版，第342～343页。

③ 《梁启田致谭张孝书》，见方志钦主编，蔡惠尧助编：《康梁与保皇会》，天津古籍出版社1997年版，第166页。

余年,振华、广美两公司若成,吾之目的可达也。'彼到檀香山又密函吾党机关报某君,谓自今以后,切勿攻革命党"①。叶恩也有自立反清意识。早在庚子勤王运动时,康有为就向他表态应允求广东自立。壬寅梁启超等人言革之际,叶恩又"剪去满洲种之辫发",令梁欣喜"我等又添一同道中人矣"②。1903年梁启超赴美,与之交谈,继续言革。所以尽管梁启超自辩与振华事无关,康有为仍然不依不饶,1910年还致函斥责道:"云樵各人猖狂,尤汝所制造,今汝悔之亦晚矣。"③

六、种豆得豆

保皇会内部由言革而引起的宗旨歧变与组织离合,因为言革诸人本身尚在动摇犹疑之中,又有康有为的外在压力,公开的言行难免模棱两可,当时各方人士的反应即将信将疑,后来学人的看法更是毁多于誉,因而主观意向与客观效应有时并不一致。由此可以引申讨论如下问题。

梁启超等人言革,对于革命党而言并非福音,檀香山兴中会的地盘即在此情形下尽为保皇会夺占,导致双方关系开始恶化。1902年,章炳麟鉴于孙、康两派自相残杀,是"大龟""两害可殊"的毒计,而"革党之欲甘心于任公,较逆洞为尤甚。……恐适中大龟之谗搆耳",因此他虽然觉得双方仇怨已深,难以调和,仍然勉为其难:"吾不敢谓支那大计,在孙、梁二人掌中,而一线生机,唯此二子可望。今复交搆,能无喟然。常以无相搆怨,致为臭沟、大龟利用,婉讽中山,而才非陆贾,不能调和平、勃,如何如何!然不敢不勉也。"他对于"今者,任公、中山意气尚不能平,盖所争不在宗旨,而在权利也"的分析判断,④可谓知情者的洞察。

---

① 《伍鸿进等致列位宪政党同志义兄书》,见方志钦主编,蔡惠尧助编:《康梁与保皇会》,天津古籍出版社1997年版,第316页。
② 《致叶恩李福基等书》,见方志钦主编,蔡惠尧助编:《康梁与保皇会》,天津古籍出版社1997年版,第103页。
③ 《一三三、致梁启超书(一九一〇年)》,见上海市文物保管委员会编:《康有为与保皇会》,上海人民出版社1982年版,第363页。
④ 参见《致吴君遂等书(一九〇二年三月十八日)》,见汤志钧编:《章太炎政论选集》(上册),中华书局1977年版,第162~163页。

诚然，梁启超等人言革的进退两难，既有迫于时势的权宜考虑，也有受到康有为压制以及同门牵制的曲隐，在言革的同时，与孙中山一派又有所争夺，欧榘甲在孙中山抵达旧金山时，还故意阻挠其行动。但言革不等于必须归附孙中山，同一革命阵营内部存在派系团体之间的利益之争，亦属正常。况且当时革命还未具备后来天经地义的政治正确性。可惜梁启超终究未能摆脱保皇的框缚，旅美后转而鼓吹君宪，与革命党成冰炭水火。在孙中山一面，曾有与梁启超合作，而檀香山兴中会组织尽被其夺占的前车之鉴，又有两派成员在各地摩擦冲突日益加剧的现实，双方缺少必要的沟通联系，自己的美洲之行，更遭到保皇会的极大阻力，于是认为梁启超"于暗中授意此地之《新中国报》及金山《文兴日报》，以肆排击"，对于梁在檀香山"则曰'借名保皇，实则革命'，在美洲竟自称其保皇会为革命党"的情形感到"欺人实甚"，尤其愤怒于如此一来，美洲华侨"多盲从之"，保皇会敛财百余万，"大半出自有心革命倒满之人"，认为"此计比之直白保皇如康怪者尤毒，梁酋之计忮〔狡〕矣"！"康尚有坦白处，梁甚狡诈。""梁借革命之名骗得此财，以行其保皇立宪，欲率中国四万万人永为满洲之奴隶，罪通于天矣，可胜诛哉！"并由此得出结论："非将此毒铲除，断不能做事。"他亲自发动的"竭力大击保皇毒焰于各地"，与前一时期相比，攻击的主要矛头便由康有为转向梁启超，而目的在于揭露"康梁同一鼻孔出气者也"，康有为发表《最近政见书》，坚决反对革命，梁启超不与之分离，其保皇是真，革命则伪，所以"梁之门人之有革命思想者，皆视梁为公敌、为汉仇"。强调革命与保皇如黑白东西，冰炭水火，必须划清界限，"不使混淆"。①

不过，孙中山与梁启超毕竟有过一段私交，对其了解颇深，他虽然在私函中攻其借名保皇是用心狡诈，公开撰文还是留有余地，指其"阅历颇深，世情寝〔寖〕熟，目击近日人心之趋向，风潮之急激，毅力不足，不觉为革命之气所动荡，偶尔失其初心，背其宗旨。其在《新民丛报》之忽言革命，忽言破坏，忽言爱同种之过于恩人光绪，忽言爱真理之过于其师康有为者，是犹乎病人之偶发呓语耳，非真有反清归汉、去暗投明之

---

① 参见《复某友人函》《复黄家仰函》《敬告同乡书》，见广东省社会科学院历史研究室、中国社会科学院近代史研究所中华民国史研究室、中山大学历史系孙中山研究室合编：《孙中山全集》（第一卷），中华书局1981年版，第229～232页。

实心也"①。其实，当年梁启超纵无排满革命真心，却不乏反清变政实意，硬说本质上康、梁毫无分别，未免抹杀了梁启超的积极一面。在言革一派的宣传之下，1903年春节雪梨保皇会发布《致各埠同志书》，就鼓吹"汉强满亡"，抨击清政府"卑污腐败，亡我则有余，存我则不足，非组织新政府，振起民族自治之精神，何能与深目高鼻之俦同立于顶天立地之中乎"？只有痛饮黄龙之日，"大会全国国民于中央之地，参谋国事，除千弊，兴百利，共呼'新国万岁！''汉族万岁！'夫而后文明之福泽流被子孙，古国之名誉震惊全球，而所以尝〈偿〉吾辈素愿者若是矣"②。孙中山若能善用形势，未必不能像国内知识界那样，让保皇会的言革之声为反清革命鸣锣开道。

戊戌变法以来，康、梁一体，似成通识，清政府以此攻击维新派和保皇党，革新激进势力也为此自辨。早在1900年底，沈翔云就批驳张之洞将自由民权等世界公理"一旦尽举而归之康、梁，且目为康、梁之余唾，毋乃太重视康、梁，而自安固陋矣"③！拒俄运动中陈天华发表《复湖南同学诸君书》，也反驳清政府"以留学生之举动，归之于康、梁之党"为"失实已甚"，正告天下："夫康、梁何人也？则留学生所最轻最贱而日骂之人也。今以为是康、梁之党，则此冤枉真真不能受也。"④ 孙中山抨击梁启超首鼠两端，对于划清政治界限，推动革命形势的发展，无疑具有重要意义。但如此一来，也就将康、梁牢牢地绑在一起，无法从外部促使保皇会分化，将其中的激进势力引向有利于革命的方面。而且孙中山以保皇会中谈革命者不与自己声应气求，反而攻击之不留余地为例，证明其为假革命，不无以我划线之嫌，不利于争取各种力量。这些观念还深深影响了后来学人的眼界，仔细阅读史料，康、梁始终分歧明显。而孙中山并非唯我独革。革、保之间的政治分界，此时还没有固定化为以领袖为象征。如"志在革命"的戢元成，就"与力山最合，与任公为冰炭，与中山亦不

---

① 《复某友人函》《敬告同乡书》，见广东省社会科学院历史研究室、中国社会科学院近代史研究所中华民国史研究室、中山大学历史系孙中山研究室合编：《孙中山全集》（第一卷），中华书局1977年版，第229、231页。

② 方志钦主编，蔡惠尧助编：《康梁与保皇会》，天津古籍出版社1997年版，第376页。

③ 《复张之洞书》，载《中国旬报》第35期，1901年1月15日。

④ 《苏报》，1903年6月14日。

协"。而徐勤的"最与中山水火",和秦力山的"宗旨惟在革命"①,都有政见分歧以外的原因。

孙中山一定要与梁启超"划清界限,不使混淆,吾人革命,不说保皇,彼辈保皇,何必偏称革命"②,原因之一,就是革命党与保皇会均视海外华侨社会为生命线,权利基础此长彼消,争夺自然格外激烈。其他方面对于梁启超革命宣传的反映,与孙中山的感觉并不一致。尤其是1903年以前,梁启超在《清议报》和《新民丛报》的文字,虽然宗旨摇摆不定,对于排满之类的观念还一度有所保留,引起过章太炎的公开批评,后者特撰《正仇满论》加以批驳,指其"迫于忠爱而忘理势之所趣",但也认为"革命与梁子所谓保皇会者,抑可以无间也。昔之保国者,曰保中国不保大清;今之革命而不废保皇者,曰保生命不保权位。虽梁子躬自革命,而于其忠爱之念,犹若可以无憾"③。

《新民丛报》刊登康有为、黄遵宪等人反对革命排满的文字,与梁启超等人鼓吹破坏的文章,观念看似相通,其实倾向正相反对。梁启超认为救危亡求进步之道"必取数千年横暴混浊之政体破碎而齑粉之",为达此目的,方法有二,"一曰无血之破坏,二曰有血之破坏",他希望通过第一种方式来实现,但又声称如果不能立即实行,则"第二义遂终不可免"④。他在《敬告我同业诸君》一文中,以为中国民性"大概所骇者过两级,然后所习者乃得适宜",希望报馆"不宜有所瞻徇顾忌"⑤,欲实行变法,则须倡言民权,欲实行民权,则须倡言革命。或以为此说出于对革命的恐惧,或者不过借革命以行保皇的翻版,其实梁启超固然恐惧革命,并不希望以流血革命的方式解决问题,可是现实告诉他不流血的方式希望渺茫,既然法国革命为欧洲近代文明之母,既然中国无法通过和平温和的道路实现变革,既然革命为不得不为之事,则不如尽快以较小的代价进

---

① 《致吴君遂等书(一九〇三年三月十八日)》,见汤志钧编:《章太炎政论选集》(上册),中华书局1977年版,第163页。
② 《敬告同乡书》,见广东省社会科学院历史研究室、中国社会科学院近代史研究所中华民国史研究室、中山大学历史系孙中山研究室合编:《孙中山全集》(第一卷),中华书局1981年版,第232页。
③ 《正仇满论》,载《国民报》第4期,1901年8月10日。
④ 《新民说·论进步》,载《新民丛报》第11期,1902年7月5日。
⑤ 《新民丛报》第27期,1902年10月2日。

行。所以他对黄遵宪说"由君权而民权，一度之破坏终不可免，与其迟发而祸大，不如速发而祸小"①。仔细阅读梁启超这一时期的著作和译作，无论是政论、史传还是政治小说的创作，欲于不知不觉中张扬革命的苦心孤诣，在字里行间随处可见。②

对于梁启超的弦外之音，当时人颇能心领神会，一般青年接受其文字宣传，即在鼓吹民权自由独立和破坏主义的一面。南洋公学学生退学前，曾几次集会演说，会场大书"少年中国之革命军"，率先演说者针对"今之人动曰饮冰室主人"的时尚，呼吁同学勿以之为口头禅：

> 彼饮冰室主人岂真异于常人，不过善用其知识，善用其精神，心中念念不忘祖国，思有以挽回而澄清之。一蹶再起，一仆再奋，富贵不能淫，贫贱不能移，威武不能屈。故吾辈犹得曰：中国尚有一饮冰也。然吾更不欲以饮冰自域。饮冰将来之英雄也，前途之主人也，今固困龙潜渊，不克稍振。我事事步武，已让一筹，而况知其外界，不能得其内界之真相，学十失九，求百得一，几何其不为饮冰之罪人。今者吾辈虽才薄，不可不有轻视饮冰之心，不可不有与饮冰争著先鞭之心。饮冰能化千人，吾必思何以化万人，饮冰广开民智，吾必思何以开顽固人之志。争焉竞焉，久则自合于饮冰。苟先欲效饮冰，则心中已有一饮冰为之主张，为之左右，此身非我所有，终必不得为饮冰。……吾望诸君各振其精神而更振他人之精神，必无使饮冰子独昂颈踯躅，屹峙占据夫二十世纪东亚竞争之舞台，必无使饮冰子独为中国匡时济世倡立民政之英雄！③

可见在这些向往革命的青年学生心目中，梁启超已经成为他们角色内化的精神偶像，所引述的革命言论的相当部分，即来自梁启超的作品。1904年初，上海革命党人忠告保皇会不要以敛财为目的，应起而革命，以免为志士所耻笑，还是承认："梁启超，著《新民丛报》以鼓吹革命主

---

① 《水苍雁红馆主人来简》，载《新民丛报》第24期，1903年1月13日。
② 关于史传，参见〔日〕松尾洋二《梁启超与史传——东亚近代精神史的奔流》，〔日〕狭间直树编：《梁启超·明治日本·西方——日本京都大学人文科学研究所共同研究报告》，社会科学文献出版社2001年版，第244～288页。
③ 爱国青年：《教育界之风潮》，上海，1903年刊行，第5章《演说全盛之时代》。

义之人也。"①

蒋智由后来对梁启超的宣传效果曾有如下评论:"梁任公笔下大有魔力,而实有左右社会之能,故言破坏,则人人以破坏为天经;倡暗杀,则党党以暗杀为地义。溯自甲午东事败衄之后,梁所主任之《时务报》,戊戌政变后之《清议报》《新民丛报》及最后之《国风报》,何一非与清政府为难者乎? 指为穷凶极恶,不可一日复容存立。于是头脑单简之少年,醉心民约之洋学生,至于自命时髦之旧官僚,乃群起而为汤武顺天应人之事。"②严复更从反面剖析原因:"康、梁生长粤东,为中国沾染欧风最早之地,粤人赴美者多,赴欧者少,其所捆载而归者,大抵皆十七八世纪革命独立之旧义,其中如洛克、米勒登、卢梭诸公学说,骤然观之,而不细勘以东西历史、人群结合开化之事实,则未有不薰醉颠冥,以其说为人道惟一共遵之途径,仿而行之,有百利而无一害者也。而孰意其大谬不然乎? 任公文笔,原自畅遂,其自甲午以后,于报章文字,成绩为多,一纸风行海内,观听为之一耸。又其时赴东学子,盈万累千,名为求学,而大抵皆为日本之所利用。……由是所言,皆偏宕之谈,惊奇可喜之论。至学识稍增,自知过当,则曰:'吾不惜与自己前言宣战。'然而革命、暗杀、破坏诸主张,并不为悔艾者留余地也。"③

海外留学生能够直接接触各种西方或由明治日本转述的近代思想,对于梁启超等人的崇敬心相对较淡,他们知道后者所鼓吹的大都是教科书式的常识,有人还揭露其抄袭日本人的著述。如《大陆报》就曾指出梁启超剽窃德富苏峰的文字。④不过,梁启超等人的宣传还是成为他们借资的对象。邹容著《革命军》,借用了梁启超在《新民丛报》发表文章的内容,⑤杨毓麟著《新湖南》,更是仿效欧榘甲的《新广东》。所以叶尔恺1903年11月5日谈到留日学生"濡染习气,徒肆嚣张",就指"仇满之

---

① 《告保皇会》,载《俄事警闻》,1904年1月13日。
② 《与熊纯如书·三十八》,王栻主编:《严复集》(第三册),中华书局1986年版,第645页。
③ 《与熊纯如书·三十九》,王栻主编:《严复集》(第三册),中华书局1986年版,第648页。
④ 参见冯自由《革命逸史》(第四集),中华书局1981年版,第252~253页。
⑤ 参见唐文权《关于〈革命军〉的借资移植问题》,见《中国文化研究集刊》(第五辑),复旦大学出版社1987年版,第506~518页。

义，发于《新广东》，最为无理"。① 梁启超的革命宣传主要在 1903 年拒俄运动之前，所起效果实际已将革命情绪充满青年胸中，拒俄运动只是使之宣泄，将内在的革命情绪公开化了。

今人常将梁启超的文字宣传对于革命风潮初盛的作用比喻为种瓜得豆，实则梁启超当年本来就是真心种豆，只是当文字收功日，全球革命潮的局面果然到来之际，他逆流而动，自悔初衷，从弄潮儿变成异见者。以今人的眼界看，革命与否对于社会发展的利弊尚可讨论，但回到历史现场，尽管一段时期内革命与不革命还能够平等对话，可是后来的历史进程却是革命狂飙的高歌猛进，以至于 20 世纪中国的历史画卷上革命的色彩越来越浓重，异见变成异端，革命与否成了区分正邪是非的标尺，梁启超光彩照人的历史形象在后人眼中因而不免褪色。仅仅依据梁启超在各种报刊上发表的公开文字，希望把握其思想的脉络系统和政见倾向，并不一定能够深入其心境，同一理论之下可能存在多种政治选择，而同一政治主张可以来自多种理论的作用。尤其是像梁启超这样流质易变之人，处于易变过程之际，不仅今日之我与昨日之我战，明暗两面之我也各自不同甚至彼此交战。过于固定的解释，反而容易陷入愈有条理系统，去事实真相愈远的泥淖，难以发现历史真相之所在。

---

① 参见《叶尔恺·二十一》，见上海图书馆编：《汪康年师友书札》（三），上海古籍出版社 1987 年版，第 2480～2481 页。

东方考古学协会

中国古代有金石古物学而无考古学，现代考古学进入中国学术正统，与五四新文化运动后"新国学"的兴起关系密切。因为中国有文字记载的历史文化源远流长，考古学的发展很大程度上受这一特性的制约，除了与地质学及古生物学联系紧密的史前人类考古，主要还在补证文献记载的历史。就机构组织而言，其渊源脉络有三，一是北京大学研究所国学门的考古学研究室，一是清华学校研究院国学科，一是农商部的中国地质调查所。后者偏重于史前考古，北京大学、清华大学则更为注重文明史考古。从外部影响看，大体上北京大学与日本交往多，清华大学与美国关系深，地质调查所则与欧洲联系广。三者的起步略有早晚，后来的作用则相去甚远，尤其是北京大学国学门的考古学研究室，作为中国乃至东亚最早的专门考古学独立机构，其影响与这一地位很不相称。关键之一，当是与外部联系的成败得失，而中日双方合组的东方考古学协会在其中起了至关重要的作用。由于利益目的不一，有关此事的原委始末，当事各方后来的回忆固然不少隐辞，当时的记载也不无讳饰。作为典型个案，它集中反映了那一时期关系复杂的中日学术界频繁交往的表面所掩饰的种种内情。比勘各种资料，不仅可以澄清史实，更能进而探讨得失。

一、新兴学科

东方考古学协会由北京大学研究所国学门考古学会和日本东亚考古学会联合组成，追溯该会缘起，自应详究北京大学考古学会和日本东亚考古学会的来龙去脉及其相互关系。

北京大学考古学会的缘起与日本及欧美考古学界不无关联。自19世纪末起，日本即开始关注中国的考古发掘。辛亥以后，罗振玉、王国维等人避难京都，所带去的甲骨及殷墟出土古器物引起内藤虎次郎、富冈谦藏等人的极大兴趣。1913年9月，京都大学决定开设日本最早的考古学讲座。因负责的滨田耕作留学欧洲，由朝鲜史家今西龙暂管。1916年，有

"日本考古学鼻祖"之称的滨田耕作博士从欧洲归国，正式开设考古学讲座，提出殷代金石过渡期说，并计划发掘遗迹。①东京的林泰辅、鸟居龙藏、大山柏等认为中国局势复杂，应朝着中日合作的方向发展，较易着手。②而中国方面与此不谋而合，也在筹划建立新型考古学机构。梁启超虽称"考古学在中国成为一种专门学问，起自宋朝"③，实则原来只有金石器物之学而无考古学。1908年，美国亚洲文艺会书记马克密以中国古代文化称盛，而古物为中外窃毁者多，在北京成立附属于该会的中国古物保存会，呼吁保护中国文物，得到各国驻华公使、使馆人员、欧美学者的热烈响应，陆续入会者达三百余人。民国以后，其活动除撰具禁毁中国古物广告四处张贴外，还将保存办法函达中国政府外交部，以期中外合力，共同保护。其实清末民初盗卖古物之风兴起，与来华外人从事掠夺关系甚巨。④

随着全球考古发现的重心逐渐东移，欧、美、日本等国相继在中国展开考古探险和发掘活动，所获成果震惊了国际学术界，也引起中国学者对于考古事业的关注，作为最高学府的北京大学尤为积极。1918年4月，治古物学的巨擘罗振玉抵京，北大校长蔡元培亲往其下榻的燕台旅馆拜访，请他担任北大的古物学讲座。罗以衰老不能讲演婉辞，"并言近在日本京都亦不任教科，惟在支那学会中与汉学家时有讨论而已"。蔡"乃与商专设一古物学研究所，请为主任教员，无教室讲演之劳，而得与同志诸教员共同研究，并以研究所组织法及全国古物保存法请先生起草"⑤。罗先受后拒，最终只担任后来成立的研究所国学门考古学通信导师。1921年，任职于中国政府农商部地质调查所的安特森（J. G. Anderson）在辽宁锦西沙锅屯和河南仰韶村的发掘，标志着中国近代田野考古学的诞生。⑥其成果和所使用的科学方法，很快引起胡适等北京大学新进学者的关注，

---

① 参见［日］梅原末治《考古学六十年》，东京平凡社1973年版，第27页。
② 参见《学问の思い出—梅原末治博士を囲んで》，载《东方学》第38辑，1969年8月。
③ 梁启超：《中国考古学之过去及将来——欢迎瑞典皇太子演说辞》，载《晨报副刊》第53号，1926年10月26日。
④ 参见《外交部译发马克密君保存中国古物办法之函件》，载《国学杂志》第5期，1915年11月。
⑤ 《罗叔蕴先生来函》，载《北京大学日刊》第154号，1918年6月4日。
⑥ 参见陈星灿《中国史前考古学史研究：1895—1949》，生活·读书·新知三联书店1997年版，第90页。

他们积极支持安特森提出的为北京大学开设比较古物学课程的建议。①

1921年底，北京大学调整研究所结构，归并为自然科学、社会科学、国学、外国文学四门，率先成立的国学门下设文字学、文学、哲学、史学、考古学5个研究室。② 由于参与其事的新文化派诸人受欧美近代学术的影响，认识到"欲研究人类进行之过程，载籍以外，尤必藉资于实物及其遗迹"③，对于新兴的考古学和风俗学尤其重视。筹设考古学研究室时，曾有意聘请国外学者担任这一新学科的教授。为此，国学门主任沈兼士特委托留学京都大学的张凤举、沈尹默拜访滨田耕作，了解情况，咨询意见，请求指教。这时京都大学的考古学在滨田的苦心经营下，已设陈列室三间，分别展出中国、日本、朝鲜、台湾地区以及西洋、印度的考古资料。但东西两京大学的考古学仍然附属于史学，没有独立，学生也没有专攻考古学的。滨田对于中国设置专门的考古学研究室十分高兴，详细介绍了日本东西两京考古学的状况，并根据其学养和经验，对中国同行提出了全面意见和建议。他主张将考古学与美学相联系，不要仅仅作为史学的辅助研究；应预定计划，以便将来成立独立的考古学研究所；应视考古研究为自然科学，与理科的生物学相等；同时搜集中国和西洋的材料，进行比较研究，以免偏蔽。为此，要积极培养年轻且通外文的人才；设立教授、学生研究室和陈列、实验、图书室；多搜集中国文物，与外国博物馆和大学进行交换；并开列了总价值千余元的考古学应备书目，赠送京都大学出版的两册考古学报告。此外，他还认为："西洋虽有许多考古学者，但多是历史家兼的，所以言论总难得中。若请西洋人教，这一点要留意。芝加哥大学教授Laufer先生前于东方考古素有研究，著作也忠实，若能请他来，比请别人好。"④ 这对草创中的北大考古学有着十分重要的参考价值，后来该研究室的规划设施显然参照了这些意见。

1922年底，曾经代管过京都大学考古学讲座的文学部史学科教授今西龙由日本文部省派来中国研究史学一年，北京大学趁机请其担任朝鲜史特别讲演，并聘为北京大学国学门考古学通信员。⑤ 在华期间，他除讲授

---

① 参见桑兵《胡适与国际汉学界》，载《近代史研究》1999年第1期。
② 参见《研究所国学门重要纪事》，载《国学季刊》第1卷第1号，1923年1月。
③ 《重要纪事》，载《国学季刊》第1卷第4号，1923年12月。
④ 《张凤举先生与沈兼士先生书》，载《北京大学日刊》第974号，1922年3月6日。
⑤ 参见高平叔编《蔡元培全集》第4卷，中华书局1984年版，第287～288、309页。

朝鲜史外，还分别为北大研究所国学门和史学会演讲"关于中国考古学之我见"及"中国历史里边的古文书学"①。不过，这时与北大考古学联系的外国学者不止于日本，被国学门同时聘为考古学通信员的还有法国汉学大家伯希和（Paul Pelliot）。

1923年，美国政府斯密苏尼恩博物院调查古迹代表毕士博（Carl Whiting Bishop）和芝加哥博物馆东方人类学部长劳佛（Berthold Laufer）相继来华考古探险，其间参观了北京大学考古学研究室。该研究室虽已成立一年，因经费有限，未能充分装备，只有从古董商人手中收购的零星材料，颇难进行考古学研究，而又无力实行探险发掘，所以"本学门一年来关于考古学方面著力较多，而成绩却还不甚佳。中国之考古学向无系统，古物之为用，仅供古董家之抚玩而已。我们现在虽然确已逃出这个传统的恶习范围之外，知道用科学方法去研究，但为财力所限，未能做到自行发掘，实地考证的地步。研究室所用的材料，均由市侩辗转购得，器物之出土地点及其相互联属之关系，均不易知，故进步甚难"②。考古研究室成立之初，即拟组织一考古学研究会，以便与校外古物学会等机关联络，③后于1923年5月24日组织古迹古物调查会，由马衡担任会长，计划先自调查入手，"并为发掘与保存之预备"，待经费落实，再组织发掘团。因同志尚少，未能积极进行。美国同行权威的远道而来，尤其是毕士博据说预订七、八年发掘计划，劳佛则为考古名家，④令该会感到中国古代文明有待考古发现者多，"本会当此时机，更应努力进行，以期对于世界有所贡献"⑤。于是广泛征求同志，以谋发展。其章程不仅要求网罗地质学、人类学、金石学、文字学、美术史、宗教史、文明史、土俗学、动物学、化学各项专门人才协力合作，还规定可在不以输出发掘物品为条件的前提下接受外国财团与私人捐款（该会许可的复出品不在此限），以及

---

① 《研究所国学门通告》，载《北京大学日刊》第1165号，1923年1月26日；《史学会通告》，载《北京大学日刊》第1208号，1923年4月9日。

② 《研究所国学门恳亲会记事》（魏建功记），载《北京大学日刊》第1337号，1923年11月10日。

③ 参见《在北大研究所国学门委员会第一次会议发言》，见高平叔编：《蔡元培全集》第4卷，第156页。

④ 有人称劳佛为中国考古学最大的权威。参见［日］岩松五良《欧米に於ける支那学の近状》，载《史学杂志》第33编第3号，1922年3月。

⑤ 《北京大学研究所国学门纪事》，载《国学季刊》第1卷第3号，1923年7月。

与外国发掘财团交换物品。

考古学虽然是北大研究所国学门努力发展的重点之一，但为北大的财政拮据所困，难以着手。该会成立后，除了呼吁保护文物古迹并在北京附近做过几次调查外，只有马衡前往河南新郑、孟津调查出土古物，经费还须校长另行专门拨款。① 会员发展方面，似乎也不顺利。1924 年 5 月 19 日，古迹古物调查会召开会议，到会的会员共 12 人，为：叶瀚、李宗侗、陈万里、沈兼士、韦奋鹰、容庚、马衡、徐炳昶、董作宾、李煜瀛、铎尔孟（Andre d'Hormon）、陈垣。这次会议决定更改会名为考古学会，修订后的简章规定，以"用科学的方法调查、保存、研究中国过去人类之物质遗迹及遗物"为宗旨，强调"与国内外同志团体之互相联络"，特别捐款则不限于外国。② 此后直到 1926 年 6 月，情况仍无根本改善，国学门考古学研究室及考古学会主要还是收集或接受外界捐赠金石甲骨玉砖瓦陶等器物，制作拓本图录和照相。虽然先后派教授马衡、徐炳昶、李宗侗和会员陈万里调查河南新郑、孟津出土周代铜器、大宫山明代古迹、洛阳北邙山出土文物、甘肃敦煌古迹以及参观朝鲜汉乐浪郡汉墓发掘，③ 但除了后一项参观活动外，其余和近代田野考古学相比，还有相当大的距离。

二、意在结盟

如果说北京大学研究所国学门组织考古学会主要是为了谋求自身的发展，那么日本东亚考古学会则从一开始就是为了与中国的相应机构结盟而成立。

考古重心东移，使得以中国为中心的东亚成为国际学术界关注的焦点。日本虽然国力渐盛，教育学术发展迅速，但在考古学这一特殊领域，受制于客观条件，尽管发端甚早，进展却不大。而风气由欧化转为东方主义，迫切需要学术上的解释与表现。对于东亚探险考古活动大都由欧西学者主持，中国学者几乎无关，日本学者贡献也极少的状况，滨田耕作等人

---

① 参见《研究所国学门恳亲会记事》（魏建功记），载《北京大学日刊》第 1337 号，1923 年 11 月 10 日。

② 参见《国立北京大学研究所国学门各会章程及纪事录》，载《晨报副刊》1924 年 6 月 17 日。

③ 参见《本学门开办以来进行事业之报告》，载《北京大学研究所国学门周刊》第 24 期，1926 年 8 月。

感到十分遗憾。要想改变，就必须将考古发掘的现场扩展到日本以外，尤其是中国内地。而在中国国内政局动荡，中日关系又日趋紧张之际，没有中方的协助，这一目标显然很难实现。

20世纪20年代，日本借退还庚款之名举办东方文化事业，引起中国各地各界人士的极大关注，相互之间长期交涉竞争，纷纷加强与日本的交流。以此为契机，在政治与学术关怀的交相作用下，中日两国学者积极开展合作。北京大学利用其首席国立大学的有利地位，从一开始便展开了强有力的角逐。1922年，胡适与蒋梦麟等人拟订计划，主张在中国国立大学和日本帝国大学互设中、日讲座，提倡东方文化研究。① 而中日学术协会的发起与此关系更为直接，可以说简直就是东方文化事业的派生物。该会成立于1923年10月14日，起因为年初北京大学校方召集任教于北京大学文科的留日出身的教授，如陈百年、张凤举、马幼渔、周作人、沈兼士、朱希祖以及在京都大学进修过的沈尹默等，商议日本对华文化事业。是年3月13日，周作人、张凤举前往日本公使馆找吉田参事官晤谈。刚好这时日本国学院大学教授田边尚雄、京都大学教授今西龙、东京大学教授泽村专太郎等人相继来北大讲学或研究，与北大教授常有交流应酬，显示了北京大学在中日学术交流中作为首席国立大学的重要地位。

9月，北京大学诸人与担任北洋政府军事顾问的著名"支那通"坂西利八郎中将及土肥原少佐相识，商议组织中日学术协会。中方以张凤举为干事，日方以坂西为干事，规定每月开常会一次。其实日方成员均非学者，其目的也不在于学术，而是鉴于北洋政府无望，想争取与国民党有渊源者搭桥过渡，以便与新政权接洽，将来谈判时保留日俄战争所取得的权利。所以坂西在成立会上说："我们怎么配说学术二字，但是招牌却不得不这样挂。"② 在此名义下，北京大学与日本教育视察团团长汤原、服部宇之吉及对支文化部的朝冈健等人多次就文化事业进行会谈。可惜日方醉翁之意不在酒，后来因形势发生变化，对北京大学失去兴趣，该会活动维持了约一年时间，无形终止，硕果仅存的只有由日方出资、北京大学出人

---

① 参见中国社会科学院近代史研究所民国史研究室编《胡适的日记》，中华书局香港分局1985年版，第395页；中国社会科学院近代史研究所民国史研究室编：《胡适来往书信选》上册，中华书局1979年版，第257～258页。

② 周作人：《苦茶——周作人回想录》，敦煌文艺出版社1995年版，第333～336页。

合办的天津中日学院①。但北大并未因此而放弃对东方文化事业的竞逐，先是提议推举王国维出任该事业计划中的北京人文研究所主任，以抗拒声望尚隆的研究系领袖梁启超，意图包揽；②后来又有鼓吹"将图书馆及人文研究所馆长、所长归校长兼理之说"③，引起校外学者的普遍不满。

20世纪20年代起，中国学术机构随教育发展而增多，风气转移之下，与日本学术界的交往由原来以学者个人名义进行，逐渐变为有组织进行，如互赠书刊、邀请讲学等。北大国学门借天时地利之便，积极活动，成为其中的要角。与北京大学国学门交换刊物的日本学术机构有东亚协会、日本考古学会、京都文学会、日本东洋协会学术调查部等。④继今西龙之后，1923年，东京大学教授泽村专太郎、国学院大学教授田边尚雄来华，在北京大学等处讲演"东洋美术的精神"及"中国古代音乐之世界的价值"，北大国学门也聘请泽村为通信员。⑤今西龙和泽村还参加过国学门的活动。⑥东洋音乐史权威田边尚雄据说是"在中国学术讲演中，与人铭感最深的日本学者"之一，⑦他边演讲边播放自己携带的"兰陵王破阵曲"等几种中国古乐唱片，很受听众欢迎。⑧1925年1月，来华考察的东京美术学校教授大村西崖应邀在北大国学门讲演"风俗品的研究与古美术品的关系"⑨。后来顾颉刚等人呼吁保护江苏吴县保圣寺的杨惠之塑像，即得到大村西崖的响应。他于1926年春专程前来考察，回国后写成《塑壁残影》一书，引起叶恭绰等人的关注，经过努力，终于修成保圣寺古物馆，移像其中。1925年北京大学筹建东方文学系，固然出于研

---

① 参见《周作人日记》（影印本）中册，大象出版社1996年版，第300～406页。

② 参见吴泽主编，刘寅生、袁光英编《王国维全集·书信》，中华书局1984年版，第394页。此函所说，已出王国维各年谱及长编均误以为请王出任北京大学国学门研究所主任。

③ 陈智超编注：《陈垣来往书信集》，上海古籍出版社1990年版，第209页。

④ 参见《北京大学日刊》第1504号（1924年6月25日）、1517号（1924年8月30日）。

⑤ 参见《重要纪事》，载《国学季刊》第1卷第4号，1923年12月；《周作人日记》中册，第304、307～338页；《鲁迅全集》第14卷《日记》，人民文学出版社1989年版，第454、455页。

⑥ 参见《研究所国学门恳亲会纪事》，载《国学季刊》第1卷第4期；《北大研究所国学门之恳亲会》，《晨报》1923年10月1日。

⑦ 参见[日]长濑诚《日本之现代中国学界展望（下）》，载华文《大阪每日》第2卷第8期，1939年4月。

⑧ 参见《国文系教授会启事》，载《北京大学日刊》第1238号，1923年5月14日。

⑨ 《研究所国学门通告》，载《北京大学日刊》第1610号，1925年1月9日。

究日本的时势需要，但也不无东方文化事业这一背景的影响。

中日学术交流升温和北京大学积极的对日态势，使得急于找到合作伙伴的日本考古学者自然把目光投向这座中国的最高学府。1925年，滨田耕作和负责东京大学考古学研究室的原田淑人以及朝鲜总督府的小泉显夫、原来满铁的岛村孝三郎等人，鉴于日本考古学研究机构基础不好，如东京大学的考古标本室很乱，也没有什么书，欲图振兴，希望与中国学者合作，以便参与殷墟等处的实地发掘。他们选中北京大学国学门的考古学会为合作对象。日本原有的考古学协会，不是由大学的专门考古学教授及其教研机构组成，与北京大学考古学会的性质不同。为了寻求对等，日方遂筹划以东西两京帝国大学的考古学机构及教授为核心，组织东亚考古学会。该会的发起人有担任委员的服部宇之吉、狩野直喜、池内宏、羽田亨，常务委员滨田耕作、原田淑人，干事岛村孝三郎、小林胖生，[①] 计划将来扩充到所有公私立大学的考古学专任教官和研究室，但对大学以外的团体加入该会，鉴于中方的北大考古学会未予承认，暂不考虑。只是作为个人会员，则不论是否属于其他团体，均一视同仁。其会则明确规定，以东亚各地的考古学调查研究为目的；如有必要，可与中国方面性质相同的机构联盟。可见其预期目标即与北大考古学会结盟。滨田耕作在两年后撰写的纪念文章中对此明白宣示，不加隐讳。[②]

坚持以大学的专门学者与机构为限，很可能不仅表现了日本学者的自律，更反映了中国学者对于日方其他机构乘机插足以图浑水摸鱼的警惕。因为在东亚考古学会的筹备及此后的活动中，日本的朝鲜总督府和外务省文化事业部起着重要作用，满铁和关东厅也积极介入。1916年，日本殖民当局在朝鲜京城设立博物馆，开始为期5年的古迹调查事业计划，主管机构为日本枢密院。在后来兼任古迹调查主任的关野博士的主持下，发掘乐浪郡汉墓，所得丰富宝藏令世界震惊。关野到欧洲访问研究期间，滨田耕作和原田淑人出任调查委员。1921年，朝鲜总督府设学务局，将本来由枢密院管辖的朝鲜半岛古迹调查事业移交该局负责，成立了古迹调查

[①] 参见《东亚考古学会会则》，引自[日]吉村日出东：《东京帝国大学考古学讲座の开设——国家政策と学问研究の视座から》，日本历史学会编集：《日本历史》1999年1月号。感谢京都大学冈村秀典教授提供此文。

[②] 参见[日]滨田青陵《东方考古学协会と东亚考古学会》，载《民族》第2卷第4号，1927年5月。感谢狭间直树教授特为复印此文见赠。

课，从事调查和保存。① 1931年，以学术振兴会为核心主干成立的朝鲜古迹研究会，继续朝鲜总督府古迹调查会的事业。② 而关东厅和满铁，则积极参与了后来东方考古学会的考古发掘活动。

东亚考古学会于1925年秋组织完毕，但尚未召开正式成立大会，便直接寻求与北京大学考古学会结盟。当年9月下旬，滨田、原田乘再度发掘朝鲜乐浪汉墓之机相继来华。这时中国各地的国学研究机构十分重视方兴未艾的考古学，希望得到国际学术界的合作支持。滨田、原田等人与北京学术界广泛交流意见，"以为东方考古学之研究，非中日两国学术机关互相联络不易为功"，并举行学术报告会，得到北京大学国学门考古学会的马衡、沈兼士、陈垣以及朱希祖等人的积极响应，双方决定合组东方考古学会。为此，日方首先邀请马衡访问朝鲜，参观当时引起国际学术界瞩目的乐浪郡汉墓发掘。10月中旬，由研究地质、热衷考古的大新矿业公司理事小林胖生垫付资助，马衡由留学北京畿辅大学的智原喜太郎陪同翻译，如约前往朝鲜，先后参观了乐浪郡汉墓、江西郡高句丽时代的古墓壁画和朝鲜总督府博物馆，与京都大学教授天沼俊一、东京大学教授村川坚固、田泽金吾，朝鲜总督府博物馆馆长藤田亮策、小泉显夫，京城大学预科校长小田省吾、教授名越那珂次郎、高田真治、黑田干一，东京美术学校讲师小场恒吉，新潟高等学校教授鸟山喜一等交游畅谈。归国后在北京大学国学门举行演讲会，报告此行收获。③

在中日两国考古学界彼此沟通之下，1926年6月，滨田耕作和东亚考古学会干事岛村孝三郎、小林胖生等来北京，双方正式结成东方考古学协会。④ 1926年6月6日，北京大学研究所国学门在公教大学召开第四次

---

① 参见《大正十年度政务提要》，载《朝鲜》第83号，1922年1月；编辑官藤田亮策：《乐浪の古坟と遗物》，载《朝鲜》第120号，1925年5月；[日] 梅原末治：《考古学六十年》，东京平凡社1973年版，第32～42页。

② 参见 [日] 梅原末治《考古学六十年》，东京平凡社1973年版，第159页。

③ 参见马衡《参观朝鲜古物报告》，载《北京大学研究所国学门周刊》第1卷第4期，1925年11月。

④ 参见《学问の思い出—原田淑人博士を囲んで》，载《东方学》第25辑，1963年3月。据顾潮编著《顾颉刚年谱》，东方考古学会成立于1926年6月30日（中国社会科学出版社1993年版，第127页。该书记为东亚考古学会，应为东方考古学协会）；[日] 滨田青陵：《东方考古学协会と东亚考古学会》，载《民族》第2卷第4号，1927年5月。

恳亲会，小林胖生应邀出席，并发表关于其古代箭镞收集和研究的演讲。① 6月30日，以北京大学第二院为会场，召开了东方考古学协会的第一次总会即成立大会，中日双方联合举行公开讲演，并得到中日及欧洲学者的祝贺。其会则规定：该协会的目的在于交换知识，以谋求东方考古学的发达；研究结果将以日、中、欧三种文字发表；隔年于日中两国轮流召开研究总会。② 此外，选举了委员、干事。7月3日，东亚考古学会的日本人士归国前在北京饭店设宴答谢中国学者，出席者有沈兼士、沈尹默、张凤举、徐旭生、陈垣、林万里、罗庸、翁文灏、李四光、马幼渔、朱希祖、裘子元、黄文弼、顾颉刚等，其中多数为与北大相关而热衷于考古事业的学者，当是参与东方考古学协会的骨干。③

按照双方约定，1926年秋将在日本召开第二次总会，并借此机会，举行东亚考古学会成立大会，因预定出席的中方学者有所不便，耽搁下来。④ 1926年11月，岛村孝三郎等再度来北京，与中国考古学者协商，定于明年3月开会，并邀请中国学者派人赴会。⑤ 1927年3月27日，在东京大学召开东亚考古学会成立大会及东方考古学协会第二回总会，同时举行中日学者的公开讲演会。中方讲演者为北京历史博物馆编辑部主任罗庸、北京大学教授马衡、北京大学研究所国学门主任沈兼士，讲题依次为"模制考工记车制述略""中国之铜器时代""从古器款识上推寻六书以前之文字画"，日方讲演者滨田耕作、原田淑人、池内宏，讲题为"支那之古玉器与日本之勾玉""汉人之缯绢"，池内原定讲乐浪出土之封泥与朝鲜古史的重大事实，后因病未成文。另外担任东亚考古学会及东方考古学会干事的小林胖生也随同赶赴东京。⑥ 中国学者在东京参观了帝室博物

---

① 参见《研究所国学门第四次恳亲会纪事》，载《北京大学研究所国学门月刊》第1卷第1号，1926年10月。

② 参见［日］滨田青陵《东方考古学协会と东亚考古学会》，载《民族》第2卷第4号，1927年5月。

③ 参见《顾颉刚日记》1926年7月3日。感谢顾潮女士寄赠此条资料。鲁迅也曾接到邀请，但辞不去（《鲁迅全集》第14卷，人民文学出版社1989年版，第606页）。裘子元时为教育部办事员，好金石碑刻。

④ 参见［日］滨田青陵《东方考古学协会と东亚考古学会》，载《民族》第2卷第4号，1927年5月。

⑤ 参见《东亚考古学协会》，载《文字同盟》第1号，1927年4月。

⑥ 参见《东方考古学协会公开讲演会》，载《史学杂志》第38编第6号，1927年6月。

馆、东洋文库等学术机构，并访问京都、奈良、大阪等地。4月上旬，沈兼士、马衡、罗庸取道朝鲜归国，途经汉城，①在儿岛献吉郎、高桥亨、以及小林、高田、森等日本学者的介绍陪同下，参观了京城大学、朝鲜总督府博物馆、李王职雅乐部，并到清云洞观看韩巫舞。其中李王职雅乐令中国学者们感慨万千。聆听了乐师们为中国学者演奏的7首具有代表性的雅乐作品，中国学者一面谈论"礼失而求诸野"，一面却以"座中泣下谁最多？江州司马青衫湿"作为"闻雅"的报告。②此行沈兼士等人带回有关考古、博物、图书、绘画、雕塑、建筑、地理等印刷品共计78种，丰富了该所的文献图像资料。③

1927年夏秋，控制北京的奉系军阀强行改组北京大学，企图取消研究所国学门。叶恭绰在师生的请求下，向教育部长兼北京大学校长刘哲提出改组为国学研究馆，叶出任馆长，下设总务、研究、编辑三部，其研究部分为哲学、史学、文学、考古学、语言文字学、艺术及其他七组，导师增至29人。④ 1928年4月28至29日，东亚考古学会在京都召开第二次总会，并举行公开讲演会，中方亦派北京大学国学馆导师马衡、刘复以及馆长叶恭绰的代理阚铎等人出席。会期第一天为东亚考古学会总会，于乐友会馆召开，报告该会进行的事业，并观看貔子窝发掘以及朝鲜庆州古迹调查实况的电影。次日上午到京都大学考古学研究室参观貔子窝发现遗物，午后举行公开讲演。马衡、刘复的讲题分别为"戈戟之研究""新嘉量之校量及推算"，日方演讲者高桥健和小川琢治（代法国学者 E. Licent 宣读从天津寄来的论文）的讲题分别为"日本上代の马具より见たる大陆との交涉"、"Ordos 河畔に於ける旧石器时代遗迹并びに东蒙古に於ける新石器时代遗迹に关する调查报告"⑤。

1929年10月19日，东方考古学协会在北京召开第三回总会，并举行讲演会，由滨田耕作、梅原末治、徐炳昶、张星烺分别演讲"世界各

---

① 参见《汇报：参观》，载《京城帝国大学学报》第2号，1927年5月。
② 参见天行《侨韩琐谈》之三《清云巫舞》、之四《雅乐》，载《语丝》第134、137期，1927年6月4日、26日。
③ 参见《研究所国学门通告》，载《北京大学日刊》第2134号，1927年6月25日。
④ 参见遐庵汇稿年谱编印会：《叶遐庵先生年谱》，同会1946年版。另据日本《史学杂志》第39编第5号（1928年5月）《北京に於ける考古学研究机关》，研究部分六组，无其他一组。
⑤ 《东亚考古学会第二回总会》，载日本《史学杂志》第39编第6号，1928年6月。

国研究东亚考古学的现势""Seythai 文化在欧亚考古学的意义""中国西北科学考查团考古工作之概略""中国人种中之印度日耳曼种分子"①。

在东方考古学协会的名义下，中日象征性地共同进行了几次考古发掘与调查的合作。1927 年 4 月下旬至 5 月中旬，东亚考古学会和关东厅博物馆联合进行貔子窝发掘，东京大学原田淑人、田泽金吾、驹井和爱、宫坂光次，京都大学滨田耕作、小牧实繁、岛田贞彦，关东厅博物馆内藤宽、森修，朝鲜总督府博物馆小泉显夫，以及东亚考古学会干事岛村孝三郎、小林胖生等，中方的马衡、陈垣、罗庸、董光忠中途前来参观，并在其中一处亲自发掘。所以滨田耕作称此项发掘虽由东亚考古学会单独进行，却可以作为日中两国学会亲和的一个事例。将来北京大学考古学会和东亚考古学会不断重复同样的行为，则成立东方考古学协会的效果，将不仅体现于学会本身的事业。② 1928 年 10 月东亚考古学会发掘牧羊城，北京大学考古学会派助教庄严前来参加发掘一周。作为还礼，1930 年北京大学发掘河北易县燕下都、老姥台时，也请日方学者参加。双方还协议互派留学生。从 1928 年起，日方每年一人，先后派到中国留学的有驹井和爱、水野清一、江上波夫、田村实造、三上次男。中方因经费困难等原因，派往日本的仅有 1928 年度的庄严。1930 年 3 月，原田淑人由东方文化事业部出资，到北京大学和清华大学讲学两个月，具体担任考古学课程的讲授，③ 在清华还担任讲师，另外再与蒋廷黻、孔繁霱、刘崇鋐等人分任"西洋史家名著选读"课程，④ 其间与北京大学、清华大学、燕京大学等大学及中央研究院史语所的学者广泛交流。⑤ 原田是另一位给中国学人留下深刻印象的讲演者，此行他在北京大学、清华大学等校举行系列讲演"从考古学上看古代中日文化关系"时，因前来听讲的学生人数太多，不得不换到大教室。⑥

---

① 《东方考古学协会讲演会》，载《北京大学日刊》第 2259 号，1929 年 10 月 19 日。
② 参见滨田青陵《东方考古学协会与东亚考古学会》，载《民族》第 2 卷第 4 号，1927 年 5 月。
③ 参见《史学系课程》，载《北京大学日刊》第 2237 号，1929 年 9 月 23 日；
④ 参见齐家莹编撰，孙敦恒审校《清华人文学科年谱》，清华大学出版社 1999 年版，第 87～88 页。
⑤ 参见《史学系通告》《史学系教授会通告》，载《北京大学日刊》第 2341、2367 号，1930 年 2 月 18 日、3 月 21 日。
⑥ 参见《学问の思い出—原田淑人博士を囲んで》，载《东方学》第 25 辑，1963 年 3 月。

三、分歧与影响

日方在东方考古学协会成立后表示："考古学——特别是研究东亚考古学,实为东方诸学者所负一大人类义务。这是数千年栖息于此、有悠久传统和众多遗产的亚细亚民族的特权。日中两国学者合组的东方考古学协会,可使此'亚细亚之光'于人类文化史上灿然生辉",以此为该会存立的意义并预祝其未来的发展。① 而中国学者显然也有借此光大本国文化和发展学术的期望。只是双方对于如何利用这一共同机缘并发挥各自的作用,想法并不一致。

日方动议日中合组考古学机构,公开声称是"为促进东亚诸地的考古学研究,与各国特别是邻邦中华民国考古学界增进友谊,交换知识",实际上主要目的有二,一是利用合作名义,便于在中国境内进行调查发掘活动,尤其想参与举世瞩目的殷墟发掘;二是派遣留学生来华学习和考查。此举与日本的大陆政策以及风尚转向东方主义相吻合,因而得到日本政府的支持,其发掘考查及派遣留学生,均由外务省、关东厅和朝鲜总督府提供资助。东方考古学协会作为日本"对支文化事业"的一环,虽以"提携日中两国间的精神与文化"为目的,实际上日本官方一开始就视为"帝国政府的事业由帝国单独实施",只是鉴于该事业主要在中国境内进行,须与中国人合作,才要尊重中国朝野的希望和意向。② 而中方虽然也有引进外国财力和技术的愿望,以落实长期不能付诸实现的实地考古发掘设想,却较少政府意愿,并限于学术本身。因此,在东方考古学协会的旗号之下,双方的不和谐时有表露。

首先,在名义上,东方考古学协会与东亚考古学会时有混淆。如1927年在东京举行的大会,既是东方考古学协会第二次年会,③ 又是本应成立于前的东亚考古学会的第一届总会。而1926年、1929年的北京会议

---

① 参见《东方考古学协会公开讲演会》,载日本《史学杂志》第38编第6号,1927年6月。
② 参见《大正十二年朝冈事务官ノ上海ニ於ケル文化事业谈》,《东方文化事业关系杂件》,外务省外交史料馆藏缩微胶卷分类号H-0-0-0-1。引自吉村日出东:《东京帝国大学考古学讲座的开设——国家政策と学问研究的视座から》,日本历史学会编集:《日本历史》1999年1月号。
③ 参见《新书介绍:考古学论丛》,载《北平图书馆月刊》第1卷第5号,1928年9、10月。

和 1928 年的京都会议，则分别为东方考古学协会的第一、三回总会和东亚考古学会第二回总会。① 两会的交错和中日双方各自强调与己关系密切的一面，使得社会上乃至学术界本身误传甚多。关于第一次貔子窝发掘的主办者，1927 年 8 月日本《史学杂志》第 38 编第 8 号刊登消息《貔子窝の发掘》，声称系以东方考古学协会名义组织，桥川时雄主办的《文字同盟》第 3 号报道此事，也以《中日学者合作之发掘古物》为题，称"日方好古之士，与中国国立北京大学考古学会、国立历史博物馆代表陈垣、罗庸、董光忠、马衡等四人共参其事"。"发掘所得，暂由京都帝大运回整理。俟整理后，运送北京一部分，交北大考古学会及历史博物馆陈列。"而后来日方撰写报告书时，则以东亚考古学会和关东厅博物馆的名义，并得到外务省文化事业部和关东厅的援助。报告书出版时也标名为"东亚考古学会的东方考古学丛刊甲种第一册"。亲历其事的庄严后来回忆，组织东方考古学会除互相观摩、交换学生外，还"互相参加两国自己举办的考古发掘工作"②。滨田耕作专文介绍两会的联系与区别，立意之一，当也在澄清误会。

然而，名义上的不协调反映了双方实际利益和态度的差异。在此期间，中日关系以及东方文化事业经历了重大风波。1928 年 4 月，日本第二次出兵山东，并于 5 月 3 日制造了济南事变，东方文化事业总委员会中的中国委员鉴于日本暴行，全体辞职以示抗议。日方虽未废止原订计划，但将发展重心转到在国内创办东方文化学院。③ 形势逆转之下，1929 年北京的讲演会虽仍使用东方考古学协会之名，可是预定发表演讲的东方考古学协会委员朱希祖不仅未做报告，还于前一天分别致函北京大学考古学会和东方考古学协会，提出辞职，理由是："本会自成立以来，进行重大事务，如发掘貔子窝牧羊城古物事件，均未经本会公开讨论，正式通过，致有种种遗憾。委员仅属空名，协会等于虚设。希祖忝为委员之一，对于上

---

① 参见刘复《新嘉量之校量及推算》，载《辅仁学志》第 1 卷第 1 期，1928 年 12 月。
② 庄尚严：《妙峰山·跋》，引自郑良树编著：《顾颉刚学术年谱简编》，中国友谊出版公司 1987 年版，第 65 页。
③ 参见黄福庆《近代日本在华文化及社会事业之研究》，台湾"中研院"近代史研究所专刊（45），1982 年版，第 156、178 页；[日]山根幸夫：《东方文化学院の设立とその展开》，见《近代中国研究论集》，东京山川出版社 1981 年版。

列重要事件，其原委皆不预闻，谨辞去委员，以明责任。"① 由此可见，日方在中国东北进行的各项考古发掘，对其国内虽然坚持声称以东亚考古学会的名义，但在中国境内，为了活动以及与中国同行交流的方便，确实借用了东方考古学协会的名义而未经双方具体协商。朱希祖的辞职，代表了参与其中的中国学者对于日方诚意的怀疑和对其行为的强烈不满。

不过，在学术范围内，日方的参加者还能保持学术的良知与真诚，没有凭借武力进行掠夺性发掘，其活动以合同方式进行，必须有中国学者到场，且事后须返还发掘品，日方只保留照片。在合作的名义下，日本考古学界独自举办的考古发掘顺利进行，还趁机广交中国学者，密切彼此关系，来华留学和访问的日本考古学者、学生因而获见《宋会要》稿本、《皇明实录》等珍稀秘籍，参观中国学术机构在殷墟等地的发掘现场，甚至集体深入蒙古、绥远、察哈尔，考察古长城和细石器文化遗迹，收集匈奴时代的青铜器。1930年4月来华留学的江上波夫，一年内先后到察哈尔、山东、旅顺、绥远、内蒙考察，活动完成，留学生活也告结束。② 东方考古学协会解体后，东亚考古学会仍在中国境内进行了大量考古发掘活动，战争期间更有依靠军部从事掠夺性探险发掘的劣迹，成为日本实行大陆政策的工具。③

东方考古学协会的组成及活动，对于中国现代考古学事业产生了影响。在此之前，从事考古活动的中国学者乃至来华进行探险发掘的多数欧美学者，大都半路出家，并非考古专业出身。滨田、原田等日本学者，曾在欧洲接受正规的考古学训练，使用的方法十分精密，在乐浪汉墓发掘中实际运用，令前来参观的中国学者颇受启发，而"此种考古途径，在我国尚未有人著手提倡也"④，促使中国的旧式金石学加速向近代考古学转化。马衡回国后即派国学门事务员董作宾赴上海请蔡元培组织殷墟和汉太学遗迹等处的发掘工作。以后又与北平研究院携手，亲自担任易县燕下都

---

① 《东方考古学协会委员朱希祖先生辞职书》，载《北京大学日刊》第2260号，1929年10月21日。
② 参见《学问の思い出：江上波夫先生を囲んで》，载《东方学》第82辑，1991年7月。
③ 参见吉村日出东《东京帝国大学考古学讲座的开设——国家政策与学问研究的视座から》，日本历史学会编集：《日本历史》1999年1月号。
④ 《新书介绍：考古学论丛》，载《北平图书馆月刊》第1卷第5号。

考古团团长,发掘老姥台。① 1926年10月,与北京大学国学门渊源甚深的厦门大学国学研究院"顷闻北京大学考古学会与日本东京京都两帝国大学之东亚考古学会,共同组织一东方考古学协会,为国际的研究考古学机关",要求校方"一面推举代表,参加该会,一面由本校组织一发掘团",声称:"非实行探险发掘,不足以言考古学的研究",欲借此使中国的考古学"于世界学术界中占一位置"。② 后来又计划与北京大学联合进行风俗调查和古物发掘,"南方风俗则本校担任调查,北方发掘则请北大担任招待,如是既省经费,而事实上亦利便多多"③。

不过,中日双方在东方考古学协会内部的分歧,最终还是削弱了日本对中国考古学的影响力,与之关系最为密切的北京大学考古学会,成就和影响反而不及清华研究院。日方重视北京大学国学门考古学会,原因之一,是后者在北京的考古学机关中具有官学至尊的地位,这被看重政府行为的日本学者认为是对华施加影响的有力支撑。与此相对,他们视美国系的清华学校国学研究院中的考古学机构为"私学"的代表。清华研究院以人类学讲师李济为主,设有考古学陈列室和考古学室委员会,由李济担任主席。④ 凭借较多的资金以及和美国考古学家的有效合作,清华研究院的考古学稳步发展,成效明显,后来成为中央研究院历史语言研究所考古组的台柱。该所成立时,主持北京大学研究所国学门考古学的马衡曾主动提出想参加考古组,遭到傅斯年的拒绝。在傅的心目中,志同道合的理想人选是从事过新兴考古学的李济而非金石学家马衡。⑤ 在交往过程中,日方似乎察觉到开始的偏颇,注意加强与清华研究院等机构的联系,以图调整弥补。但预期通过组建东方考古学协会达到参与殷墟发掘的目标,因其事属中央研究院历史语言所承担,而该所负责人傅斯年素有"义和团学者"之称,李济等人又先此与美国的毕士博合作,日方虽曾通过来访的北京图书馆金石学研究室研究人员刘节了解有关情况,并派梅原末治、内

---

① 参见傅振伦《马衡先生传》,见《傅振伦文录类选》,学苑出版社1994年版,第595页。
② 《厦门大学国学研究院发掘之计划书》,载《厦大周刊》第158期,1926年10月9日。
③ 《国学研究院成立大会纪盛》,载《厦大周刊》第159期,1926年10月16日。
④ 参见《北京に於ける考古学研究机关》,载日本《史学杂志》第39编第5号,1928年5月。
⑤ 参见杜正胜《无中生有的志业——傅斯年的史学革命与史语所的创立》,见《新学术之路》,台湾"中研院"历史语言研究所1999年版,第33~34页。

藤乾吉、水野清一、长广敏雄等人前往参观,① 始终未能实际参与。

20世纪20年代，中国学术界在疑古风潮的涌动下，对上古文献大胆怀疑，而将信史的重建留待考古学事业的发达。早在1921年1月，胡适就宣布其古史观为："先把古史缩短二三千年，从《诗三百篇》做起。将来等到金石学、考古学发达，上了科学轨道以后，然后用地底下掘出的史料，慢慢地拉长东周以前的古史。"② 1924年底，李宗侗（玄伯）在《现代评论》第1卷第3期发表文章，认考古学为解决古史的唯一方法。顾颉刚虽然指其"颇有过尊遗作而轻视载记的趋向"，但只是针对有史时代，总体上则承认其所说"确是极正当的方法"③。当时王国维以著名的二重证据法重建古史，得到中外学术界的极高赞誉。其实，王国维的所谓地下资料，仍是传统金石铭文的继续，而非正规的考古发掘，更不是实物形制研究。北京大学研究所国学门自成立之日起，就认定实物与遗迹较载籍之于上古史更为重要，只是一直困于财政与技术，加上其中的专家还有金石彝器的本行，迟迟未将考古发掘付诸实践。在此期间，北京大学虽然在中国学术界与瑞典学者斯文赫定（Seven Hedin）联合组织的西北考察团中扮演要角，仍然重采集轻发掘。与日本东亚考古学会的合作，本来未必不是良好机缘，可以在重建古史的活动中占据重要位置。因为这恰好也是中国现代考古学从发端而初盛的时代。以成果卓著的殷墟发掘为代表的中央研究院历史语言研究所而论，其观念宗旨的渊源明显由北京大学国学门、厦门大学国学院、中山大学语言历史研究所一脉相承，但具体事业却主要继承清华研究院国学科，以至于后人不免误解抹杀，将北京大学国学门视为单纯疑古。而北京大学在实行考古发掘方面陷入困顿，除其他原因之外，作为合作伙伴的以日本东西两京帝大合组的东亚考古学会难辞其咎。正是在与之合作的过程中，北京大学坐失了天时地利的良机，最终不得不将首席国立大学在这一至关重要领域的应有地位拱手让人。

---

① 参见《北支史迹调查旅行日记》，载《东方学报》（京都）第7册，1936年12月。
② 顾颉刚编著：《古史辨》一，上海古籍出版社1982年版，第22页。
③ 顾颉刚编著：《古史辨》一，上海古籍出版社1982年版，第268～275页。

近代日本留华学生

中日两国的文化交流，要言之，为古代日本学中国，近代中国学日本。其明显表征，即隋唐时期日本的留学生、学问僧陆续来华，而戊戌、庚子后中国的留学生和游历官绅大批东渡。其间的差别是，日本究竟属于汉字文化圈，近代中日关系的政治格局虽然乾坤颠倒，文化联系却保持一定惯性，因而古代中国罕有赴日求学之士，近代日本却不乏来华问学之人。尤其是庚子以后，日本留华学生人数渐有增加之势。他们身份复杂，流品不一，在近代中日关系史上扮演多重角色，作用难以定位。但在两国文化交流方面，仍有延续古代的积极意义。惜有关史实极少为研究者论及。在相关领域中，研究中国留日学生的著述最为丰富，近年来关于日本来华顾问教习以及中国赴日游历官绅的研究也陆续展开，取得了引人瞩目的成果，而对日本留华学生却仍无论述。追究此一历史现象的来龙去脉，不仅可以丰满近代中日文化交流史，也有助于理解近代中日关系的重要变数。在此期间，日本东亚同文会等团体先后在中国开办东洋学馆、日清贸易研究所、东亚同文书院等教育机构，所招收的日本学生有的也称为留学生。但上述机构的行政、教育均由日本人负责，实与其国内学校无异，日本学者对此研究较深，因而不在讨论之列。

一、留学乎？间谍乎？

从德川幕府末期开始，受西洋文明的影响，日本已陆续向欧美各国派遣留学生，分为官费、藩费、私费三种，主要由各藩派出。到1873年，累计总数达到373人，其中官费生250人。明治初年，海外留学生先由外务省负责管理，1870年12月太政官颁布《海外留学规则》，除海陆军留学生外，均转归大学统管，分为官选、私愿两类。官选中的华族、大学生及士庶人分别由太政官、大学和府藩县厅考试选拔。当年8月和11月，大学南校、东校分别进行甄选派遣留学生事宜。1871年，明治政府设立文部省，接管留学生事务。次年颁布《学制》，第58—88章为《海外留学生规则事宜》，详细规定了选派的具体办法和待遇。其中官费一项，又分为初等、上等，分别从中学和大学毕业生中选拔。每年定额前者150人，后者30人。

由于这时已在海外的留学生多为原来各藩派遣，存在诸多不合理因素，其一，全部留学生中82%～83%为萨长土肥四藩所派，其余才由各藩分摊。本来各藩学生由藩费供给，废藩置县后统由国费支出，出资与使用不相吻合。其二，留学生中军人居多，未经认真考选，不能用功学习，恶评甚多，有招国耻。其三，文部省初创时，连大学及其他经费在内，每年预算不过80万圆，而留学生的学费高达25万圆。

有鉴于此，时任大学东校副长的九鬼隆一（当年即升文部少丞、大丞）建议废止各藩留学生，从大学法、理、文、医各科正式学生中选拔优秀者派遣留学。1873年底，日本政府下令召回全体海外留学生，原计划举行统一考试甄别，后干脆放弃，从大学中重新考选50余人派往欧美。1874年，文部省设立海外留学生监督，统一管理官费生，第二年又制定贷费生规则。这一连串的有力措施迅速改变了混乱不利状况。明治政府派遣海外留学生的主要目的之一，是培养师资，以取代高等教育机构中高薪聘用的外籍教师。到1876年，文部省共聘用美、英、法、德、俄、瑞士和中国籍教师78人，月薪达17217圆，年薪总数超过20万圆。虽然显示明治政府重视教育的决心，毕竟负担过重。等到留学生次第学成归国任教，外籍教师人数随之逐渐减少。①

明治初期日本欧化风行，文部省管辖范围内的留学生，纯粹为赴欧美学习新知，并不包括来华学生。直到1899年，"清国"的字样才出现在文部省有关留学事务的文件之中，中国成为其派遣留学生的对象国。但近代日本留华学生的历史，远远早于上述。1871年5月，来自佐贺、萨摩两藩的成富清风、福岛九成、黑冈季备、水野遵、小牧昌业、田中纲常等人由内务卿大久保利通派遣，以留学生名义来华。两个月后，吉田清贯、儿玉利国、池田道辉等人也相继来华。这便是号称"维新后支那留学先

---

① 参见教育史编纂会编修：《明治以降教育制度发达史》第1卷，东京龙吟社1938年版，第816—848页。此书实为资料长编。另据梅溪升《お雇外国人——概说》，东京鹿岛研究所出版会1968年版，文部省所雇佣的外国人（不仅教师）1873年为127名，1874年151名，1877年109名，1882年53名，1888年105名，1889年109名，以后逐渐减少。

驱"的明治初年第一期"清国留学生"①。

这些人到中国后,分别前往北京和上海,其目的有二,一是学习汉语中文,二是调查中国国情。他们本来已有相当程度的汉学功底,其中福岛九成、小牧昌业、田中纲常等人还出身汉学名家,或受过专门训练,素养较深,能与中国人士进行充分笔谈,所以学习方面主要是练习口语和时文。名义虽是留学,却未进任何学校。这种情况,在近代日本留华学生史上不仅一直持续,而且相当普遍。

关于早期日本来华学者、学生,外务省第一期清国留学生出身的濑川浅之进曾经概括道:"其时中国研究大凡有以下四种系统:其一,学习汉学及与中国人研究诗文。其二,调查地理兵制。其三,真实地从欲保亚洲未来,便须日中提携的立场出发,研究政治经济,以保持两国亲和。其四,如历来学会汉学以为长崎的通事那样,学习新的语学并研究时文。"②所讲虽然是1877年以后的情况,但也适用于此前。明治维新后首批来华留学者,大体是第二、四两种类型的混合。

就在1871年,发生了琉球漂民为台湾住民所杀的琉球事件,日本朝野乘机大肆鼓动,征台呼声甚嚣尘上。三年后,日本政府以讨伐为借口,出兵侵台。此役留华学生扮演了重要角色,为了替征台行动做准备,1873年3月,福岛九成、黑冈季备奉日本公使转达的命令,伪装成画家安田老山的弟子,从上海出发,于4月在淡水登陆,勘察台北、彰化、嘉义、台南及南部各地,实测山川地理,了解风俗人情,然后向1873年3月来北京的特派全权大使副岛种臣报告。是为关于此次事件报告之嚆矢,很为当局者所赏识,福岛因此转任文职的驻厦门领事。此行所绘制的台湾地区地图,后在侵台军事行动中起了非常重要的作用。先期归国担任军职的陆军中尉田中纲常、海军大尉儿玉利国相继随征台论急先锋桦山资纪少佐和副岛种臣来华,双方会合后,6月下旬桦山、田中、儿玉等人带领在京待命的成富清风、水野遵等南下,经上海、福州于8月下旬抵达台湾地区,到淡水、打狗等地进行侦察。这时日本政府围绕征韩论争议激烈,阁议竟至破裂,引起政变,台湾问题被搁置。儿玉、成富携带桦山密旨于12月回到东京,敦促政府决意对台动武。战争期间,上述各人及吉田清贯、池田

---

① 东亚同文会编:《对支回顾录》下卷,东京原书房1968年版,第78～92页。
② 东亚同文会编:《续对支回顾录》下卷,东京原书房1973年版,第248页。

道辉，以中国通身份随军行动，或担任翻译，整理文件机要，或为参谋，协助指挥调度，唯一未介入军事行动的小牧昌业，也和福岛、黑冈、吉田、儿玉等人参与了谈判善后。

此后，日本陆海军、外务省、大藏省、农商务省、公司银行、对华团体均陆续派人来华留学。陆海军方面，1873年11月，陆军少尉向郁和中尉美代清元为军事视察及学习汉语留学北京，1877年山口五郎太留学厦门，1880年代铃木恭坚、河野主一郎、柴五郎相继以海军留学生名义留学福州。规模较大的则为1879年参谋本部一次派遣14人留学北京。① 和首批留学生一样，他们有的一面学习汉语口语时文，一面在使领馆武官以及驻在将校的辖制下，从事情报收集等间谍活动。有的甚至只是以留学生的名义为掩护，纯粹进行谍报工作。如河野主一郎在华仅一年时间，奉军令部之命，到宁波、厦门、香港、广东、上海、芝罘、天津、北京、大沽、山海关、牛庄、旅顺等要地调查军队炮台等设施及风俗民情，将见闻详细记录后报告军令部，即完成使命。山口五郎太还化名苏亮明，着中国服装，到处刺探军情，积极参与所谓福州组的搅乱中国策，并鼓动开办东洋学馆，培育大陆经营人才。所以人们提起日本留华学生，往往联想到间谍的形象。

不过，1879年参谋本部所派14名学生，却不是军人身份，而是从东京外国语学校汉语专业中选拔出来的"清国语学生"。此事与时任参谋本部管西局长的桂太郎关系极大。桂很早就建议向中国派遣武官，加强军事情报的收集，以备不时之需。以后又撰写了《邻邦兵备论》，起草并提出对清作战策。1878年参谋本部设立，桂出任管西局长后，立即着手实施，他召回前此所派将校，同时向北京、天津、上海、汉口、广州、厦门、牛庄派遣13名军官，专门调查地理政情，作为将来对华作战时决策用兵的参考。此举使情报活动更加专业化，增强了效能。而派遣文职的汉语学生，则是鉴于中日两国交涉摩擦增多，大规模武装冲突势必爆发，须为在军队中大批培训汉语人才准备师资。这批人回国后，即在各地镇台及士官学校教授汉语，虽系文职，目的仍然在于军事行动。

中日两国互设使领馆后，外交事务增多，培养语言人才之事十分迫

---

① 这14人分别为川上彦六、杉山昌矢、柴田晃、御幡雅文、关口长之、大泽茂、谷信敬、平岩道知、濑户晋、原田政德、沼田正宣、末吉保马、草场谨三郎、富地近思。

切。本来外务省属下的汉语学所，有官费生10名，后划归文部省，并入外国语学校。1883年8月，外务省公信局长浅田德则接受中田敬义应向中国派遣语学专门留学生的建议，制订《清国留学生规则》。中田原为汉语学所学生，鉴于汉语语法发音因地而异，在校期间即要求到中国留学，未能实现，时任外务省秘书官。由他和浅田、田边太一、郑永宁等4人担任考试委员，经考选和推荐，第1期派出濑川浅之进、西源四郎、田边雄三郎、小田切万寿之助、吴大五郎、铃木行雄等6人，第2期派出丰岛舍松、大河平隆则、山崎桂、横田三郎等人，以后每年考试一次（个别年份因故中止），陆续派遣。

在此之前，外务省已有利用原来各藩所派留学生的举措，如1874年由水户藩藩公派往北京学习语言文学的河西肃四、小松崎吉郎，经过两年的学习，即任公使馆二等见习书记生，后又担任留学生监督。此后还屡有将私费留学生等转为外务省留学生的个案。而且外务省本身也曾不定期地零星派遣过留学生，如1880年所派吴永寿。只是从1883年起更加制度化。与军事留学生不同，他们一般在使领馆内学习，同时见习初级外交官事务。期限多为2～3年，个别人长达8年；学成即在现地或归国担任外交官。为了学习广东话，还曾派人到香港皇仁书院留学，先后在此就读者有安广伴一郎、杉村浚、高须太助、大河平则隆、山崎桂、丰岛舍松、田边雄三郎、小田切万寿之助等。该书院因而被称为"日本外交舞台人物辈出的渊薮"①。

由大藏省派出者仅有井上陈政（后复姓楢原）1人，他任职于印刷局制版部，因1877年赴日的清朝驻日公使何如璋、副使张斯桂、参赞黄遵宪、杨守敬等人学问颇精，多与日本汉学家往还唱和，次年，大藏省命井上到清公使馆专门研习汉学。1882年，何如璋任满归国，井上又由大藏省派遣随其来华继续学习，先后在北京、福州从何如璋学习制度掌故，在杭州从俞樾学习诗文。俞樾《曲园自述诗》记其事道："甲申岁，日本东京大藏省留学生井上陈政字子德，奉其国命，游学中华，愿受业于余门下，辞之不可，遂留之。其人颇好学，能为古文。"在华期间，井上还游历了直隶、山东、陕西、山西、河南、湖北、江苏、浙江、福建、广东、江西、安徽等省，历时6年，归国后写成《禹域通纂》上下册，分政体、

---

① 东亚同文会编：《续对支回顾录》下卷，东京原书房1973年版，第240页。

财政、内治、外交、刑法、学制、兵备、通商、水路、运输、物产、风俗等12部，共2033页，另有附录353页，为清朝当政各员传略，1888年由大藏省出版。来华前印刷局长得能通昌嘱咐井上道："日清联交，势在必行，然而非熟知彼邦风土事情，通观始末，则联交安可得？所谓事在人为，人由事显。汝此行善体余意，切勿虚劳。"① 井上可谓不负所望。可惜在中日关系日趋恶化的大背景之下，熟知通观也无益于邦交，后在日本驻华公使馆任职的井上本人还死于义和团笼城之战。

农商务省留学生又称为练习生，1899年所派有安永东之助。同年三井公司也决定实施派遣留华学生计划。当时该公司在上海设有分店，经营业务主要通过买办中介，利润损失过大，因而想培养熟悉当地特殊业务行情和能说汉语的人员，以便逐步废除买办制。首期招生为高木陆郎、内田茂太郎、横山直行等人，翌年再招收森恪、绫野矶太郎、儿玉贞雄、上仲尚明、江藤丰三等，聘请首批陆军语言留学生出身的御幡雅文专门教授北京话和上海话，由此开启上海市场直接贸易的先机。此前一年，横滨正金银行将新入社的3名法学士大隅行一、藤平纯一和小贯庆治分别派往上海、广东和北京留学，一面学习汉语，一面调查金融商业状况，以便兴办或推广业务。

对华团体派遣留华学生动议甚早，1877年12月振亚社创立之初，就有意与中国交换留学生。但后来主要是由日本人自己办学进行培训。1899年，应东亚同文会上海支部长井手三郎之请，该会先后向广东派出6人，向上海派出4人。到广东的桥本金次、内田长二郎、熊泽纯之助、山下稻三郎、松冈好一、远藤隆夫等人在练习粤语的同时，协助该会广东支部进行活动。松冈还参与了《知新报》的编撰，并介入保皇会的勤王密谋。另外，日本的一些佛教宗派欲在中国发展势力，也有以留学名义派遣来华者，如1900年来华的川上季三为西本愿寺所派，1901年由真宗大学毕业后来华的松本义成，也由属于净土真宗西本愿寺的爱知县法通寺所派。

自费留学生占有一定比重，如1882年来华的山崎桂，1883年田岛藏之助、横田三郎、吉泽善次郎，1888年奈良崎八郎、尾本寿太郎、福原伴十郎，1890年森井国雄，1897年小村俊三郎，1900年安藤辰五郎、枅引武四郎等，其中有的后来转为官费，有的本来就是军人。

---

① 东亚同文会编：《续对支回顾录》下卷，东京原书房1973年版，第244页。

早期留华学生，无论官费私费，大体可以分为三类。一是以留学为名的大陆浪人和间谍，除通过日常生活学习会话外，他们实际上并不学习任何书本知识，而是四处游历，调查地理地形、风俗人情、军事设施及军队编制。如1883年来华的田岛藏之助，十余年间携带少量药品杂货，各处漫游，据称18省中只有广西、云南两省足迹未到。1884年来华的外务省官费生中西正树，在学期间即擅自离开北京，用一年时间游历华北、华中、西北、西南7省。后来干脆加入荒尾精的汉口乐善堂。同年转为外务省留学生的横田三郎于1889年还前往蒙古旅行，据称为日本人首次踏足该地。他们无视中国政府的法律以及中日之间的条约规定，常常身着中国服装，① 利用各地的各种反清势力，千方百计挑起事端。一旦中日之间发生冲突，则立即投身军旅，或任向导，或为参谋，或干谍报。

二是学习汉语时文，以及有关专业知识，以便于就业工作，外务省及公司银行留学生多属之。陆军参谋本部所派御幡雅文，留学期间外务省命其赴欧洲留学，因认为有必要研究中国而不奉命，继续在北京学习汉语。后长期任教，培养汉语人才甚多。②

三是对中国文化的经史文学抱有热忱，语言学习之外，喜欢结交当地的经生文士，甚至专程拜访名师。此类人为数不多，除井上陈政，还有山崎桂、吉泽善次郎、野口多内、丰岛舍松、森井国雄、宫岛大八等。他们或进入当地的义塾书院，或投入名师门下，如山崎桂在北京先从多位满汉人士学习，又进入梁家园义塾研修文学，丰岛舍松入上海正蒙书院，宫岛大八、野口多内入保定莲池书院。吉泽善次郎拜俞樾为师学汉文，野口多内师事吴汝纶，丰岛舍松师事院长张焕纶，森井国雄则先后在沪京津等地向宋恕、叶瀚、汪康年、张锡銮、贾景仁等问学，研究经史诸子百家、历代制度及晚近文学。宫岛大八师事张裕钊（廉卿），七年间张先后掌保定莲池书院、武昌江汉书院、襄阳鹿门书院，又转赴西安，宫岛大八一直紧随不舍。③ 丰岛舍松之父为金泽藩硕儒，他由与中国士林交往甚广的冈千刃介绍，从学于张焕纶。张不仅生活上予以优待照顾，还时与口笔交谈，

---

① 因中国各地方言多歧，而中日人士外形相同，难以区别，1871年中日订立的修好条约第11条，应李鸿章要求，禁止日本人在华着中装。

② 参见［日］葛生能久《东亚先觉志士记传》下卷，东京黑龙会出版部1936年版，第134~135页。

③ 参见东亚同文会编《对支回顾录》下卷，东京原书房1968年版，第705页。

以慰孤寂。当时丰岛舍松年轻气盛，每每毫无顾忌地指摘中国不振的原因，攻击孔孟之道，张则谆谆教诲，不厌其烦。如丰岛舍松以中国少年文弱为儒教经典之过，张答以非孔圣经书之罪，乃奉行之中国人之罪。两人笔谈关于清朝缘起、中日关系、东西异同等事，颇可见当时中日两国人士的态度差异：

生曰：敝邦相传，贵国朝廷，出于我源义经之裔。义经系于清和源氏，贵朝国号基于此。

师曰：此说为奇异。然敝邦始祖说亦窈渺，有谓自天女降生者，此盖附会。古来符瑞之说，与贵国说上世者同然。鄙意本朝起于和林，当是金裔耳。其始甚微，不过一匹夫耳。因有雄略，为众所推，渐为部落之长，辟地日广，遂成雄图。

生曰：敝邦与贵国，交通最久，彼此往来，不必论何裔谁系也。我两国人种既同，书亦同文。总之，敝邦与贵国为兄弟国矣。

师曰：左氏云：非我族类，其心必异。今日欧洲之人，真非我族类也。然以情理浃之，亦正无异。故孔说得最好云：四海之内皆兄弟也。真圣人之言也。左氏之说，反觉不大。

生曰：真然。但西人其心不易测，是以难轻亲。

师曰：西人虽恶之，而不能不服之。何也？他实有足以胜我之道也。特我东方，人心散漫，须有一大学识、而兼有大权力者，登高一呼，万山皆应，使天下聋者瞽者，精神一振。此愿不知何日可慰。

生曰：听高论，佩服曷胜。愚意若贵国有其人挽回国政而远驾西人，则我东方诸国何必愧服西人，必将遂于近。敝邦朝廷亦锐意谋治，他日果驾西人，则贵国之于敝邦亦当如此矣。我两国素唇齿之辅也。

师曰：敝邦与贵国为唇齿，此就今日言之耳。今日外侮甚多，不得不辑和家庭以御之。然两国朝廷举动，尚未坦白冰心，鄙人深切忧之。今幸交冈先生及诸兄所说皆与鄙意相同，莫大幸事。他日我辈或有尺寸之柄，愿各勿忘今日之言。

生曰：我朝廷素有善邻之意，特派生等留学于贵国者，亦欲使交贵国大家名士，以通两国之意，固两国之好也。①

可惜后来事态并未如此发展。每当中日之间发生冲突，特别是像甲午战争那样的大规模军事行动，因所谓中国通的人数不足，各类留华学生多被征召担任翻译，所起作用绝非有利于巩固和平。培育过日本留学生的保定莲池书院，先在八国联军时遭受严重破坏，经修复，再毁于日本侵华战争。不过，也不能因此就把这一时期的所有留华学生都认作间谍，尤其是后一种类型，成为下一世纪"学问留学生"的雏形。

二、学问的留学生

作为管理海外留学生的专职行政机构，日本文部省在19世纪几乎没有这方面的中国事务。在此期间，有关海外留学生的规则几度变化，1882年，将贷费生改为官费，由文部卿从东京大学毕业生中选拔。1885年又将选拔范围扩大到文部省直辖学校的专门科如师范科，所派人数甚少，每年约5～10人。前此还规定东京大学教员任满5年，可以所得薪水自费到海外留学，以学术研究为目的。② 1892年颁布的《文部省外国留学生规程》规定，由该省所派留学生总数同时不得超过22人。③ 以后逐渐有所增加，1896年定为35人，次年扩大到60人，接着又取消了定额限制。其原因是甲午战争前，日本政府财政开支极为窘促，通过战争获得大笔赔款，得以缓解。另外早期留学生待遇较高，贷费生时期除旅费外，每人每年1千日圆。改官费之初，每年为180英镑或1800圆，到1898年，减至年150镑或1500圆。④

范围扩大和定额增加，为主要以培养师资为目的派遣留学生的文部省派人前往中国提供了可能。1877年东京大学成立时，共设法、理、文、

---

① 东亚同文会编：《续对支回顾录》下卷，东京原书房1973年版，第259～260页。
② 参见教育史编纂会编修《明治以降教育制度发达史》第2卷，东京龙吟社1938年版，第463页。
③ 参见教育史编纂会编修《明治以降教育制度发达史》第3卷，东京龙吟社1938年版，第666页。
④ 参见教育史编纂会编修《明治以降教育制度发达史》第4卷，东京龙吟社1938年版，第460～463页。

医四个学部,其中文学部第一科为史学、哲学、政治,第二科为和汉文学。史学科因教授不得其人,于1879年废止。而和汉文学科应考学生也寥寥无几。校方担心国学、汉学中绝,作为权宜之计,于1882年设古典讲习科(国书课),次年设中国古典讲习科(汉书课),附属于文学部。汉书课继承日本汉学传统,教授史学、法制、考证等,历时两年即停止。

这时日本国粹主义逐渐抬头,汉学随之有复兴之势。1886年改为东京帝国大学,按照明治天皇的旨意,文科大学内单独设立汉文学科,以后哲学、史学科也增加有关中国的分支。① 1896年,又动议创设京都大学。日本《东华》杂志载文《汉学再兴论》,分析汉学、国学、西学的变迁大势:"明治以前,汉学最盛,士人所谓学问者,皆汉学耳。除汉学则无有学问也。及政法一变,求智识于西洋,学问之道亦一变,贬汉学为固陋之学,如论孟子史之书,一委诸废纸之中,无复顾问者。然其衰既极,意将复变也。比年以来,国学勃然大兴,其势殆欲压倒西学,而汉学亦于是乎将复兴也。""试观近十年来,东京学业情形,前则政治法律之学,盛行于时,此等生徒,满于四方。其后学风一变,生徒修习文学者日众,而论其种类,虽分为日本文学,西洋文学,今将见有修习汉学者出焉。"预言"汉学再兴之机运将渐开"。②

1899年,东京大学文科助教授服部宇之吉以研究汉学为目的,由文部省选派到中国和德国共留学4年,当年9月,服部赴北京。③ 1900年4月,拟建中的京都大学以法学部讲师名义派狩野直喜作为文部省留学生来华留学,以便归国筹办该校文科大学。④ 然而,这时义和团运动已经发展到京津地区,北京城内对外国人的态度渐趋激烈。服部和狩野本来住在东四牌楼北六条胡同旧公使馆的陆军武官官舍,后因形势严重,移到使馆区内,经历了两个月的"北京笼城"。义和团运动与国际汉学界似乎有某种机缘,服部、狩野后来分别为东西两京中国学界的领袖人物,同时被困的东京日日新闻社特派员古城贞吉,也是日本近代中国学的元老之一。而在法国公使馆,则有后来成为西洋汉学泰斗、巴黎学派领袖的伯希和。除了

---

① 参见[日]五井直弘《近代日本と东洋史学》,东京青木书店1976年版,第15~21页。
② 引自《时务报》第22册(1897年4月)古城贞吉译文。
③ 参见《本会员の海外留学》,载日本《史学杂志》第10编第7号,1899年7月。
④ 参见《狩野直喜博士年谱》,载《东方学》第42辑(1971年8月)。

两位文部省留学生，还有外务省留学生野口多内，正金银行留学生小贯庆治，西本愿寺留学生川上季三，以及留学生大和久义郎、竹内菊五郎等。他们编成义勇队，由以自费留学名义来华的陆军大尉安藤辰五郎为队长，参与作战以及辅助行动。8月中旬，八国联军进入北京，使馆之围解除。9月中旬，服部、狩野奉文部省之命归国。①

文部省派服部来华，本来目的不是留学。而是鉴于中国的维新改革，原文部大臣外山正一和东京女子高等师范学校校长矢田部良吉等主张派人到中国帮助养成教育人才，推荐服部为候选人。此举既能培养中国的亲日倾向，缓和甲午战争以来的紧张关系，又可进而争夺控制中国的教育权。文部省接纳这一主张，但中日两国政府尚未就此正式交涉，因而以留学生名义派遣，目的却是指导中国的教育界。不过服部来华时正值戊戌政变后清政府趋于守旧排外之际，想通过结识达官名流以影响中国教育的尝试大都遭到回避逊拒，允诺见面的只有袁昶一人，只好转而专门研究中国的民族性和一般国情。他后来转赴德国留学，1901年9月，因清政府重开新政，日本政府急电召其回国，接着应清政府招聘，赴北京出任京师大学堂师范馆正教习。②

狩野则于1901年再度来华，留学上海3年，住在日本人所开的旅馆，到在华外国人士有志于中国研究者组织的英国皇家亚洲协会北华分会（The North China Branch of the Royal Asiatic Society）图书馆读书，并周游江南，与张之洞、罗振玉、沈曾植、郑孝胥、陈毅等人交往。③ 1902年11月26—28日，狩野与冈幸七郎到沪见郑孝胥、陈毅、陈善馀、陈衍。④ 首次留学给他们印象最深的是中国民众激烈的排外情绪，甚至有人当面向他们显示不怕死的精神。但在使馆被围之前，服部、狩野等人还曾去琉璃

---

① 参见［日］服部宇之吉《北京笼城日记》，见大山梓编：《北京笼城记他》，东京平凡社1965年版，第113、135页。

② 参见东亚同文会编《续对支回顾录》下卷，东京原书房1973年版，第744～746页；《服部先生自叙》，见《服部先生祝贺古稀记念论文集》，东京富山房1936年版，第13～16页。

③ 参见《狩野君山先生と支那の学人》《狩野先生と中国文学》，见《吉川幸次郎全集》第17卷，第243、257页。

④ 参见中国历史博物馆编、劳祖德整理，《郑孝胥日记》第二册，中华书局1993年版，第852页。

厂的书肆访书。① 这一成为后来被吉川幸次郎称之为"学问的留学生"通例的举动，表明他们毕竟不同于前此的同类。

经过庚子事变的惨痛教训，中国朝野清楚地认识到普及新式教育的重要性。而日本则乘此机会，扩大对华交往和影响。1901年4月颁行的《文部省外国留学生规程细则》规定，留学生学资分为三等，到欧美各国、清国、韩国分别为每年1800、1200和1000圆，另有支度费200、150和100圆。两年后又补充规定来华单程旅费为140圆。② 尽管一般倾向仍是留学欧美，毕竟为有志于中国研究者提供了正式的机会。

1906年，筹办已久的京都大学文科大学终因日俄战争的胜利解决了经费来源而成立，师资虽多来自东京大学，风格主张却不相同。由此形成的中国学派，与东京的东洋学相并立。以后随着日本政府的鼓励和教育的发展，大学增多，专门和高等学校水准提高，研究中国的专业人员日益增加，赴华留学成为专业化趋势。开始还是零星现象，学习语言则自请教师，钻研经史文学则投拜名师，有的四处周游，拜会学者，查访书刊，游览名胜，凭吊古迹。1907至1909年京都大学的桑原骘藏为研究东洋史，作为文部省留学生来华留学，东京大学的宇野哲人也以文部省留学生名义来华。1910年初松崎鹤雄到长沙拜叶德辉、王闿运为师，学习《说文》《尚书》等典籍。同年底又有三位日本人前来拜王为师，其中毕业于日本善邻书院的小平总治欲治元史。王因自己完全不通蒙古语，告以宜访沈曾植和曾广钧。是年由文部省派遣的盐谷温从欧洲留学归来，按预订计划还须到中国留学，也前往长沙投入叶德辉门下，学习词曲，亲眼目睹了辛亥革命，1912年8月才归国。③

进入民国时期即日本的大正时代，以文化取向转为东亚中心和对华利益扩张为背景，日本朝野日益重视中国问题，各教育机构的中国研究显著

---

① 参见［日］狩野直喜《清国谈》，见《支那学文薮》，东京みすず书房1973年版，第308页；服部宇之吉：《北京笼城回顾录》，见大山梓编：《北京笼城记他》，东京平凡社1965年版，第201页。

② 参见教育史编纂会编修《明治以降教育制度发达史》第4卷，东京龙吟社1938年版，第465、469页。

③ 参见王闿运《湘绮楼日记》，见吴相湘主编：《中国史学丛书》，台湾学生书局1964年版，第938、954、971页；盐谷温：《先师叶郋园先生追悼记》，载《斯文》第9年第8号，1927年8月；《先学を语る：盐谷温博士》，载《东方学》第72辑，1986年7月。

增加。为了提高水准，推动研究，除文部省继续提供资助外，一些民间财团也出资设立奖学金，鼓励留学中国。如东京有岩崎奖学金，京都有怀德堂奖学金、上野育英会奖学金等。怀德堂的钱本来是给内藤湖南私人，仅5000圆，岩崎、上野则资金雄厚。上野为大阪实业家，出资10万圆在京都大学设立基金，规定由研究中国文史哲的教授协商，选派研究生赴华留学，原则上每次一人，为期两年，对京都大学的中国研究影响甚大。① 这一时期先后由文部省派遣来华留学的有1916年铃木虎雄，1921年藤冢邻，1922年羽田亨，1925年和田清、青木正儿，岩崎奖学金所派有1920年诸桥辙次，1921年竹田复（后转为文部省研究员），由上野育英会所派有1919年冈崎文夫等。

20世纪20年代后期到20世纪30年代，日本资助留华学生的机构又有所扩大。如帝国学士院的松方基金向留华学生开放，东亚考古学会也争得了专门基金。该会成立于1925年，由东西两京的考古学者合作组成，目的是与中国学者合作，进行考古发掘，同时在北京大学和东京、京都大学之间交换留学生。据说资金系由外务省提供。②

此外，日本用退还庚子赔款举办的东方文化事业，从1930年11月起补助在华日本留学生，分为三种，其中第三种为日本大学或专科学校毕业以及具有同等学历在中国大学研究所或专门学校进修研究者。③ 由帝国学士院松方基金资助者有1927年加藤常贤，由文部省派遣来华者有1928年仓石武四郎、冢本善隆、楠本正继，1929年大渊慧真、玉井是博、奥村伊九良、原富男、鸟山喜一。东亚考古学会从1928年开始，每年1人，依次为驹井和爱、水野清一、江上波夫、三上次男、田村实造。由上野育英会资助的有佐藤广治、吉川幸次郎（先为自费）、木村英一、小川环树、今西春秋等。由东方文化事业资助者人数较多，如1936年平冈武夫、1937年奥野信太郎。此外还有目加田诚、桂太郎等。

不过，总体看来，文部省派遣留华学生比例很小。据文部省年报，从1918年到1935年，派遣留学生最多的年份为1922年，达217人，1919

---

① 参见《先学を语る：冈崎文夫博士》，载《东方学》第70辑，1985年7月。
② 参见《学问の思い出：原田淑人博士を围んで》，载《东方学》第25辑，1963年3月；《先学を语る：滨田耕作博士》，载《东方学》第67辑，1984年1月；《先学を语る：水野清一博士》，载《东方学》第75辑，1988年1月。
③ 参见黄福庆《近代日本在华文化及社会事业之研究》，台湾"中研院"近代史所专刊之45。

至 1928 年以及 1931 年，均超过 100 人。若以累计在外留学人员计算，1922 年至 1928 年每年约 350 至 450 人，其中留学中国者最多为 6 人，一般仅三四人，后来更减少到 1 人，甚至出现空缺的年份。①

与此同时，其他类型的留学生也继续派遣。1907 年宇野哲人留学时，即与三井的留学生都筑、铃木、母袋等合宿。1923、1924 年，日本大谷大学教授稻田圆成、东京大学教授木村泰贤、法相宗长佐伯定胤等相继来华，与太虚商议交换佛教留学生事宜。②

1927 年以前，北京是政治文化中心，各类留华学生汇聚于此。仅位于东城东四牌楼演乐胡同 39 号延英舍住宿的就达 20 人之多。北伐以后，国民政府定都南京，与政治军事关系密切的外务省和陆军留学生纷纷转移，延英舍住宿者下降到不足 10 人。但为学问而来的留学生人数反而有所增长，当时在北京东有延英舍的吉川幸次郎、水野清一、江上波夫、三上次男，北有六条胡同本愿寺的冢本善隆、大渊慧真，南有船板胡同日本旅馆一二三馆的加藤常贤、玉井是博、楠本正继，绒线胡同盛昱故宅的奥村伊九良，西有寄居孙人和家的仓石武四郎，所以吉川戏称这是留中外史的鼎盛时期。③ 其实此后来华者更多，1930 至 1933 年留华的法本义弘，即记述了原、森口、铃木、杉村、熊田、山野、福本、吉田、仓井等十几位留学生在北京的生活情形。这时东单牌楼附近有所谓"日本人村"，留学生还组织了大兴学会。④

芦沟桥事变后，从 7 月 27 日至 8 月 9 日，庆应大学的奥野信太郎、东京大学的钓田正哉等留学生再次经历了笼城。⑤ 中日战争期间，日本仍有以留学生名义来华者，但性质已不同，无论主观意愿如何，都只能视为文化侵略的组成部分。

---

① 参见《日本帝国文部省年报》第 50—62 号，1922—1935 年。
② 参见释印顺编著《太虚法师年谱》，宗教文化出版社 1995 年版，第 86～87、96～97 页。
③ 参见《水野清一君挽词》，见《吉川幸次郎全集》第 23 卷，东京筑摩山房 1976 年版，第 635～636 页。
④ 参见［日］法本义弘《在东外交官と支那》《北京留学生觉书》，均见《支那觉え书》，东京莹雪书院 1943 年版，第 9～10、257～272 页。
⑤ 参见［日］奥野信太郎《北平笼城二周日》，载《三田评论》第 481 号，1937 年 9 月。

三、学习与生活

日本来华留学生品类不一,其生活、学习和活动也各自不同。其中为求学问而来者多数为各大学的教师,不少人已是副教授甚至教授,还有的虽为刚毕业或在校的研究生,但已确定将来任教的大学和专业,因而目的性强。留学地点主要集中于北京,个别因专业研究的需要而改到其他地方。如羽田亨在奉天随喇嘛学习蒙语,青木正儿为了解昆曲到上海。

生活方面,依各人的经济来源而定。19世纪末,外务省留学生每月35圆,公使馆附属语学生每月60元。20世纪20年代,文部省第三种留学生为每月120圆,上野育英会每月200圆,帝国学士院松方基金每月300圆,文部省以在外研究员名义派遣来华留学者,因为多为副教授以上职称,待遇更高,达到360圆。1922年,文部省划一除外务、陆军以外的所有在外研究员待遇(包括递信省、水产讲习所、关东厅、以及台湾、朝鲜两个总督府所派),分为三类地方、两种等级,其中包括中国、西伯利亚的丙等地方的高等官每年3000圆,判任官每年2400圆。① 而当时外务省低级职员每月仅80圆。

20世纪20年代初期,北京物价较低,包车一个月19元,雇佣人9元。后来由于国际金融市场银价急落,银本位的中国货币与金本位的日圆之比大幅度下跌,200日圆可兑换中国银500元。北京物价虽有所上涨,以较高标准,连同衣食住行,总计不到每人每月100元(房钱饭费共30圆)。② 早期北京租房甚难,服部宇之吉来华时只能住在旧公使馆宿舍,到铃木虎雄时仍然颇费周折。③ 以后逐渐改善,经济优裕的住在日本旅馆,其他则或寄宿于中国人家,或租用民宅,或共居宿舍。进入30年代,北京各大学周围出现不少学生公寓,也有个别留学生入住,与中国同学一起生活。饮食虽多面食,与日本习惯不同,但或由房东包伙,或于饭馆用

---

① 参见教育史编纂会编修:《明治以降教育制度发达史》第7卷,东京龙吟社1938年版,第774、783页。
② 参见《学问の思い出:竹田复博士を囲んで》,载《东方学》第37辑,1969年3月;《学问の思い出:加藤常贤博士を囲んで》,载《东方学》第39辑,1970年3月;《留学时代》,《吉川幸次郎全集》第22卷,第371~372页。
③ 参见铃木虎雄:《北京より》,载《艺文》第7年第6号,1916年6月。

餐。外出则多乘人力车。

当时中日两国的国力虽然强弱不同，在日常生活尤其是饮食方面，都市人的一般水平比日本还要略胜一筹。1903年来华短期游历的盐谷温，将衣食住的发达视为中国同化力强大的表现，① 以后也很少有人抱怨饮食不佳，反而对北京的大菜小吃印象深刻。② 与中国留日学生的反映明显有别。③ 只有沐浴之事远不及素爱洁净的日本，中国都市里澡堂的脏与乱，常常成为日本留学生取笑抨击的对象。这时穿着西装在城市已经逐渐流行，禁止日本人在华穿中装的禁令无形中取消，一般日本留学生多着西装，而京都大学的仓石武四郎和吉川幸次郎受狩野直喜研究中国应当沾染上中国文化之说的影响，也模仿当时北京流行的服饰穿着中装。

学习方面，首先是学习语言，尤其是口语。这是令日本留学生大为头痛之事。中国各地方言杂出，甚至同一北京城内，据说也有8种口音。单纯通过日常生活学习，很难通行无碍，必须学习官话。本世纪初北京尚无专门言语学校，聘请个人教师，又因全城有资格者不过10人，要价过高，每日1小时，一个月即需5至10元，2小时则加倍。为此，早期留学生曾以同文会名义在霞公府创办清语学堂，共同请人教授。④ 后又在霞公府组织同学会，数十名日本年轻人每天上午集中学习汉语，留学生也加入其中。⑤

民国以后，旗人失去特权地位和生活保障，又缺少专门技艺，不得不另谋生计，不识字者做人力车夫，而通文墨者维生的途径之一，便是登门教授来华外国人学习北京话（日本留学生称之为出张教授）。因旗人所操直隶腔，为当时上流社会比较标准的官话，不似一般汉人南腔北调，同时旗人过去生活闲适，对于清朝的礼节制度乃至各种民俗风情均略知一二，尤为想了解清代学问与社会的日本留学生所欢迎。出身清朝贵族的奚待园

---

① 参见《燕京见闻录》，载《史学杂志》第15编第10号，1904年10月。
② 参见奥野信太郎：《燕京食谱》《小吃の记》，均见《随笔北京》，东京第一书房1940年版。
③ 参见中国留日学生对日本的饮食抱怨最多。参见周作人《日本的衣食住》，见钟叔河主编：《周作人文选》第2卷，广州出版社1995年版，第309～314页。
④ 参见《燕京见闻录》，《史学杂志》第15编第8、12号，1904年8、12月；宇野哲人：《考史游记序》，第7页。
⑤ 参见《学究生活思出》，《武内义雄全集》第10卷，东京角川书店1980年版，第419页。

即前后教过不少日本留学生。北京先后担任过日本留学生汉语教师的还有金国璞、骆亮甫、马杏昌，在上海则有延年等。由于教师增多，二十余年间学费竟有所降低。到 20 年代末，单教口语每天 2 小时每人每月 5 元，教授文学等则每人每月 10 元。留学第一年一般学习语言，因为没有专门课本，多以《红楼梦》、四书为教材。除书本知识外，有时留学生还提出有关制度、民俗、戏剧等方面的问题请求解答。①

其次为专业学习。多数日本留学生实际上是来华进行研究，因而一般并不进入具体的学校。如加藤常贤以中国家族制度为研究课题，而中国的大学当时尚无有关课程或专家，所以主要是在市井坊间实际考察婚礼葬礼等现实生活。竹田复也只是在北京大学和师范大学的研究室请沈尹默、黎锦熙等解答问题，其余时间则为自己读书。至于拜师学习者，则得到谆谆教诲。盐谷温从叶德辉习元曲，叶在《元曲研究序》中记其事道："余家藏曲本甚多，出其重者以授君，君析疑问难，不惮勤求，每当雨雪载途，时时挟册怀铅，来寓楼，检校群籍。君之笃嗜经典，过于及门诸人。"当盐谷请益时，叶"执笔作答，解字析句，举典辨事，源源滚滚，一泻千里，毫无窒碍。由朝至午，由午至晚，谆谆善诱。至会心之处，鼓舌三叹，笔下生风，如发小楷，直下一二十行，乐而不知移时。……夏日酷暑，不顾汗流滴纸，冬日严寒，不顾指僵难以握管，开秘籍、倾底蕴以授余"②。

20 世纪 20 年代以后，逐渐有日本留学生进入北京大学等校为旁听生，如仓石武四郎、吉川幸次郎、水野清一、目加田诚等。1928 年吉川在北大学院的旁听证为第 9 号，选听了马幼渔的"中国文字音韵概要""经学史"和朱希祖的"中国文学史""中国史学史"，以后又先后听过钱玄同的"古今声韵沿革"、沈兼士的"文字学"、陈垣的"正史概要"、伦明的"版本源流"、余嘉锡的"目录学"、吴承仕的"三礼名物"等。考古留学生则选修马衡的"金石学"。按照规定，科目一经选定，不得更改，并须注册，但不必考试。③ 同时他们还在中国大学选修课程。另外每

---

① 参见《留学时代》，见《吉川幸次郎全集》第 22 卷，第 381—382 页；奥野信太郎：《北平通信（一）——间崎万里氏宛通信》，载《三田评论》第 474 号，1937 年 2 月。
② 盐谷温：《先师叶郋园先生追悼记》，载《斯文》第 9 编第 8 号，1927 年 8 月。
③ 参见《吉川幸次郎全集》第 16 卷原件照片。旁听生开学时须测验程度。

周一次到西城的汉军旗人杨钟羲宅学习诗文和清朝学术史。杨氏曾与王国维同为废帝宣统的南书房行走,熟于清朝的掌故制度及学术源流,多所著述,与日本学者及留学生交往甚广,曾开办雪桥讲舍,并于日本人主办的《文字同盟》杂志刊登广告,后因报名人数太少,未能开课。① 学习文学的奥野信太郎不满北京大学里以整理自然账簿式的态度研究文学,认为缺少精致的学风,不足以谈诗文,为体验中国文化的精髓,反而从奚待园的教授《红楼梦》中获益良多。②

学习书本知识只是日本留学生来华的目的之一,而且可以说不是主要目的,更重要的是实地了解中国社会,或者说通过各种活动认识中国的历史文化与风俗人情制度。与此相应,日本留学生的在华活动主要有以下几项:一是拜访学者,二是访书买书,三是考察名胜古迹,四是看戏采风。

以学问为目的的留学生,在现地向中国学者请教,对于全面了解中国的历史文化,可谓事半功倍。中日两国间学者的交往由来已久,尤其是近代以来,学者的互访日益增多,彼此增进了解。这为日本留学生访求名师提供了便利。尤其是20世纪20年代以后,小柳司气太、今关寿麿、桥川时雄、杉村勇造等人长期在华,广交文化界人士,注意掌握当代学术动向,其中任职东方文化事业总委员会的桥川侨居中国二十余年,"与中国学者交游之广,堪称现代第一人"③,并对在华日本留学生负一定责任,七·七事变后日本组织所谓"东亚文化协议会",1938年在北京举行首次会议时,即由他介绍在华留学生的情况。④ 留学生拜访中国学者,往往由他们提供指示,或予以引荐。因而日本留学生对于中国学者的情况,有时较本国人还要熟悉,知道所研究的专题应向哪位学者请教。早在1919年冈崎文夫欲治宋学,即知须见深居简出的马一浮。他和同时留学的武内义雄、诸桥辙次、佐藤宏治以及今关天彭等,在读书和纵谈古今之外,"时时相携拜访名儒硕学"⑤。

这时在日本咄咄逼人的侵略扩张气势下,中国人的反日情绪普遍高

---

① 参见《学问の思い出:仓石武四郎博士を围んで》,载《东方学》第40辑,1970年9月。杨氏于清朝史实掌故极熟,但讷于言,见客常与人默默相对。
② 参见奥野信太郎:《北平通信(一)》,载《三田评论》第474号,1937年2月。
③ 长濑诚:《日本之现代中国学界展望》,载《华文大阪每日》第2卷第8期,1939年8月。
④ 参见小林澄兄《东亚文化协议会》,载《三田评论》第494号,1938年10月。
⑤ 《はしがき》,见《武内义雄全集》第10卷《杂著篇》,第8页。

涨，学者对于真诚求学的日本青年却能区别对待，热情相助。竹田复来华，沈尹默不顾当时排日气盛，说"我们是同学"，给予很多研究的便利。诸桥辙次留学期间会见过沈曾植、郑孝胥、陈宝琛、姚永朴、姚永概、马通伯、柯劭忞、樊增湘、王树枏、叶德辉、王国维、康有为、章炳麟、蔡元培、杨钟羲、胡玉缙、张元济、傅增湘、周作人、钱稻孙、胡适、伦明、杨树达、马幼渔、陈垣、黄节、马叙伦、朱希祖、孙人和、孙德谦、沈尹默、沈兼士、马衡、马鉴等。① 吉川幸次郎等人留学时，中日关系相对缓和，先后结识的中国南北学者文士有杨钟羲、王树枏、江瀚、傅增湘、汪荣宝、徐乃昌、金松岑、袁励准、梁鸿志、李宣龚、李宣倜、吴士鉴、李详、张元济、徐鸿宝、陈寅恪、杨树达、黄侃、孙人和、胡光炜、马幼渔、马廉、马衡、吴承仕、吴梅、朱希祖、沈兼士、钱玄同、钱稻孙、赵万里、李根源、王君九、潘博山、潘景郑、王佩诤、王大隆、吴湖帆、陶冷月等。1929年7月杨树达接待了来访的仓石武四郎，认为"此君头脑明晰，又极好学，可畏也"②。

　　1936年5月平冈武夫来华时，已是两国之间剑拔弩张之际，他不仅由桥川时雄介绍，认识了参与东方文化事业总会北平人文研究所续修《四库全书》提要的学者，还得到据说有意避开日本人的顾颉刚的款待，并见到被视为反日派的陶希圣。留学日本出身的学者更是日本留学生首先拜访的对象。周树人、作人兄弟即先后接待过竹田复、青木正儿、木村英一、冢本善隆、水野清一、仓石武四郎、目加田诚、桂太郎等人。③ 如果说在北京还受到格外优待的话，访问江南的吉川则受到和中国青年同样的待遇，令他感到自己已是半个中国人。

　　日本留学生来华的目的之一，是收集研究资料，因而访书买书成为在华活动的重要内容。武内义雄在北京的京师图书馆看到浩瀚的四库全书和在上海商务印书馆看到印行中的四部丛刊各种珍稀典籍时，心情激动不已。后来商务的图书不幸毁于日军的战火，江南书商的抗议之词，一直传到东瀛的友人处。吉川幸次郎几乎三分之一的时间用于购书。日本留学生在北京的主要去处有二，一为琉璃厂，一为隆福寺，是当时两大著名古书

---

① 参见诸桥辙次《支那の文化と现代》，东京皇国青年教育会1942年版，第85～94页。
② 杨树达：《积微翁回忆录》，上海古籍出版社1986年版，第43页。
③ 参见《鲁迅全集》第14卷及《周作人日记》。

店街。前者的来薰阁、通学斋,后者的文奎堂,为留学生光顾最多的书店。

这一时期,因政局动荡频繁,许多古书流出市面,中国学者的注意力多集中于古史,重视年代早的珍版。日本留学生却注意清代学术,主要收购这方面书籍。有的隔日一往,每去必有所获。虽然经费充裕,又将大半以上用于买书,但因买的太多,有人甚至将归国的旅费也用掉,还要向书店借款。这几家书店的掌柜陈杭、孙殿起、赵殿成等,和不少日本留学生成为知交。北洋政府时期,压迫学界,20世纪20年代中期,"北京书行买卖,现在亦靠几个日本人支持",令中国学者感到"可哀"①。

除在北京购书外,游览各地之时,尤其在江南各城镇,日本留学生也往往拜访当地的知名书商,选购古籍,如苏州的邹百耐、扬州的邱绍周等。吉川归国时,邮寄的书籍小包达300包之多。战前日本教授的待遇远不及中国,不少学者后来藏书的主要部分,即为留学期间所购书籍。至于一些研究必需的珍版秘籍,则设法阅览抄录或影印。中国的收藏家对于求知好学的外国后进反而予以优待,连秘不示人的珍本古物也从金库中取出予观。

游览名胜古迹,是留学生的重要活动项目。各种奖学金除日常生活费外,往往还提供一定数额的旅费,作为调查旅行之用。中国各地的佛教建筑和雕塑艺术,以及古代碑刻,尤为日本学术界所重视。除了考察北京市内及附近的宫殿寺观,山西大同,陕西西安,河南洛阳、开封,河北易县、房山等地,为留学生足迹所到较多之处。桑原骘藏留华两年,先后四次到长安、山东及河南、东蒙古、江南等地旅游考察。宇野哲人也到过山东、长安。② 青木正儿留学期间,先后以北京、上海为中心,遍游河南、山西、北京及长江中下游各地,到过郑州、开封、洛阳、大同、云冈、八达岭、居庸关、上海、宁波、镇海、舟山、沈家门、普陀山、曹娥、绍兴、钱塘、嘉兴、湖州、苏州、常熟、庐山、镇江、南京、芜湖、安庆、九江、汉口、洞庭湖、长沙等地。③ 东亚考古学会所派留学生,更集体深

---

① 陈智超编注:《陈垣来往书信集》,上海古籍出版社1990年版,第176～177页。
② 参见[日]桑原骘藏《考史游记》,东京弘文堂书房1942年版。
③ 参见《青木正儿年谱》,转引自唐振常:《吴虞与青木正儿》,《中华文史论丛》1981年第3辑;中国革命博物馆整理,荣孟源审校:《吴虞日记》下册,四川人民出版社1984年版,第261页。

入蒙古、绥远、察哈尔，考察古长城和细石器文化遗迹，收集匈奴时代的青铜器。1930年4月来华留学的江上波夫，一年时间里先后到察哈尔、山东、旅顺、绥远、内蒙考察，活动完成，留学生活也告结束。① 游览名胜，则多到中原、山东和江南一带，南京、苏州、杭州、扬州最多。不少人还撰写了游记，记事抒情，如桑原骘藏的《考史游记》，宇野哲人的《长安纪行》，武内义雄的《江南汲古》，冈崎文夫的《兖豫纪行》等，均为名篇。

戏曲为中国文化的结晶，近代京剧取代昆曲而兴，名家辈出，争奇斗艳，被誉为国剧。而戏曲研究，又为晚近学术尤其是域外学人所重视。因而看戏便成为日本留学生沐浴中国文化的重要一环，短期游学者也要千方百计听几出名角的戏，虽然不能完全了解唱词内容，却大体可知剧情，更重要的是亲身感受那种氛围。清末民初留学生常去的北京剧场为广和楼、燕喜堂、天乐园、庆乐园，此后则为东安市场的吉祥戏院和前门外的开明戏院。不过从研究的角度出发，昆曲更为学者所偏爱。铃木虎雄在北京留学时与当地名剧评家交往，② 学习过《桃花扇》，加藤常贤则学过胡琴。了解较深者还试图比较皮簧与昆曲。关注现代中国的留学生除了注意当红的富连成科班以及中国戏曲音乐院附属中国高级戏曲职业学校，还留心正受好评的新式话剧《日出》的上演情况。③ 青木正儿留学时北京昆曲几乎绝迹，为此特意改赴上海，到徐园听硕果仅存的苏州昆剧传习所的童伶演唱。④ 此外，北京的风俗人情，节令礼仪，也是留学生注意了解体味的事务。⑤

近代中日关系，在侵略与反侵略的总体对抗中，的确存在不同发展趋向的变数。在日本逐步推行大陆政策的大背景下，留华学生无论类型如何，甚至包括求学问者，也不能不受此制约。其考察研究活动成就不俗，使日本的中国研究很快发展为当时国际汉学界的重心之一，同时又往往成

---

① 《学问の思い出：江上波夫先生を囲んで》，载《东方学》第82辑，1991年7月。
② 参见铃木虎雄《北京より》，载《艺文》第7年第6号，1916年6月。
③ 参见奥野信太郎致庆应学塾塾监局函，载《三田评论》第480号，1937年8月；奥野信太郎：《演剧の二道场》，见《随笔北京》，第120～122页。
④ 参见青木正儿著，王古鲁译：《中国近世戏曲史·序》，上海商务印书馆1936年版。
⑤ 参见青木正儿《昆曲剧と韩世昌》《见た燕京物语》《春联から春灯まで》《支那の鼻烟》，见《江南春》；奥野信太郎：《街巷の声音》《空地と杂艺》，见《随笔北京》。

为日本政府甚至军方了解和认识中国的依据,服务于所谓"日支提携""东亚共荣"的国策。但是,其中一些人通过留学亲身感受到中国文化与民性的优长,或由热爱历史与自然风光而对中国滋生由衷的感情。狩野直喜声称恨不能生在中国,对一般人认为不好之处也流露出眷恋之情,是一种极端的体现。① 中国学者访问京都,必然前往狩野住宅,这时狩野往往更换中装出来见客,以示郑重和礼敬。② 仓石武四郎和吉川幸次郎等人以成为中国人为留学目的,不仅在华期间"全盘华化",归国后也继续着中装,讲汉语。更重要的是在学问与生活两方面领悟了中国人的价值观。

中日两国虽有"同文同种"之称,学术见解却相去甚远。而且中国学者一般不将对人物著述的评议诉诸笔墨,只有在口耳相传中才能了解和领悟彼此的区别。这对欲按照中国当代学术方法治研究中国文史的京都学派尤为重要。加藤常贤、宇野精一等人在旅费用完时,无须任何凭据就得到古书肆的借款,感到"无信不立"并非抽象概念,而是维系中国社会的重要支柱,因而尊敬中国人,认为中国人伟大。③ 平冈武夫在易县考察时,适逢芦沟桥事变,身陷战线中方一侧却得到当地巡警的保护得以生还,他本人和曾经去易县考察过的武内义雄都叹为奇迹。战争期间,平冈还收到顾颉刚从昆明辗转寄来亲笔书写的条幅。④ 而松崎鹤雄、盐谷温不仅学习知识,也接受礼仪文化的熏陶。盐谷初入师门,见同门杨树达入见叶德辉时以手击头出声,以示叩头,惊于中国礼仪之盛。松崎后来对叶师事勤谨,他长期在华,广交中国学者,日本战败后也不愿归国,"被敦迫就道"。临别致函陈垣、邓之诚等人,"追念多年高谊,依依不忍去"⑤。这种热爱中国的感情在当时日本普遍蔑视中国的情况下,虽不足以阻止日本的侵华行动,战后却转化为推进中日民间交流的重要动力,在增进中日友好方面发挥了积极作用。美国学者任达所著《黄金十年与新政革命》,

---

① 参见《狩野直喜氏支那文学史解说》,见《吉川幸次郎全集》第23卷,第595页。据说狩野曾在东京的教授欢迎会上讲,想起夜赴寒山寺,有人在船上解溲,很有意思,令在座的人大吃一惊。虽知道狩野喜欢中国,可没想到竟到这种程度。《先学を语る:狩野直喜博士》,载《东方学》第42辑,1971年8月。

② 参见杨树达《积微翁回忆录》,上海古籍出版社1986年版,第47页。

③ 参见《学问の思い出:加藤常贤博士を围んで》,载《东方学》第39辑。

④ 参见平冈武夫《顾颉刚先生》,载《东方学》第62辑,1981年7月;《访古碑记》,见《武内义雄全集》第10卷,第188页。

⑤ 陈智超编注:《陈垣来往书信集》,上海古籍出版社1990年版,第226、385页。

对清末中日关系重新估价，虽不无创见，但过于看重政府间的行为，失之笼统。其实，研究两次战争之间的中日关系，积极因素主要还在于民间。而求学问的留华学生显然是其中的重要一支。

附录

桑兵主要著述目录

一、专著

[1]《晚清学堂学生与社会变迁》,台湾稻禾出版社1991年初版;学林出版社1995年再版;广西师范大学出版社2007年三版。

[2]《清末新知识界的社团与活动》,生活·读书·新知三联书店1995年初版;北京师范大学出版社2014年再版。

[3]《国学与汉学——近代中外学界交往录》,浙江人民出版社1999年;中国人民大学出版社2010年再版。

[4]《孙中山的活动与思想》,中山大学出版社2001年初版;北京师范大学出版社2015年再版。

[5]《晚清民国的国学研究》,上海古籍出版社2001年初版;北京师范大学出版社2014年再版。

[6]《庚子勤王与晚清政局》,北京大学出版社2004年初版,2015年再版。

[7]《晚清民国的学人与学术》,中华书局2008年版。

[8]《治学的门径与取法——晚清民国研究的史料与史学》,社会科学文献出版社2014年版。

[9]《交流与对抗:近代中日关系史论》,广西师范大学出版社2015年版。

[10]《走进共和:日记所见政权更替时期亲历者的心路历程(1911—1912)》,北京师范大学出版社2016年版。

[11]《历史的本色:晚清民国的政治、社会与文化》,广西师范大学出版社2016年版。

[12]《学术江湖:晚清民国的学人与学风》,广西师范大学出版社2017年版。

二、主编

[1]《近代中国的知识与制度转型丛书》,生活·读书·新知三联书店 2004 年至今。

[2]《先因后创与不破不立:近代中国学术流派研究》,生活·读书·新知三联书店 2007 年版。

[3]《近代中国的知识与制度转型》,经济科学出版社 2013 年版。

[4]《清代稿钞本》第一至七辑,共 350 册,广东人民出版社 2008—2015 年版。

[5]《辛亥革命稀见文献汇编》,共 45 册,国家图书馆出版社 2011 年版。

[6]《国家图书馆藏清代档案文献汇编》(第一辑),共 100 册,国家图书馆出版社 2012 年版。

[7]《各方致孙中山函电汇编》,社会科学文献出版社 2012 年版。

[8]《孙中山史事编年》,中华书局 2017 年版。

三、编辑

[1]《戴季陶辛亥文集》,香港中文大学出版社 1991 年版。

[2]《戴季陶集(1909—1920)》,华中师范大学出版社 1990 年版。

[3]《近代中国学术批评》,中华书局 2008 年版。

[4]《近代中国学术思想》,中华书局 2008 年版。

[5]《国学的历史》,国家图书馆出版社 2010 年版。

[6]《读书法》,人民出版社 2014 年版。

[7]《中国近代思想家文库·戴季陶卷》,中国人民大学出版社 2014 年版。

四、主要论文

(一)载《中国社会科学》(含英文版 Social Sciences in China)

[1]《教学需求与学风转变——近代大学史学教育的社会科学化》,2001 年第 4 期。

[2]《近代中外比较研究史管窥——陈寅恪〈与刘叔雅论国文试题书〉解析》,2003 年第 1 期。

[3] *The Study of Traditional Chinese Learning and Western Learning in the Late Qing Dynasty and Republic of China Period*，1998（4）．

[4] *Paul Pelliot and Modern Chinese Academic Circles*，1999（2）．

[5]《从眼光向下回到历史现场——社会学人类学对近代中国史学的影响》，2005 年第 1 期。

[6]《中国思想学术史上的道统与派分》，2006 年第 3 期。

（二）载《历史研究》

[1]《清末兴学热潮与社会变迁》，1989 年第 6 期。

[2]《庚子保皇会的勤王谋略及其失败》，1993 年第 1 期。

[3]《甲午战后台湾内渡官绅与庚子勤王运动》，1995 年第 6 期。

[4]《陈寅恪与清华研究院》，1998 年第 4 期。

[5]《近代中国学术的地缘与流派》，1999 年第 3 期。

[6]《东方考古学协会述论》，2000 年第 5 期。

[7]《近代学术转承：从国学到东方学——傅斯年〈历史语言研究所工作之旨趣〉解析》，2001 年第 3 期。

[8]《章太炎晚年北游讲学的文化象征》，2002 年第 4 期。

[9]《横看成岭侧成峰：学术视差与胡适的学术地位》，2003 年第 5 期。

[10]《二十世纪前半期的中国史学会》，2004 年第 5 期。

[11]《民国学界的老辈》，2005 年第 6 期。

[12]《晚近史的史料边际与史学的整体性——兼论相关史料的编辑出版》，2008 年第 4 期。

（三）载《近代史研究》

[1]《信仰的理想主义与策略的实用主义——论孙中山的政治性格特征》，1987 年第 3 期。

[2]《1905—1912 年的国内学生群体与中国近代化》，1989 年第 5 期。

[3]《论清末城镇社会结构的变化与商民罢市》，1990 年第 5 期。

[4]《清末民初传播业的民间化与社会变迁》，1991 年第 6 期。

[5]《孙中山与传统文化三题》，1995 年第 3 期。

[6]《近代中国女性史研究散论》，1996 年第 3 期。

[7]《胡适与国际汉学界》,1999 年第 1 期。

[8]《近代日本留华学生》,1999 年第 3 期。

[9]《厦门大学国学院风波——鲁迅与现代评论派冲突的余波》,2000 年第 5 期。

[10]《陈炯明事变前后的胡适与孙中山》,2001 年第 3 期。

[11]《世界主义与民族主义——孙中山对新文化派的回应》,2003 年第 2 期。

[12]《拒俄运动与中等社会的自觉》,2004 年第 4 期。

[13]《"兴亚会"与戊戌庚子间的中日民间结盟》,2006 年第 3 期。

[14]《傅斯年"史学只是史料学"再析》,2007 年第 5 期。

[15]《金毓黻与南北学风的分合》,2008 年第 5 期。

[16]《中国近现代史的贯通与滞碍》,2010 年第 2 期。

[17]《民初"自由"报刊的自由观》,2010 年第 6 期。

[18]《民国学人宋代研究的取向及纠结》,2011 年第 6 期。

[19]《康梁并称的缘起与流变》,2013 年第 2 期。

[20]《接收清朝与组建民国》(上),2014 年第 1 期。

[21]《接收清朝与组建民国》(下),2014 年第 2 期。

[22]《辛亥国事共济会与国民会议》,2015 年第 2 期。

[23]《马裕藻与 1934 年北大国文系教授解聘风波》,2016 年第 3 期。

(四) 载其他刊物

[1]《天地人生大舞台——京剧名伶田际云与清季的维新革命》,《学术月刊》2006 年第 5 期。

[2]《排日移民法案与孙中山的大亚洲主义演讲》,《中山大学学报》(社会科学版) 2006 年第 6 期。

[3]《盖棺论定"论"难定:张之洞之死的舆论反应》,《学术月刊》2007 年第 8 期。

[4]《抗战时期国民党对北平文教界的组织活动》,《中国文化》2007 年春季号第 24 期。

[5]《近代中国的新史学及其流变》,《史学月刊》2007 年第 11 期。

[6]《盲人摸象与成竹在胸:分科治学下学术的细碎化与整体性》,《文史哲》2008 年第 1 期。

[7]《1948年中山大学易长与国民党的派系之争》,《学术研究》2008年第1期。

[8]《"了解之同情"与陈寅恪的治史方法》,《社会科学战线》2008年第10期。

[9]《近代中国国字号事物的命运》,《中山大学学报》(社会科学版)2009年第1期。

[10]《求其是与求其古:傅斯年〈性命古训辨证〉的方法启示》,《中国文化》2009年春季号,第29期。

[11]《问题与主义》,《中山大学学报》(社会科学版)2009年第5期。

[12]《解释一词即是作一部文化史》,《学术研究》2009年第12期。

[13]《分科的学史与分科的历史》,《中山大学学报》(社会科学版)2010年第4期。

[14]《近代学术的清学纠结》,《中山大学学报》(社会科学版)2010年第6期。

[15]《近代广东学术因缘》,《学术研究》2010年第7期。

[16]《近代"中国哲学"发源》,《学术研究》2010年第11期。

[17]《国民党在大学校园的派系斗争》,《史学月刊》2010年第12期。

[18]《文与言的分与合——重估五四时期的白话文》,《社会科学战线》2010年第10期。

[19]《华洋变形的不同世界》,《学术研究》2011年第3期。

[20]《辛亥革命研究的整体性问题》,《社会科学》2011年第2期。

[21]《比较与比附——法制史研究的取径》,《中山大学学报》(社会科学版)2011年第2期。

[22]《陈寅恪的西学》,《文史哲》2011年第6期。

[23]《科举、学校到学堂与中西学之争》,《学术研究》2012年第3期。

[24]《大众时代的小众读书法》,《学术研究》2013年第11期。

[25]《治学的门径与取法——晚清民国研究的史料与史学》,《中山大学学报》(社会科学版)2014年第1期。

[26]《"北洋军阀"词语再捡讨与民国北京政府》,《学术研究》

2014年第9期。

[27]《1890—1930年代日本在华大众传播业》,山田辰雄编:《日中关系的150年——相互依存、竞存、敌对》,东京:东方书店,1994年8月。

[28]《南浔·湖社与国民党——南浔与近代中国之二》,日本《东方学报》第85期。

[29] 近代中国研究の史料と史学,饭岛涉、久保亨、村田雄二郎编:《シリズ20世纪中国史》4《现代中国と历史学》,东京大学出版会2009年。

[30]《日记内外的历史——作为史料的日记解读》,吕芳上主编:《蒋中正日记与民国史研究》上册,台湾世界大同出版有限公司2011年。

[31]《清季变政与日本》,《江汉论坛》2012年第5期;[韩国]裴京汉主编:《东亚史上的辛亥革命》,2013年。

[32]《辛亥革命时期の知识と制度の转换》,辛亥革命百周年纪念论集编集委员会编:《辛亥革命》,日本岩波书店2012年版。

[33]《民国开国的歧见、新说与本相》,台湾"国史馆"编辑出版:《近代国家的形塑:中华民国建国一百年国际学术讨论会论文集》上册,2013年。

[34]《解读孙中山大亚洲主义演讲的真意》,《社会科学战线》2015年第1期。

[35]《文本·教义·教史·信众——中国宗教史研究的内外相济》,《中山大学学报》(社会科学版)2015年第2期。

[36]《教会学校与西体中用》,《中山大学学报》(社会科学版)2015年第2期。

[37]《辛亥南北议和与国民会议》,《史学月刊》2015年第4期。

[38]《循名责实与集二千年于一线——名词概念研究的偏向及其途辙》,《学术研究》2015年第3期。

[39]《新文化运动的缘起》,《澳门理工学报》(人文社会科学版)2015年第4期。

[40]《华南概念的生成演化与区域研究的检讨》,《学术研究》2015年第7期。

[41]《留欧前后傅斯年学术观念的变化及其因缘》,《中山大学学

报》（社会科学版）2016年第1期。

［42］《两岸辛亥革命与孙中山研究交流的回顾与展望》，《广东社会科学》2016年第3期。

［43］《列强与南北议和的政争》，《学术研究》2016年第7期。